春秋教育路
——德育管理案例集

夏冬鸣 著

东南大学出版社
南京

图书在版编目(CIP)数据

春秋教育路：德育管理案例集 / 夏冬鸣著.
南京：东南大学出版社，2024.9. — ISBN 978-7-5766-
1520-3
Ⅰ.G631
中国国家版本馆 CIP 数据核字第 202460N82C 号

责任编辑：褚 婧　　责任校对：张万莹　　封面设计：毕 真　　责任印制：周荣虎

春秋教育路——德育管理案例集
Chunqiu Jiaoyu Lu——Deyu Guanli Anli Ji

著　　　者：夏冬鸣
出版发行：东南大学出版社
出 版 人：白云飞
社　　　址：南京市四牌楼 2 号　邮编：210096　电话：025-83793330
网　　　址：http://www.seupress.com
经　　　销：全国各地新华书店
排　　　版：南京布克文化发展有限公司
印　　　刷：江苏凤凰数码印务有限公司
开　　　本：787 mm×1092 mm　1/16
印　　　张：14.75
字　　　数：340 千
版 印 次：2024 年 9 月第 1 版第 1 次印刷
书　　　号：ISBN 978-7-5766-1520-3
定　　　价：69.00 元

本社图书如有印装质量问题，请直接与营销部联系（电话：02583791830）

序言

做教育的"有心人"

百年大计,教育为本;教育大计,教师为本。习近平总书记说:"一个人遇到好老师是人生的幸运,一个学校拥有好老师是学校的光荣,一个民族源源不断涌现出一批又一批好老师则是民族的希望。"

在学校工作中,德育工作对学生的成长至关重要。德育包含思想教育、道德教育、法制教育、心理健康教育、理想信念教育等。卓有成效的德育工作,能帮助学生健康成长,让学生学有所获,成为社会发展所需要的人才,反之,则会让学生错过改正的好机会,也给教师留下深刻的遗憾。

德育工作琐碎繁杂,担任过班主任或从事德育管理的人都深有体会,他们就像是一位消防员,时刻准备着灭火,他们担心学生思想不端而违纪犯法,忧虑学生沉迷游戏而荒废学业,害怕学生出现心理问题而自我伤害……一个班级几十个孩子,每天一个问题,一个月问题不重样,生活比小说还"精彩",而冬鸣却喜欢当班主任,乐于当班主任,这是非常难能可贵的。在德育实践中,冬鸣巧妙地将德育问题生活化、艺术化,书中一个个鲜活的案例便是最好的证明。

以德施教,需要心思和技巧,也需要爱心、勇气和智慧。读罢文稿,我看到了三个可喜的亮点:全、新、实。

全:案例全面。冬鸣记录的德育案例涉及德育工作的方方面面,全方位多角度捕捉学生问题。如《逮到小偷》《失而复得的手机》是关于学生行为道德的规范;《用爱浇灌心理问题学生》是关于学生心理问题的疏导;《巧破早恋》是关于学生爱情观的引导……全面的案例叙述,让德育工作者从中收获到全方位的锦囊妙计,继而触发更多的思考与领悟。

新:方法创新。书中的德育案例处理方法新颖,都是因时、因地、因人、因事的艺术化处理,符合具体问题具体分析、一切从实际出发的处事原则。除了方法创新之外,冬鸣还用心地捕捉了很多新问题新事件。时代在发展,正值花季雨季的高中学生也会出现一些过去我们不曾遇到的问题或现象,这些都需要我们一线德育工作者进行关注和思考。如手机问题、亲子沟通问题、留守孩子问题、受父母婚姻感情影响而衍生的问题等,这在过往或许并不那么突出,但现在却日益严峻,这无论对孩子、家长、教师还是学校,都是极大的挑战,需要我们依实际而巧妙处理。

实:重过程与方法。案例不仅关注到了育人过程中学生存在的问题,而且在记录过程中把更多的笔墨放在处理问题的过程和方法上,这使一个个鲜活的案例显得厚重而实在。比如如何培养班干部,如何养成班级凝聚力,如何与离家出走的学生沟通,如何分解班级的"捣蛋团伙"等,这些在书中都能寻到具体而详尽的处理过程和方法,或许这些就是练就优秀班主任的轨迹和密码。更为用心的是,冬鸣于过程与方法后还进行了感悟与反思,这就更提高了问题处理方法的适应性和可操作性,深化了对德育工作的思考。

做教育的"有心人",我想冬鸣是做到了。从班级建设到个案教育,再到应急处理,最后自我感悟,无一不是用心去实践与反思,用爱去描绘和抒写。

作为冬鸣的研究生导师,在他第一部专著即将出版之际,我感到由衷的喜悦,并希望他在今后的教学与管理工作中,以德立学、以德施教,不断精进,再创佳绩!

(哈迎飞,广东省教学名师,广州大学人文学院教授,博士生导师)

前言

无爱无以为教

从教二十载，手中亲历学生可以万计。有严管威迫，敦促勤学以进，生拉硬拽推上大学之样例；有温言细语，苦劝振奋而行，燃起希望助力成长之个案；亦曾思虑不当，措施不行，悲其名落孙山之败举。其中不乏成功喜悦，挽救无知少年重回正道而欣喜蔚然；亦有失败教训，目睹迷途学子步入深渊而无可奈何。回顾来路，于二十载教坛，虽得有失，有喜有忧，有成有败，却心安理得，坦然于怀，无他，唯执有一份真挚之爱，教育之爱。

何为教育之爱？实难明解其内涵，罗列其名录。思虑再三，且以人常言之"情怀"勉为名之。"情怀"一词虽言虚而不实，亦可算恰如其分。余从教之初，方毕业之时，实无所谓"情怀"之大义，唯不愿成绩败于吾手，学生误于己班而已。其时青涩无知，经验不足，唯以"笨勤"补拙；方法不多，能力不强，唯以"烦语"相劝，然事倍而功半，多为而少成。唯幸得余一心从教且方正不阿，诚心不改而教途未偏，不至祸人子弟，误引歧途。而后多年，积累渐丰，见识渐长，于教之道始有思悟，于育之路方窥门途，常思管理之法，究育人之技，方得些许心得，始知育人之巧，注爱之要。2015年，乙未之年，践于美术特长之班级，初有所获而欣喜得意，未得完美而颇感挫折，三年拼搏虽未得惊人之绩，然将爱之理念行之于授业之事，颇有收获于得失之间，亦厚颜可谓有助于校之发展。

2021年，辛丑之初，校于危急之际，组建"全本"之班级。本因于繁忙公务，不愿承此败局，然大爱驱使，情怀锥心，毅而上任。班中小子多为狡猾，班级气氛甚为懒散。其时负重任于肩，承期望于校，不敢有丝毫懈怠，故穷余所学于管教，尽余所能于劝导，严纪律于团队，树典范于众人，书理想以催发，宣誓言以奋进，方得风清气正之集体，渐趋上行之迹象。幡醒学子赴试前夜，感于少年震天誓言，抒写《如梦令·誓言》一首遥以寄之：

> 如梦令·决誓
> 誓言如雷鸣深瀑，斗志似苍鹰搏兔。
> 奋读千日苦，金榜三朝出。
> 不负，不负！明晨光破云幕！

六月朝阳如血,一众小子系伟人徽章于胸前,激昂扬斗志于掌尖,挠头苦思于科场,奋笔疾书于考卷。终造奇迹以百日之终,创神奇于溃败之际。

反而思之,于教育之本,成败之源,颇有感大爱之神迹,故有言:无爱不足以促学子之振奋,无爱不足以挽班级之颓势,无爱不足以纠错乱于败局,无爱不足以行教育之伟业哉。总而得之:爱乃教之基石也,无爱何以为教乎?

夏冬鸣

2024 年 2 月 8 日

目录 Contents

班级建设篇

笔记三年情	003
一节关于校园恋爱的主题班会课	013
雄壮的班级誓词	015
班级的奖励机制	018
百日元宵	021
60枚毛主席像章	023
传媒生的第一份视频作品	026
体育之魂	029
致敬舞蹈生	031
饱含爱意的班服	033
送别全本班	036
高三8,暂别——致2022届高三8班孩子们的回忆随笔	038
冬晨送赶考,初阳寄祝福	040
1班蜕变中	042

教育个案篇

霸王苹果仔	047
转化大白鲨	051
爱哭班长培养记	054
舒宁的成长	057
小龙的觉醒	060
大白的唏嘘高考路	064

豁达的翠婷	067
在优越感中碰壁的滢滢	069
自我放纵的小宇	071
残忍而又无奈的淘汰	074
阳阳曲折的高考路	077
静怡的"胃病"	081
不踏实的阿燊	084
"粗人"小蕴	087
文俊的"特效药"	090
奇人灿栩	093
一辈子的悔　一辈子的痛	095
挫镇丰之"锋"	098
挽回文杰	101
可维的"紧箍咒"	103
解开恒涵母子的小心结	106
巧解小希的后顾之忧	109
细心的"大总管"苑允	113
家访梓峰遇挫	116
抓住努力"尾巴"的芷晴	119
小曦的转变	122
重新认识俊佳	125
重均的遗憾	128
强者芷瑶	132
被耽误的遵蓉	134
明星菁怡	136
自信有主见的漪彤	139
健竣砸手机	142
纠结的思琪	144
严谨认真的锦昊	146
定国的受伤	148
坚定奔向星海的钰颖	150
憨实寡言的雄哥	152
幸运的毛毛	155
性别歧视的"遗骸"	158
梓晴曲折的求学路	161
告别余晖，迎接黎明	166
流泪的小琪	169

事件处理篇

学生违纪处理案例之感 …………………………………………… 175
逮到小偷 …………………………………………………………… 178
失而复得的手机 …………………………………………………… 181
独挡"金利帮" ……………………………………………………… 184
鞠躬道歉不失尊严 ………………………………………………… 187
亮出了刀 …………………………………………………………… 189
艰难的"美转传"动员 ……………………………………………… 192
巧破早恋 …………………………………………………………… 196
用爱浇灌心理问题学生 …………………………………………… 198
老L踢了一脚 ……………………………………………………… 201
冷雨夜寻人记 ……………………………………………………… 204
到派出所参与调解 ………………………………………………… 207

自我感悟篇

特别的日子,平常的自己 …………………………………………… 213
晨步中年系列 ……………………………………………………… 214
尾记:居不惑而悟天命 ……………………………………………… 224

班级建设篇

以爱引领班级航船,用爱浇灌集体之花

  班级是学校管理的最小单元,也是最能体现团队精神和文化建设的集体。班主任作为班级的灵魂,是班级这条航船的船长,引导着整个班级的前进方向,班级中每一个孩子的未来都与"船长"的引领息息相关。有专家说:每一个班级都是有个性的,这个个性通常与班主任的性格有关。是的,这就是对班级文化特点最朴素的表达,班主任的个性决定了班级的文化特点,决定了"航船"行驶的航线。

  笔者担任班主任十多年,带过很多"特殊"的班级。在本篇中,笔者深情地回忆了所带班级的点点滴滴,这里有恋恋不舍的暂别,有引以为傲的作品,有斗志昂扬的誓言,有寄语未来的蜕变,有卓有成效的引导,有寄予希望的徽章,还有热泪盈眶的笔记,但更多的是将班级孩子视若己出的深沉的爱。

  一个优秀班集体需要有共同遵循的价值观、信仰和行为准则,需要有成员之间的合作和互动,需要有强大的凝聚力和团结精神,需要如家庭般相互关爱。爱是班级建设的基石,只有在"爱"这个坚实的基础上,才能配套出班级文化这个"磨盘",才能磨砺出优秀的班风,严谨的制度、勤学的氛围、暖心的活动;爱是纯净甘甜的清泉,只有用爱去浇灌班集体,才能培育出娇艳欲滴的花朵,参天耸立的青松。笔者将在这里向您展现班级的友爱、团结、奋进和温暖,向您诉说班级建设中一个个感人肺腑的故事。

笔记三年情

（一）回顾篇——重启笔记

时隔五年，我终于再次翻启了这本精美的笔记本，不是因为我把它放置在箱底尘封起来忘记了它的存在，而是真的一直没有勇气翻开这本饱含着爱意的笔记本，因为我知道自己只要翻开它必定会抑制不住心中激荡的情绪，流下不知什么滋味的眼泪。

笔记本是 2018 年 6 月 9 日班里的孩子们毕业离校前留给我的离别礼物。高考结束的那天，家仪、欣怡等几个孩子在离开学校前找到我，把这本记载着同学们心意的笔记本递给我。接过这本笔记本，我就知道我在短时间内没有勇气打开它，因为我知道孩子们一定在笔记本里记录了很多的往事，留下了很多的感触，写下了很多的情谊，我知道感情丰富的我只要打开它，必定会泣涕涟涟。孩子们是了解他们的班主任的，临走前，孩子们还不忘调侃我：不要太感动哦！时隔五年，我还清晰地记得孩子们当时带着几分调皮，又饱含着无限依恋的表情和言语，也记得我当时的尴尬和不舍。

其实，拿到笔记本后，我还是打开过的。不出意料，打开笔记本第一页，看着班级的集体照片，我已是一阵感动，当我翻看完第三页《我们的夏老师——致班主任的一封信》后，眼泪就像止不住的水龙头一样哗哗地流。要问我里面写了什么让我这么感动，即便是刚刚看完笔记本，我也说不上来。在 51 篇孩子们的或长或短的留言中，并没多少精彩言语，也没有华丽的辞藻，甚至夹杂着不少粤语的不规范表达，但就是在孩子们朴实无华的字词之间，勾起了那三年来我与孩子们朝夕相伴的一千多个日日夜夜的回忆，没有波澜起伏的情节，没有动心煽情的表述，没有吸引眼球的故事，有的只是无限的真情。

记得当时我翻看了几页后就赶紧合上了笔记本，小心翼翼地把它收藏到柜子的最里面。我想，我需要找一个宁静的夜晚，在一个没人的地方，鼓起勇气，做好心理准备才能好好地沉浸其中，而这一等就是五年。

近期又翻开了这本笔记本，从头到尾认真地看了一遍。本以为经过五年时间的沉淀，年过不惑的我多了两鬓的白发和笑对人生的沉稳，少了跌宕激动和起伏难平的情绪，能够平静地阅读完整本笔记。却不承想，在翻看的时候仍然多次鼻酸眸红、眼角泛泪。我想或许是我在这一届学生的身上投入了太多的情感，又或许是我在带这一届学生的过程中承受了太多的压力，走过了太多的曲折，经历了太多的困难。

（二）压力篇——承压就位

记得刚开始决定担任这个班的班主任时，我就承受着无限的压力。当时已是学校办公室副主任的我是完全可以不做班主任的。对于我能够主动承担美术特长班班主任的这个决定，很多人无法理解。谁都知道班主任的工作多而杂乱，谁都知道办公室的事务繁重不堪，两项让人无法承受的担子同时压在一个人身上似乎已经超出了正常人的承受范围，而我的主动承担更是让所有人始料不及。当时，没有人在担任行政工作的同时还去主动兼任班主任，我算是开创了实验中学的一个先河。有不少人说我"傻"，说我没事找事、自讨苦吃，明明已经逃离了班主任的苦海又自己跳回来；也有不少人骂我"笨"，说我带坏头，在学校里树立了中层行政兼当班主任的"错误榜样"，以后会把其他行政拖下水；还有不少人说我"搏"，拼了命要向上爬，为了搏升职啥都不管不顾了……总之，我担任美术特长班班主任这个事，在学校范围内是引起了不少讨论和非议的。

我是怎么想的？过去八年了，我也无法记得十分清楚了。但是可以肯定一点，我不是为了升迁。要知道早在 2008 年，我结束扶贫工作的时候，镇政府就征求我意见让我留下来担任办公室主任了；要知道 2014 年区里选调教师到政府担任副镇长时，我是教育系统 30 多名候选者中竞争出来的唯一晋级者，组织部电话询问我个人意愿的时候，我还是选择了回到学校。如果我是为了升迁，我用得着在学校坚守着一个连级别都不知怎么定论的办公室副主任那么多年，用得着再回到班主任的岗位上去证明自己的勤奋和能力吗？

现在回想起来，当时毅然决然地去担任这个班主任，或许是因为骨子里的一股不服输的精神，又或许是那年被兄弟学校嘲笑我们 800% 本科上线率的玩笑话刺激了。当年的实验中学一直以来因为生源质量不好，成绩长期位列高要区倒数，在社会上甚至在教育行业里都是不被人看重，甚至是看不起的。记得 2015 年，学校考上了 8 个本科，这个成绩虽算不上差，但是在区里各所高中里却是最少的，远远低于兄弟学校。当时教育局根据学生入学成绩比对，给我校的本科指标只有 1 人，我们完成了 8 人，按说是一个了不起的成绩。于是，学校在校门口外打出"完成指标 800%"的横幅，以彰显老师们的艰辛努力和学校的优异成绩。不承想这样的宣传却成了兄弟学校茶余饭后谈天的笑料。在多个场合听到兄弟学校略带讽刺的调侃之言，我心中颇感郁闷和不平。作为实中人，我是不服气的，总想尝试着做点什么来为实中正名。

在一片争议声中，在心中的不甘和倔强驱使下，我踏上这个美术特长班班主任的三年管理之路，其中的压力可想而知。而带这个班的三年，也是我的人生到目前为止最艰难的三年。除了沉重的班主任工作和繁杂的办公室事务让我身心劳累，我还迎来了妻子怀孕二胎和二宝的降生，对孕妇和新生儿的照顾让我疲于应对；我经历了肠道肉瘤切除手术，身体疼痛的折磨让我体验了一次死去活来；我完成了在职研究生的研读，近八万字的毕业论文让我熬过了多少个日日夜夜，双眼通红；我闯过了副高职称评审，连续三年花费大量心血编纂的职称材料终于在两次暂停评审后顺利通过，让我感受了一次幸福的喜悦……那三年中无限沉重的压力和颇为艰难的生活历程，也许就是现在每当我翻看这本笔记本都会触动如此之大的原因之一吧。

（三）曲折篇之一——严苛塑形

这本笔记给我带来感触深刻的第二个原因或许是带这个班走完三年实在是太曲折了。由于承受的压力比较大，带班的过程中我对学生要求得非常严格，很多时候都超出了当时学校管理层面对于"严格"这个词的定义范畴，完全可以用"严苛"这个词来定义。现在回过头来看，我都觉得对孩子们有点过于严厉了。

记得高一军训后，因为班级一次小违纪，我在班会课上把全班同学拉到操场上顶着烈日带着孩子们站军姿，9月初的太阳还非常毒，球场上的气温也非常的高，暴晒之下一位女同学出现了晕眩，我也只是让她到树荫下休息，继续陪着其他孩子们站立整整一节课。结束时在我的质问下，孩子们齐声回应和承诺。巨大的声浪响彻整个校园，赢得教学楼上其他班孩子的掌声和叫好。虽然我觉得这样的掌声和喝彩更多是出于起哄和看热闹，但是这一次的极端处罚端正了整个班级的态度，凝聚了班级的团结意识，班级的风气明显有了变化。

我对孩子们的要求是成为全校最好的班级，无论是学习还是生活、纪律方面都要成为全年级的榜样，成为最优秀的班级。记得年级主任曾跟我说过，他在全年级各个班都没收过手机，唯独在我们班是收不到手机的。要知道早在2015年的时候，手机问题还没有广泛引起重视，大多数人对于手机的管理还只是停留在口头上的要求和被动没收处理的状态。学校当时也还没有统管手机，没有制订相关手机管理的制度和要求，很多孩子都会有上课忍不住玩手机的现象，每天都会有学生在上课时被巡查的行政和上课的老师没收了手机。而我们班是不存在这种情况的，孩子们自觉地把手机存放到班级前面的手机存放袋里，绝不会在上课时间使用。

高二的时候，我们班是当时最早实现早晚六点四十回班级学习的。当时高三毕业班很多都做不到这一点，每天早晚别的孩子还慢悠悠地在校园各处闲逛的时候，我们班的孩子已狂奔到教室，在六点四十前进入学习状态，提前开始自己的学习。这个班也是全校最早开始延时学习的。当时学校晚修后教室就自动断电熄灯，班里的孩子会一手拿手机打着电筒，一手拿着笔在教室里奋笔疾书，我的电脑里至今还保留着当时偷拍孩子们齐刷刷地打着手机电筒坐在教室里学习的小视频。看到这样的情况，我向学校申请了晚修延时学习，在学校的讲学厅升辟了延时学习教室，让孩子们学习到晚上11点。

对于班级的管理我是下狠心，严处理的。志锋的文化课成绩长期倒数，尽管他是班级的体育委员，尽管他的美术术科成绩很不错，尽管他曾多次向我请求留下，但是为了调动班级的学习气氛我还是狠下心把他转出了班级；滢滢的文化课成绩长期全年级第一，最初是可以到重点中学就读的，作为学校重点培养的对象还多次在年级大会上作为学生代表发言，但是当她违反了纪律，我就立即撤了她的班长职务，最后她也转出了美术班，到文化班去学习了。

在我的严苛管理下，班级如愿以偿地成为学校纪律最好的班级，成绩也突飞猛进，创造了学校历史上首次艺术班文化课成绩超越文化班，长期位居年级前列的奇迹。因此我们班经常在各种场合受到领导的表扬和赞许，同时也成了其他班主任在自己班会课上要求同学们学习的对象。其实我知道当时孩子们对我是既敬畏又憎恨的,在笔记本中还有不少孩子回忆这段往事时,表达了这样的情绪,甚至于其他班的孩子对我这个班主任也颇有微词,这一点在后来转入我班的孩子们笔下是可以看出的。

(四) 曲折篇之二——踽踽前行

  这个班的曲折远不止于此。美术特长班经历了四次班级合并,班级人数从建立班级时的28人增长到高三的58人,班名也从原来的9班变成了后来的3班。高一后期,泽良、舒宁、欣彤、裕铭、国铖、蕴钰等孩子陆续加入班级;高二的时候因为另一个美术班拆解,把伟文、李洁、灿荣、世豪、明慧、海杰、颖敏、绮迪、孙萍等一大批孩子放到了我们班;高三的时候,年级分拆音乐班,颖桉、芷珊、诗琪、淳丽、汝鑫等一批孩子分到我这个班级来;高三备考的最后阶段,桂伦、颖芬、崇洛等几个孩子也从隔壁班到我班借读,冲刺高考。三年四次合并班级,不断插进不同风格的孩子,以至于后来班级里的"原班人马"比"输入血液"都要少。我知道当时每一批刚调入我班的孩子大多都对班级抱有抵触情绪,他们不喜欢班级的严厉管理,不习惯班级的拼搏压力,更有甚者认为班级的很多措施是作秀。这对于我这个班主任来说,可是不小的考验和挑战。我使出浑身解数,想方设法维持原有的班级风格,千方百计融合"各路人马",努力让班级保持团结奋进的状态。值得庆幸的是,加入的孩子们都能很快被班级的学习氛围感染,融入班级中,纷纷成为努力学习的先进分子,其中的不少人后来都考上了本科院校。在这本笔记中,这些转入的孩子们大多都回忆了最初转入我班时的不情愿和埋怨,记录了进入班级后受到拼搏氛围影响的震撼和庆幸,表达了成长的喜悦和实现梦想的感激。

  2016年,班级进入高二的时候,我在沉重的工作负担下,又完成了高级职称评审和硕士论文撰写两件重要的事情,此时我的身体出现了较为严重的问题。经过检查,肠道里长出了肉瘤,需要尽快手术切除。无奈之下我只能放下工作就医治疗,住在医院里的我心中牵挂着众多的工作,但最让我放心不下的还是班级里的孩子们。让我颇感安慰的是,孩子们非常的懂事和自觉,在没有班主任在身边的日子里,他们坚持自己管好自己,没有出半点问题,没有放松过学习。每周五下午,班干们按照惯例开完班委例会后,班长家仪把会议记录拍照发给我。从中我看到了班级出现的问题,看到了班干想出的对策和处理方法,看到了孩子们自我管理的积极和主动,也就放下心来。周末时间,家仪、育燊、伟文、灿荣等孩子分批到医院探望,那种亲切和关怀,让手术前后三天未进粒米的我倍感温暖,也让隔壁床位的老伯心生羡慕,不停地夸赞我们班的孩子们懂礼貌,知感恩。

  最让我感到艰难曲折的不是多次并班合班,要不断引导新加入的孩子去适应班级的管理,也不是疾病给身体带来的痛苦和无法回到班级的焦虑让我身心俱疲,而是外部的干扰和莫名其妙的阻力。记得高二下学期,为了让孩子们树立奋斗的目标,做好班级的前途理想教育,我让班干组织一次到广州美术学院的游学活动。活动的前期组织和安排都由班干部自己完成,孩子们也做得非常好,他们定好游学路线,邀请了家长参加陪伴,租好了出行车辆……我则是跑前跑后向学校和年级申报外出项目,争取到了年级领导和学校校长的支持。本以为这样有益于学生发展的主题教育活动会赢得圆满,却不承想当我带领孩子们出发不久后就收到了教育局的电话查问,说是有人投诉我带孩子们到广州参观机构,引导孩子们报读某些机构,存在利益输送问题。这次活动事先征求了同学们的意见,赢得了家长的支持,征得了学校的同意,照理是不会出现问题的,况且投诉的内容无中生有,莫名其妙。事后多年我都没搞清楚问题出在哪里,源于何处。

  反正这样的一次有意义有价值的班级教育主题活动在出行没多久就蒙上了一层阴影。在孩子们兴高采烈地游览广州美术学院的时候,我只能一边关注着孩子们的动向,一边冥思苦想着如何撰写回来就要上交教育局的"情况说明报告书";当孩子们兴致勃勃地在大学城商业区品尝美味午餐的时候,我只能一个人默默地伏在隔壁广州大学学术交流中心大厅冰冷的茶几上,一字一句地抒写着我的"辩护证词";在孩子们满怀期待地参观广州美术学院书法展的时候,我只能偷偷地把家长代表拉到一旁,向他们说明情况,恳求他们在我的情况报告书上签名,为我做"无罪证明"……一路上,心中的冤屈和不平久久难以平息。直到我在回程的车厢内,看到孩子们欢欣鼓舞的表情、满怀斗志的眼神以及对未来奋斗的期待后,心情才逐渐得以释怀,觉得不枉此行,即便受了委屈也是值得的。

（五）曲折篇之三——术科重挫

  高三术科联考放榜,考出的成绩让我倍感意外和失望。原以为至少能有 30 个以上的孩子可以通过美术联考本科分数线,谁知最后却只有十几个,拿着冰冷的成绩单,我几乎不敢相信我的眼睛。谁说的努力就会有回报？谁说的天道会酬勤？谁说的经历风雨就会有彩虹？论起缘由,有说那年首次改为网上阅卷,美术的色彩在屏幕上出现偏差导致的;有说改卷老师由原来××师范的老师改为××美院的老师,风格发生变换导致的;有说培训机构备考方向失误导致的……总之那一年的美术联考,我的班级完全没有考出应有的水平,这样的成绩让班里的老师、学校的领导甚至是教育局的美术教研员都不敢相信。满怀期待的我更是犹如头顶上泼了一大盆冰水,从头凉到了脚,似乎前两年的一切努力都将付诸东流,前路一片黑暗。

  深感挫败的我把自己关在房间里整整一个晚上,埋怨着命运的不公,反思着过程中的不足,同时也在谋划着应对策略。我知道我懊恼的时间不能太长,不能久久深陷在失望的情绪中。我也明白再大的压力只能自己打,不能在班级里有丝毫的表露,因为此时的孩子们肯定比我更失望。我更清楚我不能把负面的情绪带到班级里,作为班级的灵魂,如果我的心态垮了,班级就会陷入更深的绝望之中,会直接毁了孩子们接下来的文化课备考。我想就是咬着牙装,也要装出一副信心满满、充满希望的神态来,"乾坤未定一切皆有可能,乾坤已定我便扭转乾坤"这句近两年流行于网络上的励志名句很好地表达了我当时的决心和领悟。

  在调整好自己的状态,带着乐观的精神和积极的心态回到班级后,我落实了一系列的激励措施,将积极奋进的斗志辐射到了整个班级,很快班级就从暂时失利的阴影中调整过来。考过术科本科线的孩子们一只脚已经跨进了本科大学校门,学习动力自不必说,但是伟文、静韵、敏君、依霞等这一大批没考过本科线的孩子们在我的鼓励下也表现得更加努力,他们是每天早上到教室学习最早的,是在延时自习室里坚持学习到最晚的,我想他们是要用最后的努力拼一把文化课方向,努力追求着已经看似希望渺茫的本科目标。

记得当时有同事惊讶于我们班级坚韧的奋斗意志,感慨于术科受挫后班级还能表现出的良好学风,求教于我:"术科不上线那么一大批,还能让孩子们如此拼搏,真是前所未有,你是如何做到的?"面对此问,我只是艰涩地苦笑不语。说句心里话,谁希望浇灭了孩子们的梦想再去点燃?谁愿意把班级置之死地而后生呢?亡羊补牢何尝不是最后唯一的救命稻草了呢?虽然最后的高考3班实现了救赎式的成功,班里孩子们的文化课成绩基本上超过了美术类的文化本科线;虽然庆幸于当年美术术科分数线降了两分,又多了3个孩子搭上本科的末班车;虽然那年学校实现了本科人数上的巨大突破,历史上第一次超越了兄弟学校……然而其中的曲折、艰难、苦涩,若不是亲历者,又有谁能理解?谁又会明白?所以,我才会在高考庆功宴后独自回到学校,躲在升旗台后的阴暗角落里失声痛哭;所以我才会缺席学校组织的庆功晚会,孤身于江畔抽完了整包烟以释怀;所以我才会多年来一直不敢打开并阅读这本孩子们留给我的,记录了诸多往事,唤起那段艰辛和曲折回忆的笔记本。

(六) 感情篇之一——视若己出

这本笔记让我感触深刻的第三个原因或许是我在这个班级投入了太多太多的感情。我把这个班级的每一个孩子都当成了自己的孩子,把对这批孩子的培养当成了实现自己教育理想的实践平台,把这个班级的建设当成了自己教育事业的终极演练场。3年里,不仅将自己的所有精力全部投入这个班级的建设中,甚至把自己教育儿子的理念都践行到这个班的孩子们身上。

当时我的儿子浩仅有3岁。作为教育工作者,我对育儿有着自己的理念和想法,有着自己的见解和思路,而这些我都毫无保留地倾注在这个班的孩子身上。我重视素质教育,重视提升孩子的综合实践能力,因此在班级中我经常搭建平台,组织教育教学活动,让孩子们到讲台上发言讲话,锻炼他们的表达能力和淡定台风;我强调分享精神,因此我将所学的小组合作学习方式贯彻到班级管理和教学中,在校内率先在实践学习和班级管理上尝试小组合作制度;我注重培养孩子的独立能力,因此在班级管理中我把班级的日常管理事务完全交给班干部们,让他们按照自己的思路去谋划班级建设;我倡导合作意识,因此我引导班干们形成每周班级例会制度,让班干每周总结班级得失,商量应对策略,并在班会课上大胆布置工作,落实整改措施……

为了树立孩子们良好的世界观、价值观和奋斗理念,我从组建班级开始就着力于班级文化的建设,像对待自己的孩子一样为他们创设最良好、最积极、最奋进的学习环境。我在班级的大门上贴上了一副对联:"安逸享乐另寻他处,嫌苦怕累莫入此门",这副对联跟随班级3年,更换了4间教室;我在入门正对面的墙上张贴班级的奋斗口号:"我们是实中最好的班级",这一目标我们坚持了3年,3年来我们班只有被人追赶,从未被人超越;我在黑板旁的墙上,印制了我创作的教育理念:"自信才能成人,自律才能成才,自觉才能成功",这一理念后来被学校采用,广泛张贴到整栋教学楼的各个教室中;我教会了孩子如何制定自己的长远目标和近期目标,教会了孩子们如何做好自己的成绩分析和成绩跟踪,教会了孩子们许多许多……这一切的一切都是我后来教育儿子的理念和指导思想,而在我践行于儿子之前统统倾注在了这个班级的孩子们身上。

  为了让孩子们普遍受到锻炼,提高工作能力,我每年更换一批班干部。其实我这是自讨苦吃,要培养出一批出色的班干部不容易,而我总是在把一批班干锻炼得能力非常强、工作效率非常高、用起来得心应手之后就重新选举换一批,让更多的孩子在我的班级平台中得到充分的实践锻炼。在一次班主任经验介绍会上,我向全校班主任骄傲地表示我的班级至少有 15 人可以担任班长职务,全班每一位同学都可以当班干。我这话说得一点都没有夸大,毕业后的孩子们也证实了这一点。孩子们去读大学没多久,国锐发微信给我,把他竞选团支书的演讲稿发了过来征询我的意见。我当时感到颇为诧异,因为国锐曾是班级里最云淡风轻、最不积极的孩子,在我看来是最不适合当班干的,连他都参加了大学班干部的竞选,那班级其他孩子们得有多少当了班干呢?于是我在班级群里发了条信息,让在大学里当了班干的孩子接个龙,没想到几乎全班孩子都是。当时我在震撼之余颇有几分欣慰和自豪,虽然不是说孩子们当了班干就是多大的成功,而是从这一点可以看出 9 班的孩子都是敢于吃苦耐劳,勇于承担责任,乐于积极上进的,那一刻我不禁有点欣喜于自己的教育成果,那感觉就像自己的儿子获得了不小的成就一般。

(七)感情篇之二——感同慈父

  高三期间,孩子们大都到广州机构学习专业课了,从 7 月到 12 月,整整半年的时间不在学校内学习。本以为孩子们不在学校,作为班主任的我可以偷得一段的清闲,然而心中满满装载着孩子们的我却没有一天能够放得下心来。孩子们在学校每天大事小事不断,虽然事情繁杂,但至少都在自己的眼皮底下,每天盯着看着心里还是踏实的。当孩子们都不在眼前,一个月都见不到一面就不禁忧虑担心起来:他们吃得好吗?睡得香吗?他们适应机构的学习生活吗?他们的美术提高得怎么样了?跟得上省内其他的美术高手吗?忧虑的事项林林总总,以至于繁忙工作了一天之后,深夜里带着满身疲惫躺在床上,仍旧辗转反侧,忧思难眠。在这半年时间里,我总是将我的牵挂化作微信上的一句句耐心的询问传达给孩子们,孩子们沉浸于繁重的上课学习和课后作业中,基本上都要等到凌晨一两点结束一天的学习任务后才能抽得出时间回复我。我就像是电影里的老父亲一样,每每抱着手机守候到深夜,回复着孩子们提出的各种问题,只有看到孩子们一切安好,学习有进步的消息后才能安稳入眠。这样的凌晨交流持续了整整半年,半年下来,对着镜子里深深的黑眼圈和明显上提的发际线,我自己都不禁感慨自己老了一圈。

  在那段时间里,我会尽量抽时间带美术老师到机构去探望孩子们,给孩子带上水果、月饼等零食,表示一点小小的心意。每次到机构,孩子们一看到老师就像是看到自己的亲人一般,热情洋溢,亲昵温情。然而每次探望的时间都十分短暂,常常是我这个班主任还来不及跟他们过多地叙话生活日常,了解思想状态,美术老师就赶着帮他们评点作业,分析画作问题,指点不足之处。每当这时完全不懂美术专业知识的我只能伫立一旁,倾听着美术老师对每一个孩子作品的点评,或是择机适时鼓励着在旁等待美术老师点评的孩子……现在回想那场面,感觉自己仿佛就是他们的老父亲一样,既对他们的学习生活关怀备至,充满期待,又对帮助他们提高专业成绩无能为力、手足无措,只能干着急。

其实这些场面,相信现在学校里当过艺术班班主任的同事们都经历过,并有着很深的体会。但是在2018年,那时学校还没有系统地跟进美术生的培养,作为我们学校美术特长班教学管理的探索人,我算是首位焦虑体验者了。后来的艺术班管理和跟进程序,大多是按照我的路径细化完善的,虽依然痛苦和艰辛,但至少有前人的经验教训指引。而当时的我前路是一片漆黑的,谁也没提供过类似的经验指导,谁也不知这样的跟踪辅导是否正确,这样的努力付出是否会有回报。摸着石头过河的我纯粹就是一种尝试,一种摸索。智者说:从0到1比起从1到100要难得多。在这种从无到有的探索中感受到的焦虑和迷茫,我算是真真切切地体验了一回。

2018年的五一劳动节,台风骤然而至,黑沉沉的天际仿佛是前段时间经历的术科联考挫败一般,令我无限压抑。高三年级难得地获得了两日劳动节假期,我带着妻儿驱车300多公里奔赴韶关探望年近90的爷爷奶奶,路过南华寺时顺路进去参观祭拜。当时天降滂沱大雨,我们打着雨伞,顶着强风,步入山门。为防雨水淋湿,我把不到2岁的二宝用背带背挂在胸前,每到一殿都坠挂着20多斤的孩子跪坐于佛前蒲团,虔诚地祭拜祈求,所求内容并非个人的荣华富贵,而是家人的安康和班级孩子们的高考顺利。已经遭受了术科联考"滑铁卢"的3班,不能再有任何差错了,不能再让任何一个本科希望破灭了,作为班主任,我把自己能做的一切都做到了极致,剩下的我也只能祈求上天赐予的运气了。现在回想起来,我这个坚定的共产党员,坚定的唯物主义者,把最后希望寄托于神灵的庇佑,可以说是多么的无助,多么的凄凉。

从山脚的山门至半山的舍利塔,伴随着狂风,我们一路拾级而上,雨水透过柔弱的雨伞打湿了我半个身子。至今我还能清晰地记得二宝瞪着圆圆的眼睛,听着我喃喃自语,随着我祭拜的身躯起起伏伏,一脸的不解和疑惑的表情。5岁的大儿则懂事地陪在我身旁,模仿着我的动作一起跪拜祈求。

妻子在一旁戏谑着:"这么大的风雨,这么虔诚的态度,佛祖都会被你感动的。"

佛祖有没有被我感动,我不得而知,但是我相信孩子们如果知道肯定会感动的。然而我却一直没把这事告诉孩子们。毕业后聚会,同学们聚在健宁家楼顶上烧烤,谈及3年来让自己最感动的事,大家纷纷说出自己在班级里的种种经历和感触。问到我时,当时的我立马想起了那一次南华寺的风雨之旅和虔诚祈求,但话到嘴边我却没有说出来,只是微微一笑而过。

对原来的9班,后来的3班的孩子们除了倾注了自己全部的情感,我还"埋葬"了自己一次事业发展的好机会。就在孩子们高三术科联考后,备考文化课的最关键时期,教育局征询我的意见,意在把我调到教育局去工作,这在很多人看来是不错的发展机会。逃离班级意味着我不用为很可能到来的高考失利背负责任;离开学校意味着摆脱了繁杂费心的教学管理工作;到上级单位工作意味着有了更高的社会地位,更多的发展机会。然而我放不下这个班,放不下这批孩子们。没有太多的犹豫,也没有过多的考虑,我拒绝了这次机会。在对相关领导表示抱歉之后,我坚定地选择了跟孩子们一起拼完这最后的一程,无论成败我不会当逃兵,不能抛下我的班级,在孩子们高中最后的艰难日子里,我必须和他们站在一起,奋斗在一起。

(八)完结篇——迟到祝福

我曾跟 3 班的孩子们调侃过:这是我最后一次担任班主任,你们就是我的"关门弟子"了。对不起,我食言了。2021 年因为工作的需要,我又担任了一届艺术班的班主任。但是在我心里"关门弟子"的位置永远只会留给 3 班的孩子们,因为我在他们身上倾注的一切永远不可能再来一次了!

合上笔记本,时隔五年,虽然大多数孩子再也没有回来学校看过我,但我脑海里还时常会泛起班级那 58 个孩子的身影和神情。无论是家仪的憨厚、舒宁的认真、展妮的严谨、静怡的羞涩、依霞的勤奋、国贤的严肃、锦聪的斗志、伟文的坚持、李洁的上进、杨阳的娴静还是小龙的任性、育燊的调皮、思宇的自负、泽良的怠慢、世豪的大意、翠婷的纯真、蕴钰的乐观、静韵的积极、静妍的沉郁,甚至是因为各种原因先后转出了班级的慧玲、炜怡、志峰和滢滢……都在我脑海里留下了不可磨灭的烙印,灿荣、伟聪、欣怡、凤珍、国清、健林、梦茵、裕铭、杏姗、诗敏、梓杰、海杰、钰鹏、绮迪等孩子的名字也会伴随着那 3 年的艰辛和曲折铭记在我的心底。

终于看完了这本笔记,我长舒一口气,也艰难地回顾完那曲折的 3 年,心中波澜起伏,久久难平。有人说年龄大了才会喜欢沉浸在回忆之中,也许吧。其实年过不惑的我肯定称不上年龄大,但是逐年稀疏的头发,岁月雕琢的皱纹,日渐斑白的两鬓无不告诫着我光阴似箭的残酷。在近 20 年的教育生涯中,2015—2018 这艰辛的 3 年无疑是我最不愿意回忆但又最难忘却的一段历程。说最不愿意回忆它是因为那 3 年真的太辛苦、太曲折、太大压力了,至今想起仍深有感触;说它最难忘却,是因为其中承载了我太多的情感,太多的委屈,太多的不甘。

回顾笔记本里的 51 篇留言,出现最多的就是"感谢"这两个字。是的,孩子们是懂得感恩的,面对着 100 多句的"感谢"我也是可以抬起头,挺起胸承受这句简单而又沉重的感恩之言。虽然最后的成绩并不如我意,也让很多的孩子们没能实现自己的梦想,但这 3 年可能会有不足和遗憾,却绝对没有悔恨和失败。因为无论是原来的 9 班还是后来的 3 班,每一位成员都用自己的努力和付出去拼搏了自己的人生,奋斗了未来!

算算年月,当年的孩子们现在大都已经大学毕业,走上职业生涯,有的甚至已成家立业。在此祝福班上的孩子们前程似锦,鹏程万里!期待着你们的美好未来!也感谢孩子们当年留下的这本承载着心意的笔记本,感谢这本记录了艰辛曲折和真挚感情,引导我回顾往昔的笔记。

虽然每学年都搬办公室,期间也丢弃了旧书籍资料,但这本笔记我会一直作为一生中最珍贵的"宝物"珍藏着,不离不弃,珍爱如昔!

感悟与反思

　　爱是教育的基础。作为教育工作者必须要对孩子们投入爱才能做好教育工作。每一个孩子都是一张白纸，可以书写无限的未来，他们既是一个家庭的期待，又是社会的基石。学校的教育既是技能、知识的提升，更是家庭温情和三观塑造的延续地。高中阶段的孩子不仅有了自己的认识，也有了很强的自我意识，教师尤其是班主任对孩子的爱，直接影响着孩子的人生命运和价值取向。

　　什么样的班主任会映射出什么样的班级风格。有学者认为每个班级都会有自己的"性格"，而这个"性格"大多与班主任的性格相关。因此，班主任在从事自己的管理工作中，需要不时地反省自己的行为举止、处事风格、管理理念，很多时候我们的人生观和价值观在不经意间就会传达到孩子们身上，带到孩子们未来的人生和社会活动中，班主任在管理班级的时候需要做好规划、做好榜样、做好自省。

　　感恩艰难和曲折。没有任何的一丁点的进步是能够轻而易举实现的，其实越是走得艰难，才越能走出自己的步伐、自己的风采。这3年为求一点进步、一丝突破，让我这个已有多年教育教学经验的老教师，在自己早已有所谋划、早已熟悉的行业道路上都走得颇感艰辛、颇为曲折。但是，经历这3年的艰苦后，自己对于班级管理、学生的引导甚至于对自己孩子的教育都有了更深的理解、更高度的认识，也更有益于自己的教育事业。

2023年2月13日

一节关于校园恋爱的主题班会课

"同学们,今天我们召开一节关于校园恋爱的主题班会课。"正值青春期的孩子们,进入高中校园后,经历了一段陌生期和磨合期,在相互熟悉后往往出于对异性的好感,会产生恋爱的冲动。面对这群入校已有一个多月的高一孩子们,作为颇有经验的班主任,我已经发现班级里出现了一些恋爱的小火苗,要及时做好引导。

"哇……那个谁谁有……哈哈哈……"班上的几个调皮的男孩子听到了这样的主题马上来了精神,积极主动起哄式地检举起来。女孩子们则大多害羞地低着头,眼睛不时瞟一瞟左右,看看别人的反应。

我抬抬手制止了同学们的相互嬉闹,给出了引导方向:"同学们每人准备一张白纸,大家在上面用10个关键词描绘一下你心目中的白马王子或者白雪公主应该具备的素质和条件,不用写名字。"

同学们有的嘻嘻闹闹,有的窃窃私语,有的低头沉思,不一会儿就开始刷刷地在纸上陆陆续续写下了自己的要求。

收上来以后,我把纸条打乱,看了几张,字迹清秀的上面写的大多是收入高、学历好、长得帅、高大威猛、人品好、有爱心等;字迹粗犷一点的大都写到长得美、身材好、性格温和、体贴、有孝心等,无一不体现出孩子们对于未来对象的完美要求和想象。我看着纸上的各种条件,不禁呵呵地笑了,然后随机抽了几张念了出来。孩子们的情绪高涨,大家嬉笑讨论,猜测着是谁的纸条……

"大家想想,我们的周边有没有这样的对象?"在大家一阵嬉闹之后,我提出了自己的灵魂拷问。一下子把大家带入了思考之中,毫无疑问,身处高中阶段的孩子们没有经济基础,没有社会阅历,心中的完美形象要么来自影视剧作中的艺术形象,要么来自言情小说中想象的人物,身边根本不可能存在这样完美型的现实人物。

接着这样的问题,我引导孩子们考虑这样的完美人物我们在哪里可能会遇到?那肯定得是在未来,至少是考上大学以后。

我语重心长地引导道:"只有大家努力学习,考上理想的大学,才能在将来的高层次的生活圈子中遇到学历高、收入好,各方面素质都相对较高的对象,才有可能实现你的恋爱理想。如果现在就在身边找一个人投入情感和时间,影响了学习,不能进入更优秀的生活圈子,找到这样的完美对象的概率就会小得多了。"

同学们颇感认同,不少人频频点头认可。

趁热打铁,我再把学习的目标和奋斗方向予以指引,帮助孩子们进一步树立努力奋斗、艰苦拼搏的意志,明确高中阶段应该重点倾注精力的方向和理想目标。

这一节课效果是明显的。班里的孩子们普遍形成了在高中阶段谈恋爱没有价值、没有意义的认识,无形中将谈恋爱的想法放在奋斗理想目标的后面,形成良好的奋斗观和爱情价值观。事实证明,这样的引导是有效的。自从高一上了这样的一节班会课后,高中三年里,这一届学生没有在班级内部发展过恋情,同学们都能够把青春萌动的情绪深藏起来,没有外化的表现。有个别同学在初中阶段就有了恋爱经历或者当时已经在谈恋爱的也逐渐在高中阶段淡化恋爱意识,或挥剑斩情丝慢慢断了恋爱关系,或对恋爱有了清醒认识,将已有的爱慕之心深埋心底,没有付诸行动,将对爱情的追求转化为对理想的奋斗。

感悟与反思

"预防疾病"远比"治疗疾病"有效得多。高中学生入学后经历了一段陌生期和磨合期,在相互熟悉后往往出于对异性的好感,产生恋爱的冲动。高中生恋爱在现在的社会早已不是什么新鲜事,但是恋爱又明显会影响孩子们的学习,会影响班级班风的建设,因此,班主任一直将早恋视为班级管理的"老大难"问题。其实正值青春的高中生对异性产生好感,有谈恋爱的冲动这是正常的心理,老师和家长们大可不必将其视为"洪水猛兽",只是身处学业压力巨大且对于未来前途关键的高中阶段,谈恋爱无疑会对学习产生影响,因此班主任有必要对孩子们进行特定的引导,且引导必须在恋爱发生之前。作为高中的班主任,在高一孩子们入学不久,就要着手准备召开这样的一个主题班会,将预防工作做在问题出现之前,会起到事半功倍的良好效果。

疏导远比堵截有用得多。不少班主任对待学生恋爱的教育思路有偏差。许多班主任对于这个问题的教育都处于被动的状态,基本都是在发现了恋爱现象以后才找孩子聊天,或以学习为理由,或以规章制度为手段,更有甚者以对方的条件不好要求孩子结束恋爱,这种"堵"的方式,大多效果不好,而且容易激发孩子的逆反心理,其结果通常不尽如人意。要么迫使孩子们的恋情由"地上"转至"地下",要么让亲子关系紧张,孩子对家长、老师失去信任,不再愿意与师长沟通,最终会使我们更不了解孩子的思想状况。因此,对于这个方面的教育我们不能采用被动的防守态势,而是要主动出击,在孩子们刚刚出现这样的情绪需求时就给予正确的引导,让孩子们树立正确的爱情观和择偶观。与上面"堵截"的教育理念相对应,我们称之为"疏导"。

主题教育要有预见性。主题班会作为主题教育的主要形式和重要载体,是由班主任确定主题并组织引导的,让学生个体在集体活动中受到熏陶和引导的班会课。主题班会对于学生的思想转化和良好班风的形成有着不可估量的作用。班主任需要认真对待,提早规划主题班会课,作为有经验的班主任要提前预测孩子们成长阶段可能出现的问题,提前做好规划,预先做好教育引导,才能防止问题发生,避免"亡羊补牢"的尴尬。

2023 年 3 月 5 日

雄壮的班级誓词

> 我们是3班的精英；
> 我们是实中的传奇；
> 我们在这里只为本科。
> 不负学校期许，不负家长血汗，
> 不负恩师付出，不负自己理想。
> 面对困难，我们毫不畏惧；
> 面对未来，我们全力以赴；
> 在这里，
> 我们只有一个目标：本科、本科、本科！
> 我们只有一个信念：勤学、勤学、勤学！
> 我们只有一个口号：拼了、拼了、拼了！

雄壮的班级誓词每天早晚响彻校园，高三3班全本班的班级宣誓早已成为了学校里一道亮丽的风景线，不少老师会专门赶在早晚6点40点前到班级拍下宣誓的视频。斗志昂扬的誓词，坚定不移的语调，激情洋溢的斗志无不彰显着这个班级的拼搏意志。每天早晚6点40前我都会站在教室门口，与孩子们一起见证着他们的誓言，体验着这一班风建设的成果。

要知道接手这个班级的时候距离高考仅剩下105天，班级汇集了传媒、音乐、舞蹈、体育各个专业的学生，其中主要是原来的传媒班和音乐班组合，另外加入各个不同班中的"特殊"人物，总共57人。艺术生的个性强烈，然而在艺术生中传媒生的底子更加薄弱，无论在基础积累、学习习惯、学习状态还是自觉程度上都不堪入目。而且这是由9个不同班级调整拼凑起来的班集体，学生需要尽快适应新班级，老师需要面对专业特性不同的学生，再加上班级的指标任务重、压力大、时间紧、学情复杂。如何才能尽快把孩子们调动起来，投入到高考冲刺中并且形成良好的班风学风呢？

我想到了社会心理学中的罗森塔尔效应。我要在班级树立一个"权威性谎言"，通过不断的心理暗示，以某种常规性的集体活动，把理想目标的意识和奋斗激情以情感表达、语言宣誓传染给学生，使孩子们变得更加自尊、自爱、自信、自强，从而实现异乎寻常的进步。在备考时间紧迫的情况下，一来不能耽误过多的学习时间，二来要形成常规性班级活动。思来想去，没有什么比集体宣誓要更高效的了！

在班级口号的设置上当然也要有所讲究，不能随便从网上找个口号来用，必须贴近孩子们的奋斗目标，能够唤起孩子们的共鸣，调动起班级的集体拼搏意志，以班级氛围带动个体激情，形成良好的班风学风。因此我花了两天时间谋划，从自我认可、责任意识、态度表达、奋斗目标和实践手段五个方面设计口号内容，以领誓人和全班同学的对话式语言调动激情，用大声的表达宣泄来树立奋斗的目标。

确定了口号后，如何调动孩子们喊出来也不是一件容易的事。如果第一次出来的效果不好，达不到理想的状态还可能让孩子们产生敷衍情绪，反而容易打击消磨拼搏意志。因此必须在实施前做一些铺垫——制订配套的激励机制。实施前一晚，我先召集了班干开会，统一了班委的思想，编排了前期阶段班干上台领誓的顺序；然后在班上解读了宣誓口号的内涵，明确宣誓要求，唤起全班同学拼搏的激情；最后设置了每两周评选一次的"最佳领誓人"奖项，前期领誓是班干轮流上，起步以后愿意上台的同学可以随时上去领誓，争取获得奖项。

第一次的宣誓由班里的文娱委员恒涵领誓，在校歌的背景音乐下，恒涵斗志昂扬，声音洪亮，喊出来了拼搏的激情和动力，带领全班同学表现出舍我其谁的气势。良好的开局就是成功的一半，接下来不仅声音洪亮的名扬、芝佑、锦昊等男班干们嘶吼出雄壮的气概，就连钰颖、思艺、遵容这些女班干们都领誓出飒爽的风采。

两周后，由班干评选出的第一批"最佳领誓人"在班会上获得奖励，激励机制的落实无疑更鼓舞了同学们。随后的日子里，安排好的班干基本轮不上领誓了，同学们争相上台，不论男生还是女生都奋力地嘶吼着奋斗的誓言，还经常出现两三个同学同时上台领誓的现象。班里的孩子们也非常认可并且重视宣誓，将宣誓视为班级最神圣的仪式。学习紧张的时候，孩子们会利用课前的时间抓住机会与老师在班级门口谈谈心、问问题，但是只要宣誓背景音乐一响起，每一个孩子都会立即回到班级，来不及回到座位上的就站在走道的空位上立正，挺直腰板，右手握拳于脑侧，面向黑板一脸庄严地喊出奋斗的誓词。

很快，我们班级每天早晚的宣誓活动成了班级风气建设的亮点，为人钦羡。其他班级纷纷效仿。于是，每天早读和晚修前，班级的宣誓声在校园里此起彼伏，整个年级形成了你追我赶的良好氛围。而在其中，3班的宣誓总是最大声，最有气势，也最为引人瞩目的。

班级的宣誓活动进入了良性的常态化发展阶段，通过誓词同学们不断地强化加深了奋斗的意念，坚定了要拼搏考上理想大学的信心。班级的学习风气和氛围越来越好，班级的凝聚力也在宣誓中迅速展现出来。

值得一提的是，宣誓还具有强大的感染力。在开始的一个多月里，传媒的孩子懒散惯了，不少借着单考术科院校的名义不愿回校拼搏文化课，总想赖在家里偷懒。我总是苦口婆心地劝他们："你先回来学习两天，两天以后你还想找借口躲回家偷懒的，我不拦着你！"但是无论是芷晴、重均、家华这样的睡神级人物，还是文杰、尹华这种自我放弃的"大神"回到班级，参与了一次宣誓，就再也没有敢离开的，也没有愿意离开的！因为这样的氛围，这样的气势真的很能感染人，很能唤起孩子们内心的斗志和激情。

在全本班105天的拼搏中，宣誓成为班级最亮眼的品格体现，我们不仅在高三全年级的誓师大会上用誓词震慑全场,还在师兄的分享会上用口号展现了全本班的气质!然而在这200多次的宣誓中,最让我感动的是高考前最后一晚的宣誓。宣誓的时候同学们穿上统一的班服,每个孩子都意识到这是我们最后一次宣誓了,随着校歌的背景音乐响起,孩子们的神情庄重严肃,眼光灼灼坚定,每一个孩子都用尽全力呼喊着,似乎是战士们冲锋的呐喊,似乎是勇士们骄傲的长啸,气贯长虹,声如洪钟……战斗的号角是如此的高亢嘹亮,拼搏的呐喊是如此的动魄惊心!在场的所有老师都禁不住眼含热泪,感染于孩子们顶天立地的决心,感慨于孩子们翻天覆地的变化!

感悟与反思

在班级管理方面,苦口婆心的说教并不是最好的方式,营造出良好氛围才是最高效的方式。班级文化的建设在其中有着不可替代的作用。在临时接手这个班级时,所有问题和困难看似杂乱无章,纷纷扰扰,如果像救火队员一样一个一个去扑灭,估计问题还没解决,高考的钟声已经响起了。因此我利用心理学中的罗森塔尔效应,以快打慢,从小小的宣誓活动着手,抓大局氛围营造,不断强化学生的目标意识和奋斗意志,把存在各种问题的困难生拉回到学习中来,让他们自己放下其他的干扰和杂念,整个班级也就走上勤学拼搏的快车道了。

2022年12月28日

班级的奖励机制

班级班风、学风的建设如果只是停留在口号和说教上，很多时候就会沦为空谈，难以取得实效。要想将班风、学风建设落到实处需要在班级建立有效的激励机制。建立班级的奖学机制首先要有明确的目标和指向，要有具体的方案和实施办法，要有一定时期的延续性和稳定性。其次，奖励还要将物质奖励的刺激和精神奖励有效结合，以物质为载体，提出精神奖励和鼓励。当班主任多年以来，我在建立奖学机制方面做了不少尝试，尤其是2021年接手全本班后，我完善了各项奖励奖项，形成一套行之有效的机制体制，取得了较好的效果，积累了一定的经验。

建立奖励机制要根据班级的实际状况和急需解决的问题设立。接手全本班的时候，距离高考仅剩下105天，班级成员来自9个不同的班级，涉及音乐、舞蹈、传媒、体育4个专业方向，同学间相互不熟悉，个性差异和专业学习特点差异大，整个班级人心涣散，凝聚力差，再加上班级中"大神"级人物较多，管理难度不小。如果按部就班一个个去解决肯定在时间上是来不及的，效果也不会很好，很有可能是灭了东边的火，西边又出了事。因此，必须建立一定的活动和奖励机制来凝聚人心，团结班级，建立起良好的班级风气。但那时正值备考最紧张的冲刺阶段，又难以抽出过多的时间组织学习以外的活动，实现班级建设的效果。于是，我把眼光放到了班级宣誓这个每天都必须进行、又不占用过多时间的班级小活动上。

当时，各班的宣誓活动大多流于形式，应付年级的规定和班主任的要求勉强为之，宣誓的声音不洪亮，气势不宏伟，斗志不昂扬，完全没有达到宣誓需要的激昂斗志，也没有激发学习动力的效果。于是，我在全本班设置了一个"最佳领誓人"的奖项，自掏腰包购买一些笔记本作为奖品，每周由班干民主投票评选出领誓最有激情的同学，在班会上予以表彰奖励，并将表彰的照片发到家长群，让家长看到。

我规定班干排好顺序轮流带头上台领誓，同时鼓励其他同学自主上台领誓。其实刚开始班干也不太情愿，只是基于自己的身份和职责，把领誓作为一项工作完成，但是经历过两三周的表彰后，我惊奇地发现领誓班干的声量越来越大，气势越来越雄壮，很多时候甚至压过了隔壁班级宣誓的声浪。在领誓人的带领下，班级宣誓的氛围越来越好，再加上班级誓言中奋进、感恩的激励词句深深地打动了孩子们，我们班的宣誓活动成了年级的标杆，每天清晨早读前和傍晚晚修前，七楼全本班的宣誓声浪传到了学校各个角落，每一个听到誓言的实中人都会惊讶于这如虹气势，每一个经过班门口的老师无不为孩子们的真心呐喊所感动。

慢慢的上台领誓的不再只是班干，志樟、杰佳、晋玮等体育生率先成为上台领誓的非班干同学，随后燕岚、芷瑶等女同学也纷纷上台领誓，一时间上台领誓成为班级争先恐后的风尚。到了后来，很多时候领誓的已经不再是一个同学了，而是两三个一起上台领誓。领誓人严肃认真而又激情澎湃地领读这奋斗的誓言，全班孩子大声呼喊出拼搏的斗志和追梦的决心，这种震撼力不亲临其境的人是无法领会的。很多时候，在一旁陪伴的我，都会有种热泪盈眶的感动。在良好的氛围影响下，同学们团结奋斗的精神得到升华，班级的凝聚力很快提升起来，为学习营造了良好的风气。

把班风抓起来以后，我又把目光放到了学风建设上。高三最重要的是学习备考，如何把班级的学风调动起来，如何把班级里的"大神"们的注意力转移到学习上来是一个急需破解的问题。恰好高三考试比较多，各种模拟考成了我调动班级学风的最好机会，于是我设置了班级的成绩奖励。每一次模拟考，我都设立奖项，奖励班级总分前十名和进步最大的前十名。奖励的形式也多样化，既有班会课上的表彰，也有邀请家长晚修到班级作为颁奖嘉宾的颁奖仪式；奖品既有固定的学习用品，也有现金红包；颁奖方式既有激情澎湃的颁奖仪式，也有游戏式的抽奖活动。总之奖励的形式和方式根据班级具体情况而定。如果某次的模拟考成绩班级整体较好，为了警戒孩子们骄傲，我们就会采用严肃励志的方式进行；如果模拟考大家成绩都不理想，那就采用游戏的方式帮大家减压放松。

记得肇庆二模成绩出来以后，班级的整体成绩不好，六科总分在250分以上的只有25人，280分以上仅6人，这个成绩别说完成学校给的本科任务，拿出去都会被人笑掉大牙。在班级整体气氛都比较压抑而孩子们都因为成绩感受巨大压力的情况下，我更不能再批评孩子们，指责他们的不努力，那样的话不仅不能增强孩子们拼搏的信心和斗志，还会打击班级的整体士气，只能通过表彰奖励来激发孩子的学习激情，让他们看到成功的希望。

于是我利用晚修安排了颁奖典礼，邀请了三位家长来给成绩优秀的孩子们颁奖，奖励的对象是班级总分前五名和进步最大的几位同学，家长代表颁完奖品后，我拿出事先准备好的红包，红包里有一元的，有五元的，有十元、二十元的，还有五十元、一百元的，让前五名的孩子按照成绩顺序上台抽奖。这样的游戏形式瞬间缓解了班级成绩不好的压力，孩子们在嬉闹中得到压力的舒缓和放松，又在奖励中获得了肯定和奋斗的动力。

结束后，我向孩子们承诺，下个月的三模我们的奖励力度会更大，参与抽奖的人数翻倍，大家顿时斗志昂扬。其实，班里的孩子大多家境殷实，这一百几十块钱他们还真不一定看在眼里，但是上台领奖抽奖的这份荣耀感让他们很有斗志。颁奖典礼后，就有成绩排在后面的孩子向我表示了要努力学习，争取也能上台领领奖、长长脸。

在这之后，班级的学习风气更浓厚了，二模成绩不好的压力完全没有影响到孩子们的奋斗意志，孩子们在接下来的学习中更加投入，学习起来更加有激情。一个多月后的三模，班级的成绩直线上升，我也如约给孩子们准备了另外一场颁奖仪式，奖励的人数增加了一倍，奖金也翻了一番。

在六月的高考中，班级的整体成绩超乎想象，取得了奇迹般的收获。被视为年级最"渣"的这个班级，57个孩子最终考上本科47人，上线率达到83.3%，其中很多被视为不可救药的"大神"都考上本科大学，我想这里面除了孩子们的努力和科任老师的用心辅导之外，班级的奖励机制在调动同学们的学习热情方面有着不可替代的作用。

感悟与反思

　　完善有效的奖励机制无论是在班级班风建设，还是在学风营造方面都起着重要的推进作用。但是需要注意的是，奖励要以调动孩子的学习动力为主，要以精神的鼓励和引导为主，切不可以物质的诱惑为主。全本班的奖励，大家更看重的是通过努力获取成功，体验上台领奖的那种成就感和荣誉感，而不是那几个本子，那一百几十块的红包。

　　颁奖的形式也是促进荣誉感的重要手段。家校合作的积极作用在奖励机制中体现得淋漓尽致。我习惯于让家长来给自己的孩子颁奖，让家长见证孩子的光辉时刻，见证孩子的成长。孩子们这时对于荣耀的体验要远远大于班主任、老师或者是学校领导的颁奖。尤其是那些原本成绩不好，基础不牢，或者是一直问题不断，从小经历过各种批评教育的"大神"，能够在班级这样的公众场合，收到自己家长颁发给自己的奖励，那种收获成功的体验和对其成长的促进是其他任何方式都难以比拟的。

　　看着家长到场颁奖，看着家长搂着自己懂事了、长大了的孩子，看着家长在讲台上给予孩子祝贺和鼓励，喜笑颜开和收获的喜悦也是班主任一种别样的幸福。

2023年1月5日

百日元宵

"元宵节快乐，齐齐上本科。"孩子们端着装满元宵的一次性碗，开心地拍摄着小视频；班级同学齐聚讲台上，与晚修的老师们一起合影拍照；搞怪的健竣和文俊留下来喂食汤圆的瞬间；大大咧咧的敏靖和卓妍拉着老师摆上剪刀手的姿势……在电脑上看着这一张张照片，一段段小视频，不由得回忆起去年今日，同样的元宵节夜晚，同样的高三备考冲刺。

去年今夜的元宵节，也是距离高考一百天的日子。高三的孩子肯定是无法回家过元宵节的，为了让孩子们感受到家庭的温暖，也是为了让孩子们尽快接纳我这个临时调任的班主任，我让家人煮好元宵，送到班级里跟孩子们过一个特殊的元宵节。

高三是辛苦的，这一点无论是对拼搏的学生来说，还是对艰辛耕耘的老师来说都是一样的。刚刚接手一个新的班级，尤其是在高三第二学期接手一个从9个班抽调人员组建的班级，还要面临众多的本科指标任务，我承受着巨大的压力。每天早晚六点多我就早早来到班级门口，陪伴着孩子们一起拼搏。即便今天是元宵节，也不例外。

作为年迈的父母唯一的孩子，贤惠妻子的丈夫，两个可爱的孩子的父亲，我也清楚这样的夜晚应该待在家里，陪家人吃吃汤圆，看看晚会，欢度元宵佳节。但是作为班主任，又怎能不考虑到离家在校拼搏的班级里孩子们同样需要一碗热腾腾的汤圆呢？于是乎我把全家动员了起来，家里老人负责煮汤圆，妻子带着孩子把汤圆送到学校。当看到9岁的大儿子气喘吁吁地提着两锅汤圆，5岁小儿手拖着与他个子相当的一大沓一次性碗，爬上7楼时，心里也是对家人、对孩子阵阵的愧疚……

当然，班级的同学们也被感动了。做了一番简单的开场白后，班干就开始帮忙分发着汤圆。只见红糖水里漂浮着白色和紫色的汤圆，有花生馅的，有紫薯馅的，还有芝麻馅的，装盛在一个个透明的一次性碗里，浮动在热腾腾的红糖水面上，宛如一颗颗跳跃的珍珠——整个教室里弥漫着甜甜的香气，充满着暖暖的关爱。孩子们捧着一碗碗热腾腾的汤圆，一个个脸上露出满足的笑容。爱玩爱闹的体育生们在教室的背后玩起了快闪，录制下"元宵节快乐，齐齐上本科"的小视频；喜欢装酷的学音乐舞蹈的孩子们在教室门口摆起"pose"，拍下了欢快的合照；内敛的女孩子们则在座位上窃窃私语，边说边笑……

懂事的班干们还把盛好的汤圆送到隔壁班级，端到楼下办公室其他老师面前，把这一份暖意分享到年级的每一个角落。虽然每个孩子分到的不多，也就是三五颗汤圆，但是这小小的汤圆带来的是班主任对孩子们无限的关爱，是对孩子们努力奋斗的无限鼓励。

送汤圆暖心活动持续了半个多小时。活动结束后，我做了一番动员和鼓励，就让值日生收拾好，提醒孩子们赶紧回到学习中去，毕竟元宵节只是漫漫高三路上一个短暂的休息点,距离6月的终点站还很远,孩子们没有过多的时间和空间停留在这短暂的欢快之中。

在回家的路上,迎着微微带点寒意的春风,牵着小儿的稚嫩小手,心里充斥着爱意。小儿与哥哥一路上叽叽喳喳地讨论着今晚给哥哥姐姐送汤圆的经过,相信这样的一次送汤圆的经历,在他哥俩心里也种下了一颗关爱的种子,让他们更能感受到作为教师的父母的不易和老师这个职业的光辉所在。

感悟与反思

"师者,传道受业解惑也。"这是唐代文豪韩愈给老师下的定义。作为新时代的老师,我觉得除了传道授业解惑的基本功能,传爱也是必不可少的一部分。把爱传递给学生,传递给下一代,才能让孩子们对未来充满热爱,对生活充满阳光的期待!

2022年2月15日

60 枚毛主席像章

每年的 6 月 6 日一大早，迎着夏日的朝阳，高要一中的考生们会在运动场中央举行高考誓师大会，他们排队依次穿过象征着胜利之门的红色气球拱门，神采飞扬，激情澎湃，这是兄弟学校一中每年高考前隆重的仪式。而我们实验中学因为不设考场，每年都是早早地急急忙忙地从学校赶往一中考场，到场后学生们分散到各个考场教室门口，焦急地等待着考试的开始。

今年我们高三 3 班有点不一样。高考当天的一大早，夏日清晨的阳光已有些热辣，球场四周的绿化带来些许树荫。此刻，同学们整齐地列队在树下等候着，有的心不在焉地张望着远处一中的誓师大会，有的在抓紧最后的时间，紧张地埋头阅读着复习资料，有的在相互聊天，强颜欢笑……似乎大家都被紧张高压的高考氛围影响着，颇有点慌乱紧张而手足无措。我手里拎着沉甸甸的袋子，走向这些即将步入人生中第一次抉择自己命运的"战场"的孩子们。袋子里装着的正是我 3 个月前就已经给孩子们准备好的幸运小礼物——60 枚毛主席像章。

说起这 60 枚毛主席像章，颇有点故事。3 月我被公派到湖南出差，身为高三的班主任，其实并不愿意在这个时间点出差，一路上手机里长长短短交代的都是班里的琐碎，心心念念的都是班级的管理，絮絮叨叨跟同行的前辈聊的都是班上的孩子们……心里是真放不下。

在长沙数日，我惊奇地发现，与我们广东不同，在当地人家里供奉着的不是佛祖、观音，不是财神、武圣，而是毛主席。每家每户都摆放着毛主席的摆件，汽车里会吊着毛主席的挂饰，甚至大街上时不时就会看到佩戴毛主席像章的行人。当地的同行不时骄傲地介绍着湖南的革命历史，尤其是讲起伟人毛泽东的时候，那种崇敬之情溢于言表，仿佛在他们眼里伟人是神一般的存在。他们的讲述让我很受感染。伟人的曲折的奋斗历程，起起伏伏的人生际遇，坚定的革命意志以及敢于牺牲自我的精神无不感动着我，也触动着我，让我联想起了我的班级。

是的，我的高三 3 班几经波折。从刚组建传媒班的 22 人，到人心浮动，人员不稳，再到合并音乐班，加入体育生，最后在高三冲刺阶段让我临时去担任这个混合班级的班主任，中间经历了不少曲折，遇到了不少困难，但是这些曲折和困难与革命先辈们的经历相比又算得了什么呢？我作为班主任，作为班级的灵魂，必须要有不畏艰难的决心，要有必胜的信心和信念，才能带着这些基础差、底子薄的孩子们实现本科的目标。

我们抽空驱车到伟人的家乡，在韶山的毛泽东铜像广场瞻仰了伟人。面对高大伟岸的毛主席铜像,我郑重地三鞠躬,并在伟人的铜像前许下了一定要克服困难,带领孩子们走向成功的诺言。离开时我还给孩子们每人带回一枚精致的毛主席像章。整整60枚像章,不仅惊呆了展柜上的售货员,还引来了周边人吃惊的目光。我向同行者解释道:我要带着这份纪念品回去,不仅仅要把象征着伟人的祝福和好运的像章送给班级的孩子们,还希望能把这份砥砺前行、艰苦奋斗的革命精神传达给他们。

值得一提的是,在回来高铁安检的过程中,旅行箱里60枚金属材质的像章给我带来不小的麻烦,在长沙我被安检工作人员拦下来检查。我解释了半天,安检人员才理解了我一个班主任为孩子们着想的良苦用心,让我带上高铁,带回广东。

回来后,我多次在班级提及这特殊的礼物,也一直用革命的精神激励班级的同学们克服困难,努力奋进。但是这60枚有着特殊价值的像章我一直没有分发给同学们,因为有着重要象征意义的礼物要留在重要的场合、重要的时刻才能体现其重要性。高考是孩子们高中阶段最最重要的日子,也是这枚像章体现重要价值的时刻了。

在6月的骄阳下,在严肃紧张的考场氛围中,我郑重地一个个亲手为孩子们戴上这金光闪闪的毛主席像章,然后一个个拥抱我的孩子们,给他们送上最真挚的祝福。孩子们无不被这庄严而又温情的一刻所感动,纷纷表示会细心审题,认真作答,绝不留下遗憾……

最后,全班的师生在运动场的一角围成一圈,大家手拉在一起,再一次喊起我们雄壮的班级口号:

> 我们是3班的精英;
> 我们是实中的传奇;
> 我们在这里只为本科。
> 不负学校期许,不负家长血汗,
> 不负恩师付出,不负自己理想。
> 面对困难,我们毫不畏惧;
> 面对未来,我们全力以赴;
> 在这里,
> 我们只有一个目标:本科、本科、本科!
> 我们只有一个信念:勤学、勤学、勤学!
> 我们只有一个口号:拼了、拼了、拼了!

"拼了,拼了,拼了"的口号,响彻了整个一中校园,引来了远处同学们的目光,震撼了在场备考的学子们……

简短而又庄重的仪式后,我目送着孩子们斗志昂扬地走向各个考场教室,似乎刚才孩子们紧张不知所措的情绪已一扫而光,取而代之的是轻快的步伐,勇毅的眼神和坚定的信心,加上胸前那枚熠熠生辉的毛主席像章,孩子们仿佛化身一个个坚定不移奔赴战场的战士。我想,有充分的准备,有坚定的信念,还有永不言败的革命精神作为支撑,相信孩子们在这场人生命运的第一次大考中能够战胜一切,取得那一份属于自己的辉煌!

说来也巧,第一场语文考试的作文材料居然是1917年4月毛泽东在《新青年》发表的《体育之研究》一文的节选语段,似乎冥冥中预示着什么。考完语文出来,孩子们纷纷跑到我面前,兴奋的表情和激动的言语都在预示着这场考试的顺利,也表达着对老师的感激和对这枚毛主席像章的珍视。

最终,高三3班虽然没有收获"全本"的理想结果,但是56个孩子考出了47个本科的辉煌成绩也成就了一段传奇,一段佳话。这些孩子原本大多是年级里的后进学生,没有坚实的基础,没有理想的追求,很多甚至都从来不被家人看好,不被老师认可,但是到了一个有斗志,有信念,有拼搏精神的集体中,他们实现了人生的蜕变,实现了人生的飞跃,不可谓不幸运,不可谓不幸福!相信这段人生拼搏的经历,这股永不言败、永不言弃的精神会随着那枚金光闪闪的毛主席像章一样,陪伴他们以后的人生走向辉煌!

感悟与反思

班集体尤其是在面对高考冲刺阶段的艰辛和困难时,需要精神的支撑和引领。为班级树立良好的精神灵魂,形成敢于面对,踏实求进,永不放弃的学习作风是班主任的首要责任。而革命精神中战胜一切敌人、克服一切困难的强大精神力量无疑可以有效地帮助孩子们形成良好的意志品质,引领孩子们改正不良习惯,克服懒惰品性,战胜畏难思想,也能在上考场时帮助孩子们缓解应考的紧张情绪。

班主任应该在班级管理过程中或通过革命故事,或通过革命英雄人物,或通过革命精神象征物,宣扬革命精神,鼓动班级斗志,把革命精神传达到班级中,传达到孩子们身上。从这个角度看,这60枚千里而来的毛主席像章不仅仅是老师对孩子们的一份祝福和祈愿,更是把强大的革命精神传输到孩子们身上的象征。

2022年1月3日

传媒生的第一份视频作品

"班主任,你赶紧来看看我们的作品!"负责制作视频的几个传媒同学叽叽喳喳地跑过来,硬把我拉到电脑前看他们制作的班级小视频。

明天就是家长会了,高三最后一个学期才临时重组的班级非常复杂,我花了一个月时间才好不容易理顺了整个班级,就迎来了家长会。这个汇集了音乐、舞蹈、传媒、体育四个专项科类56个艺术生的特殊新班级,是从原来的9个班汇聚而来的。孩子们个性差异大,风格迥异,家庭背景各不相同,家长们对我这个临时挑担子的班主任也不熟悉,怎么才能让家长们既能很快地了解班级,理解我的管理理念,又能尽快全力以赴地支持孩子、配合我这个班主任呢?在我带领下新组建的这个号称要实现全本科的高三3班要以怎么样的面貌,既全面又高效地呈现在家长面前呢?我想到传媒生,想到了小视频的方式。于是就在三天前把这个任务交给了班里的传媒生。我不清楚这是不是第一次有班级用视频的方式向家长展示班级,但作为学校开创性的第一个传媒班,这肯定是传媒生的第一个视频作品。

面对这样的任务,同学们没有经验,也没有思路。我把设想的内容和思路大概跟他们讲述了一下,鼓励他们大胆创作,展现出自己的风格来。在班上,我用慷慨激昂的话语激励他们:"孩子们,这次家长会应该是你们爸妈此生中参加的最后一次家长会,上大学或者出社会以后都不会再有家长会了,你们要拿出什么样的状态展现给自己的家长?另外这两个月是你们迄今为止人生中最重要的一次拼搏,两个月后,你们就将迎来人生中最重要的一次考试,你们的家长能不能全力支持你们,会不会把你们考大学放在家庭最重要的位置上,就看这一次家长会了,我们一起努力把这次家长会搞好,也为你们赢来最宽松的备考环境。"

孩子们明显地被调动起来了,很快班里的孩子都行动起来。音乐、舞蹈和体育的孩子负责把平时拍下的,能够体现他们各专项特点的照片和视频汇集给传媒生,30个传媒的孩子分工合作,有的负责收集摄影作品,有的负责收集班级集体活动的相片,家朗和锦昊则负责视频的剪辑和制作。

孩子们是辛苦的。已是三月中,正是高考备考的冲刺阶段,没有多余的时间给他们浪费,按照我的要求绝对不可以占用上课时间,于是孩子们就利用课余的休息时间,中午、傍晚、晚修后、体育课等只要能利用的时间,他们都抓了起来。

孩子们是用心的。制作视频的设备不够,只有班级教学平台的电脑,为了加快制作的进度,外宿的同学十点半晚修回家后也利用家里的电脑搜集素材,内宿的同学午休时到打印室利用学校的公共电脑选照片,甚至把我办公室的钥匙要了去,加班加点地剪辑、编排、配音、配字幕。

孩子们是有创意的。制作出来的作品不仅展现了体育生勇于向前的奋进,音乐生曲艺高扬的优雅,舞蹈生高难动作的激情,编导类传媒生摄影作品的特色,播音类传媒生的潇洒靓丽,淋漓尽致地把几个专项的特点和艰苦的训练过程描绘出来,还凸显了整个班级的团结。孩子们以搞怪幽默的开篇风格欢迎家长的到来,从优异的摄影作品到列举各学科类别训练的艰难,从班级日常学习生活的温馨融洽到班级宣誓时的气吞山河,看着这五分四十四秒的简短视频,让我这个已过不惑之年、以严厉认真著称的班主任不时忍俊不禁,呵呵傻笑,不时又颇受感动,眼眶泛红。

是的,学艺体的孩子是真的不容易。从事艺术班的教学十多年,我特别能理解这些艺体的孩子们。选择艺体这条道路,这条外人看来是考大学的捷径的道路,无论是音乐、舞蹈还是传媒、体育,实际上每个孩子都付出了比学文化的孩子多得多的辛劳。他们上了高中才开始接触相应的艺术专业,从一张白纸到技艺娴熟,付出了多少汗水多少努力;他们一开始并没有赢得家长的认可,在多少次软磨硬泡、发誓赌咒之后才换来家长的勉强支持;他们在艺术集训的时候,远离熟悉的环境,身处陌生的培训机构,承受着来自家庭、学校、机构和自己梦想的巨大压力;他们文化课基础不好,不是英语"小白"就是数学"菜鸟",却带着困倦和忧虑认真地听着天书一般的课程,其中要克服多少困难才能实现自己的本科梦想……然而他们向着自己的本科目标,一步一步坚定走来,闯过了一道又一道的难关,现在已经站在最后一道坎——六月文化课高考的面前。回顾过去的艰辛,又有谁能不为之动容,不为之感动?

孩子们的艺术学习是成功的,能从竞争激烈的艺考中突围而出,获得本科录取资格本就是一个值得骄傲的成绩,然而孩子们在视频里的表达却是谦虚的,他们说:"我们没有什么绝活,我们只会唱唱歌、跳跳舞、跑跑步、播播音、拍拍照、写写文、表表演,但我们从未放弃!"这样的谦虚表达背后的誓言,是孩子们决心的表现,是孩子们成长的印证。

家长会上,视频的播放吸引了所有家长的眼光,家长们在视频中找到了自己孩子的身影,看到了自己孩子的努力,了解到了孩子的艰辛,意识到了孩子的成长,无不为自己的孩子感到骄傲。顺着这样的氛围,我趁热打铁给家长提出以下几点要求:

第一,把孩子最后90天的拼搏,把孩子考大学的事当作全家最重要的事来抓,来看待!家长们辛苦工作赚钱归根结底就是为了孩子,现在还没面临人生中最重要的一个关卡,我们没有理由不重视,没有理由不关注,没有理由不支持!

第二,给孩子稳定和谐的家庭环境,让孩子没有后顾之忧,可以放手一搏。配合学校给孩子灌输"吃苦拼未来"的精神,周末晚尽量不给孩子请假。

第三,给予孩子最大精神支持,多关心,多慰问,多到学校来关注你为理想拼搏的孩子,哪怕只是在窗外看看他。您默默的关注就是他们的动力。对于任何一个家庭来说,这段时间的辛苦只是暂时的,但是回报是长远的!

这次的家长会获得了巨大的成功,很多家长向我表示,真正看到自己孩子长大了。确实,这批孩子大多是家长眼中不成器的存在,从小到大成绩不突出,有的还有不少违纪,各种失望充斥在家长心间,伴随着孩子的读书过程。而在这里,他们从视频中看到了孩子的成长,看到了孩子成才的希望,怎能不让他们热泪盈眶,激动不已?同时,在门外走廊上的孩子们也明显受到了这次家长会的鼓舞,因为他们看到班主任对他们的维护,看到了家长对他们的认可,看到了自己的未来和成功的曙光。

家长会后,家长们有了巨大转变,每周总有那么两三个家长到班里来看看,有的提着水果,有的做了点心,有的送来汤水……家长的全力支持也明显激发了孩子们的学习热情,班级的学习风气更加浓厚了。孩子们不再迟到,不再放纵自己,上课的时候每个孩子都是挺直了身板认真听讲,晚修的时候拿着题目到办公室虚心请教的络绎不绝,孩子们的学习成绩直线上升。最终这个56人的庞大班级有47人考上了本科院校,上线率达到83.9%。虽说没有实现班级名号"全本"的宏伟目标,但把全年级排名最后的班级带出这样的成绩,不得不说是一个奇迹。其中这次家长会,这个视频功不可没!

感悟与反思

每一个孩子都是值得期待的,孩子的成长需要家长的支持。孩子或许会在某一阶段迷失方向,或许会在某一时期表现得让家长失望,或许一直以来都没有取得家长想要的成绩,但是孩子总会成长的,家长需要有足够的耐心,需要给予孩子足够的支持。

孩子的教育引导是需要抓住机会的。相信所有的家长都会在孩子的成长过程中教育自己的孩子,但总有不少家长会认为孩子不听话,教不了。其实不是孩子没得教,而是教育的方式方法和机遇不对。长期啰唆的说教,频繁的责骂很有可能会让孩子觉得厌烦和抵触。面对已有自我意识的孩子尤其是处于青春期的孩子,教育就很讲究技巧,很需要抓住机会了。这次的家长会安排孩子们做视频,让孩子在做视频的过程中回顾了自己学艺术的艰难,尤其是让他们回想起父母对他们的艺术学习之路的支持,唤起他们的感恩之心,这本身就是一次自我教育,这样的自我教育没有责骂,没有批评,更容易产生实际效果。另一方面通过视频展示,引导家长抛下对孩子过去不良表现的成见,重新认识到自己孩子的成长,建议家长在孩子最关键的阶段,用合适的方式更多地关注孩子、支持孩子,对孩子而言更是一次无言的激励。

家长会是班级建设的重要平台。很多时候班主任仅仅把家长会的功能局限在向家长汇报班级情况,其实这是偏颇的。家长会同样可以成为教育孩子,建设班级良好风气的契机。班级的建设需要家长的支持,而家长的支持和鼓励自然会刺激孩子的学习斗志,帮助营造良好班风学风。另外很多家长空有一腔热情,却不懂得怎么与孩子沟通,怎么有效地向孩子表达爱意,这就有待班主任引导。而家长会正是这样一个良好的平台,值得班主任们好好琢磨,好好利用。

2024年1月29日

体育之魂

高中老师说起体育生,总会提到自由散漫、性格洒脱、不受拘束、难以管理。然而这一次转入班级的晋玮、志樟、思艺、杰佳、名扬和智彬这6个体育生,让我对学习体育的孩子有了新的认识。

进入高三后,这个年级的体育生分成三块:文化课成绩最好的那个一直在重点班学习,成绩稳定,高三体育联考也取得不错的成绩,基本上可以确保本科了;在普通班学习的另外十几个体育生,文化成绩较好的安排到了年级次重点班;文化基础最差的6个孩子被放到我这个混杂了音乐、舞蹈、传媒,在高三第二学期才组建的综合班级里。

虽然我对外声称这个班级为全本班,意在用本科目标激励孩子们奋力拼搏,其实心里明白,这几个体育的孩子基本没有希望,有希望的早都被两个重点班选走了。因此,刚刚组建班级的时候也没有将体育的孩子作为重点关注对象。毕竟全班57个孩子,个个都是艺体术科成绩上了本科线的,若要每一个都全力去关注、去辅导,实在分身乏术,况且在所有艺体类中体育专业的文化课分数要求最高,而这批孩子又是文化课基础最差的,拉一拉高三前几次月考成绩,能在250分以上的都凤毛麟角,这里面能有一个考上本科都是意外惊喜了。然而进入班级后,这些孩子的斗志和拼搏精神让我喜出望外,使得我对体育生不得不刮目相看。

首先,我惊讶的是体育生的精神状态,整个高三第二学期冲刺阶段,学习的压力和持续高强度的文化课学习,让大多数的孩子倍感疲倦,上课的时候总有那么几个忍不住打瞌睡的,下课铃一响,大批的孩子如同经过训练一般齐刷刷地伏在课桌上。这也难怪,试问哪个孩子敢说高三不辛苦就能考出好成绩?每天五六点起床搏杀,每晚奋战到十一点回宿舍还挑灯夜战,任谁都有疲惫的时候,能坚持下来的都是英雄了。但是同样生活作息,同样学习强度的体育生却从来没有表现出疲惫倦怠的情绪,上课的时候坐得最直、听得最认真的是体育生,下课的时候能走出班级说说笑笑的是体育生,班级宣誓最有气势的是体育生,晚修追着老师问问题的还是体育生……

其次,体育生身上表现出来的不服输的精神,让我感慨。记得有一次找体育的孩子们聊天沟通的时候,提及他们的文化课基础比较差,比他们好的都被分到重点班去了。我的本意是以此帮孩子们减减压,也给出接下来要更加努力拼搏的要求,不曾料到我话还没讲完,孩子们就纷纷表示出不服输的精神,情绪激昂地向我表示一定要超过他们。每天早晚的宣誓仪式,每当隔壁重点班开始宣誓,体育生们就会跳出来领誓,用他们如虹的气势,响亮的声音带领班级喊出拼搏的斗志,而且是一定要在声势上压住隔壁班,倘若哪一次气势不够的，一定会重来一遍。

然而，最让人惊喜的是这批体育生的奋斗目标非常明确而且自律性非常强。记得刚组建班级的第二天，体育生们就对部分传媒生学习懒散、斗志不足表现出非常不理解："我们只是训练下来，想想那么辛苦练来了本科的机会，都铆足了劲去拼，真想不明白他们花了那么多钱去培训术科，大好的机会也不努力，换了是我花了那么多钱，不睡觉也要学啦！"确实，每天都有很多事儿干扰我们，有目标的人会习惯性屏蔽垃圾信息，只做自己该做的事儿。当一个人在某个领域找到了自己的目标和意义时，他在其他的领域也会迅速成长。

体育生有一个习惯，每天傍晚无论放学多晚，都要到球场运动一下，或打打球，或跑跑步，当他们明确了自己的奋斗目标后，无论怎么玩都从不迟到。而且无论在宿舍卫生、纪律管理，还是上课考勤等方面，他们身上都找不出任何问题，在集体劳动的时候，他们还是最积极、最主动，完成得最到位的。如果不看分数，他们绝对是最优秀的学生。

有了明确的目标，有了坚持到底的决心，还有着绝对的自律和充足的精力，体育的孩子们在高考中创造了属于他们的奇迹！仅仅冲刺拼搏了一个学期，6个体育孩子的高考文化课成绩平均提升了100多分，其中明扬由原来169分，提升到了355分，足足提高了186分，顺利考入了非常不错的二A类本科大学——肇庆学院。虽然只有明扬考上了本科，虽然其他的5个孩子留下了遗憾，但是他们考出的成绩足以让自己骄傲，足以让他们证明自己！是他们用自己的努力，让本不对他们抱有太大希望的我刮目相看。

感悟与反思

要用发展的眼光看待孩子的成长。对体育生这个群体，很多人会有着不一样的看法甚至偏见，然而这些孩子让我认识到，每一个孩子都有他的闪光点，都有他的特殊性。体育生或许在高一高二的时候会比较懒散，在学习中或许会让人觉得四肢发达、头脑简单，但是当他们意识到奋斗的价值，明确了奋斗的目标，他们就会爆发出超乎常人的战斗力，就会表现出让人惊讶的进步！在这几个体育孩子身上，我更多地看到了体育本身那种追求更高、更快、更强的气质，不服输、敢拼搏的体育精神在他们的身上展现得淋漓尽致！

2022年2月16日

致敬舞蹈生

音乐响起，学舞蹈的孩子们在美妙的音乐下展示着自己的训练成果，女孩子曼妙的柔情，男孩子健美的力度无不展现在这一首首动人的歌曲之中，使人沉浸其中，感受优美而忘却生活忧困，欣赏玄妙而不忍回归现实，然而于我却有着别样的感受。

对于高中选择舞蹈方向的孩子来说，选择舞蹈无疑是人生中一次凤凰涅槃般的重生，一次脱胎换骨的折磨。说他们是凤凰涅槃、脱胎换骨，丝毫不夸张。舞蹈这个专业的学习，如果是从小练起，有着"童子功"尚可，但是我们学校的孩子大多是高中才接触舞蹈，十五六岁的年纪，已经生长发育得比较成熟，这个时候要拉开筋骨殊为不易。

学习舞蹈甚至了解过舞蹈学习的人都知道，这个专业必须经历踩脚背、撕胯、翻肩、拉腰、劈叉等等号称是"十大酷刑"的基本功动作训练。孩子们伴随着身体每个部位"咔"的一声声响，在撕裂与挣扎中实现一次次的自我挑战，一次次的自我超越。学习舞蹈的孩子有谁没有流过泪、受过伤，有谁没有被身体的疼痛折磨到怀疑人生，然而他们都咬牙坚持了下来。且不说专业的一节课下来，满身汗水湿透衣服，也不说三年高中每天五点多到舞蹈室练早功，就说这一次十多圈的长跑体能训练，就不低于体育生的训练量。但是他们知道，舞蹈训练这一步一步走过来虽然艰辛，但只要熬过来、拼过去，待身体都打开了，就能够成为一个真正合格的舞者！

记得那次会演结束，舞蹈老师让我讲几句鼓励鼓励孩子们。我哽咽了！堂堂七尺男儿，堂堂班主任，在观赏完孩子们高难度的基本功展示和美妙的舞蹈表演后，眼眶居然红了，话语也凌乱了。是的，练舞蹈的孩子们太难了，从选择舞蹈这个专业开始就面临着各种各样的困难，要说服家长赢得家长的支持，要挥洒汗水坚定自己的信念，要咬牙坚持战胜自己的身体，还要……我已无法记清楚自己讲了什么，让我刻骨铭心的是当时那种夹杂着心疼、佩服、欣慰和无限激动的复杂心情。

这当然不是我第一次观看舞蹈会演，每一年的舞蹈汇报考试我都会到场观摩，见证过一届又一届的舞蹈孩子们的优美和精彩。但以前的我都只是以旁观者的身份过来看看，欣赏到的都只是美妙的成果展示，并不了解孩子们练得有多痛，练得有多难。但是那一次，我是真的被感动了。因为这些孩子是我们班的孩子，是我从高一看着到高三，是我看着他们一步步从无法下压到完全做到横叉劈叉的孩子，是我见证着他们一次次撕裂，一次次扭伤后成长起来的孩子。讲话时，我的脑海里不断浮现着他们练功时的汗水，浮现着他们拉伸时的痛苦表情，浮现着他们追求梦想坚定的眼神……现如今，他们的努力换来了回报，他们用汗水浇灌出的果实即将成熟，怎能不让人激动，怎能不让人感动，怎能不让人敬佩？

这批学舞蹈的孩子从最初的 13 人,练到最后即将走入高考考场只剩下 6 人了。有的孩子因为经不住肉体的疼痛折磨退出了,有的孩子因为忍受不了日复一日枯燥的训练放弃了,有的孩子因为得不到家长的支持不得已离开了。剩下的这 6 人能够坚持到最后,坚持到高考的舞蹈考场,无论最后结果如何,他们都是战士,是勇于战胜困境,不惧伤痛的战士;他们都是勇士,是敢于挑战自我,不甘落后的勇士;他们都是英雄,是克服千难万险,实现理想的英雄。

然而,学习舞蹈的孩子又是幸福的。他们中的许多人在选择舞蹈时,根本不具备考本科的希望,文化课基础差,学习动力不足,没有人生方向,其中还不乏调皮捣蛋的"麻烦"人物。是舞蹈的学习让他们找到了理想方向,明确了奋斗目标。自从参加舞蹈训练后,他们发生了明显的改变,不但在专业的学习上不知疲倦,奋发自强,就连文化课学习和纪律管理上,都有了翻天覆地的变化。在这个墙上挂着两面落地镜子,铺设着颇为残旧的木地板的舞蹈室里,他们找回了自信,克服了迷茫,学会了自律,懂得了拼搏,也实现了梦想。

辛勤汗水的浇灌,让奋斗之花在六月绽放!六个舞蹈专业的孩子,最终都考上本科院校。其中更有四个考上了重点大学:钰颖和锦昊考上了星海音乐学院,健峻和定国考上广东海洋大学。高二才转入舞蹈的启雄,入门较晚且天分不高,靠着不懈的努力也考进了非常不错的二本院校韶关学院。比较遗憾的是思琪,具有不错基本功和表现力的她临场发挥失常,只考到了民办本科。

他们用自己的努力汗水改变了人生的命运,他们用坚定的意志和信念硬是把自己从"本科无望,人生晦暗"的绝境救回来,在满是荆棘的高中求学之路上拼出了一片阳光明媚。

致敬我的舞蹈孩子们,致敬这六位挑战人生,敢于向困难"亮剑"拼杀的孩子们,致敬我心中的这六位勇者、战士、英雄!相信舞蹈的专业学习改变的不仅仅是他们考取大学的路径,更多的是改变了他们人生的态度,有了敢于挑战,敢于奋斗,敢于拼搏的信念。他们的未来值得期待!

感悟与反思

人生需要找到正确的奋斗方向。学习舞蹈的这六个孩子,如果照着文化课的学习方向努力,根本看不到希望。有句话说得好:埋头苦干远不及抬头看路重要。是的,人生之路不是唯一的,我们老师评价孩子也不能以单一的标准去衡量。每一个孩子都有属于他的发展方向,都有值得他拼搏的道路!

很多时候改变孩子不需要滔滔不绝的说教,不需要长篇大论的道理,只需要让孩子找到适合他的努力方向,只需要支持孩子拼搏理想的决定。孩子没有找到正确的努力方向,就不可能明确人生的目标,看不到成功的曙光,也就激不起奋斗的动力。这几个孩子在学习舞蹈前后的变化充分证明了这一点。为人父母者,为人师者除了教育好孩子,还应该为孩子找到正确的努力方向,让孩子在属于自己的空间里挥洒幸福的汗水,拼搏阳光的未来!

2022 年 3 月 14 日

饱含爱意的班服

　　班级文化是一个班级的灵魂所在,要塑造一个班级,班主任首先要在班级文化建设上有自己的规划,有自己的理念,有自己的想法。虽然是临时筹建的全本班,虽然在接手班级的时候距离高考只剩下 105 天,但我在班级文化建设上却花了不少精力。在很多人看来,在如此短暂的时间、如此紧张的备考阶段,再花费精力去营造班级文化似乎没有必要,然而我却不这么想。我认为一个班级只有形成了自己的班级文化才能凝聚班级力量,才能形成良好的班风学风,才能促进同学们学习的动力,提升学习的效率。这是"磨刀"和"砍柴"的关系。

　　班级文化建设包含了多个方面,既需要通过软性的班级活动凝聚班级,激发班级活力,也需要硬性表面的环境氛围营造,调动班级的动力。在我知道即将组建全本班的时候,就在谋划着班级文化的建设方向。班级凑起来的第一天,我就给班级起好班名并张贴在班级大门之上,提出全本的目标,意在奠定班级的奋斗目标,激发孩子们的奋斗意志;给班级制作了励志标语,并把家长签名的横幅挂在黑板顶上,旨在提醒孩子们不忘父母的期待;让孩子们制订了奋斗目标墙,把自己的奋斗目标细化到每一科,明确自己的努力方向……

　　在我的班级文化建设规划中,班服的设计和订制是这个班的文化建设的最后一环。距离高考不到两个月左右的时候,我把班干部拉了出来,把设计和订制班服的任务布置了下去。班服作为班级文化的外显标志,一定要学生们自己订制,这样既体现班级孩子们的集体意志,又体现班级管理的民主意识。制订班服的工作我交给了班干的文宣团队,由主管文娱、宣传的核心班干黄钰颖牵头,文娱委员郑恒涵、宣传委员符诺言商讨拿出方案,在班委会中讨论,征求全班同学意见后确定,具体由文娱委员郑恒涵落实。

　　在班级管理方面,我比较重视调动班干部在班级管理上的主观能动性,班级的管理工作大多数情况下我只是提出任务和要求,具体的方案和落实交由班干部执行,最后拍板的时候我会根据需要给出建议,很少直接参与到具体的事务中。这样既能够强化班级的管理,又能够充分调动孩子们参与班级管理,提升他们的能力。

　　任务交下去不久,恒涵就着手征求班级意见,形成初步方案,按照大家的喜好给出了两种款式的选择。一种是可爱端庄型的礼服,这种班服样式的优点是穿起来显得班级的帅哥美女们特别亮眼,辨识度很高,拍照的时候特别吸睛,整体拍摄的效果很好;缺点是穿着的场合很受限制,平时穿不上,而且不太适合已是中年的老师们。另一种是朴实无华的深蓝色 T 恤衫,这种款式的优点是衣服上可以根据需求印制各种图案和徽标,容易体现班级的文化特色,大方得体,不显张扬,穿着的场合和受众群体相对比较广泛;缺点是单个穿着的时候显得比较普通,没有什么亮眼之处。

班会课上,恒涵把两种款式的班服样式在班级平台上展示出来,介绍完各自的优缺点后,征求大家的意见,同学们七嘴八舌地各抒己见。女孩子们更倾向于礼服款式,能够展现她们靓丽曼妙的身姿;男孩子们更多地倾向于T恤款,因为更实用,更能体现班级特点。在大家争论不休的情况下,我的意见就成了决定性的因素。

我走上讲台,给孩子们讲述班服的作用和价值,从班级文化建设和班级风貌体现的角度引导孩子们做出思考和选择。归纳起来,主要是以下几个方面:第一,班服要能够经常在校园里穿出来,多穿出来才能多展示我们的班级;第二,订制班服是为了展现班级的整体文化,而不是突出个人的特点;第三,班服作为集体性服装,要适合更大的人群范围,身材苗条优雅的舞蹈生、传媒生当然穿起来美艳动人,潇洒倜傥,但那些大块头的体育生穿起来可就不那么协调了,尤其是已经中年发福的老师们,穿上去可就显得不伦不类了;第四,礼服款式优雅,但是在上面印制班级文化标签容易破坏礼服的本来气质,在打造班级文化氛围这一块的作用,没有T恤款这么随心所欲……在我的引导下,班级统一了思想,确定了T恤款的班服,并且确定了班服上印制的徽标和文化印记。

说起班服上印制的文化印记,恒涵这孩子还是颇有心意的。他在班服的胸标上设计了"全本"两个字,将班名烙刻在"心脏"位置,寓意将班集体铭刻于心;在班服背面把全班同学以及班级任教老师的名字以拼音的形式排列上去,全班57个孩子,12位科任老师的名字都能在班服上找到印记,既体现了班级的整体目标"考本科,一个都不能少",又将班集体的整体意识展现出来,很有纪念意义。

班服的订制更加凝聚了班级的团结意识。记得刚拿到班服的那天晚修回来,班级的同学中绝大多数就穿上了班服,整个班级一片深蓝,与其他班级的校服穿着比起来,我们既体现班级的整体性,又彰显了班级的个性化气质,让其他班级的孩子们不时投来羡慕的目光。从此以后,凡是班级的集体活动,同学们都会不约而同穿上班服,仿佛这样的穿着是班级的一种集体的荣耀,一种团结的体现。

尤其是在高考前的那晚,同学们齐刷刷地穿上班服回到班级。当校歌响起,同学们起立握拳进行班级宣誓的时候,每个孩子都饱含着热泪,奋力地呼喊着班级的誓言,拼搏的决心,那种深蓝海洋中的气势绝对让每一个在场的人都为之动容,为之感动!还有高考后,拍毕业照那天,我们是全年级所有班级中唯一统一了班服的。班里的孩子们整齐地穿着班服拍集体照,成了校园里一道靓丽的风景线,同学们或释放着高考的压力,或表达着取得优异成绩的成就感,或展现着激昂的青春活力,所有的一切都印刻在这一件深蓝的班服之上,镌刻在孩子们的脑海之中。

这一届孩子已毕业多年,我和唐老师还偶尔会穿着这件班服回学校。每次遇到,总是会心一笑,然后从这一件衣服引起不少回忆的话题,不少关于这批孩子现状的关切。

感悟与反思

  班级管理需要放手，需要民主和集中的结合。班级的事其实是全班所有人的事，应该让孩子们自己决定，自己把握。很多班主任习惯于掌控班级管理大权，事必躬亲，把自己弄得疲惫不堪，还得不到孩子们的认可，最后焦头烂额，吃力不讨好。懂得把班级的权力下放给孩子们，在班级商讨未决之际给予方向性的引导，既能够调动孩子们的积极性和主动性，提升孩子们处理事务的能力，又能够轻轻松松把控班级发展的正确方向，何乐而不为呢？

  班服只是班级文化建设中的一种载体。班级的凝聚需要文化的力量，很多时候并不是管得严，抓得紧就可以把班级管好，最重要的是凝聚人心。班级文化建设在班级管理中是"磨刀"的功夫，看似与学习没有关联，看似与管理毫不相关，但是做好了文化建设对于班级管理起到的是"事半功倍"的效果。

  生活需要仪式感，人生需要纪念品。班服作为班级集体记忆的载体，会留存在孩子的身边，成为师生们一份沉重而又饱含着爱意的纪念品。多年之后，当我们从衣柜深处翻出这么一件班服来，唤起那记忆深处的班级烙印和师生情谊，不失为一种别样的幸福。

2023 年 1 月 4 日

送别全本班

6月9日,高考结束的日子,也是与孩子们分别的日子。这天下午一直到晚上,我都没有离开过学校,一会儿到宿舍里看看孩子们收拾行李,打包行囊,打扫卫生;一会儿到教室走走,流连于这个与孩子们共同奋斗105天的"战场";一会儿到校门口,帮这个提提行李上车,跟那个叮嘱几句安全……谁都知道,告别的时候到了,即使心中有千万个不舍也无力改变高考后彼此分离的局面,现在大家唯一能做的就是相互祝福。没有比祝福更能表达我们内心的话语了,大家的祝福语就像说给自己即将远行的亲人那般,非常深情,非常不舍,非常令人感动。

其实这时的告别是十分复杂的,从早上高考的重压到傍晚的分离,仿佛一日之间感受到了人生不同阶段的情感体验。这样的情绪中既有依依不舍的别离,又有卸下重担的轻松;既有高考成绩的牵挂,又有面对未来的坦然;既有历历在目的回忆,又有展翅腾飞的期待……一切的一切似乎都已经成为过去,又似乎都充满了希望。

其实临近高考的那几天,这样的感触和情绪就已经在班级里蔓延。考前那天傍晚,班级开始有序地组织一些放松活动,傍晚六点四十不再是严厉的考勤管理,不再是奋斗目标的重申,也不再是知识点的不断强化,取而代之的是二十分钟的唱歌活动,我们利用班级的平台,播放轻松愉快的歌曲给孩子们减压,老师们甚至带领着孩子们上台来歌唱,唱出自己的压力,消除自己的抑郁。刚开始,孩子们比较内敛,只是坐在座位上跟着熟悉的旋律,看着屏幕上的歌词低声地哼唱,在老师的引导下,大家逐渐敞开心扉,这边音乐的孩子自信满满地高歌一曲,那边体育生就激情澎湃地大吼几句,这边传媒专才们勇于表现来上一首,那边舞蹈健儿们不甘落后争相上台……在这短短的二十分钟里,孩子们仿佛放下了高考的压力,丢下了升学的包袱,尽情沉浸在这欢快的节奏和气氛中。毫无疑问,玩的时候,孩子们是最可爱的,他们尽情释放着自己本真的天性,此时的班级没有了学科不同的个性差异,没有了文化课学习基础不好的忧虑,没有了师生之间年龄差别的隔阂,有的只是亲切有爱的氛围和团结奋进的动力。

思绪飘扬,回到送别孩子们的现场,看着孩子们拎着大包小包,脚步轻快,满脸笑意地走出校门,心里不禁感慨着时间的流逝。是的,此时的我何曾想过,高三冲刺阶段的105天会过得如此飞快,曾感慨带领孩子们漫漫备考之路不易的我现在又是多么想再带他们几天,再给他们上几节课,再陪他们几个晚修。有人说过:时间可以摧毁世界上的一切,可以把最坚固的城堡化作历史的残迹,可以把人类的偶像和权威化成灰烬,可以把英雄的利剑化作孩子的玩物,可以把布满大森林的山脉变成布满珊瑚丛的无边海洋。然而时间也可以造就一切,可以把猿人居住的洞穴变成金碧辉煌的高楼,可以把曾经残破的荒村变成繁华的城市……在我这个饱含着对孩子爱意的班主任这里,时间使班级里那些毫无斗志的"颓废者"变成勇于挑战未来的"特种兵",使3班这个临时凑建的"杂牌军"变成团结一心的"尖刀连",使班级氛围从看不到希望的绝望感变成晴朗无限的未来大星空。时间是最可怕的,也是最会给人带来希望和无限可能的。

毕业送别时刻,作为老师唯一能做的就是给孩子们祝福。其实,也没有比祝福更能表达我内心的话语了。

已是晚上九点半,只剩下最后一个孩子巧仪了,亲手把孩子和行李送到家长车上,终于完成了班主任工作的最后任务。这一个下午,我把57个孩子送离实验中学,让他们无悔在校的拼搏,让他们满怀着希望和憧憬离校,也接受了家长和孩子们无数的感恩谢意。作为班主任的我,真正感受到了对于教师最高评价"天底下最光辉职业"的幸福感和成就感。也许每个班主任送别班级孩子那一天的情形各不相同,但我相信每一个班主任在孩子们毕业离校时内心的感触和激动的心情是一样的,因为每一个班主任都饱含着爱!

感悟与反思

在网上曾看到这样的观点:热爱学生应该是可以算作教师最宝贵的职业情感,是一切优秀教师最为珍贵的一笔精神财富。教师对学生这种教育之爱是非血缘关系的爱,是既普通又神圣的超越的爱。这种爱,区别于父母之爱、兄弟之情,也不同于朋友之间的友谊,他不是出自任何形式的个人需求,而是体现着社会发展寄予教师的重托。也有专家言,"对学生的爱应该是无条件的爱"。诚然,附加了太多的外在条件,恐怕就不叫"爱"了。这种教育之爱源于教师对教育事业的深刻理解和高度的责任感,源于教师对教育对象的深切理解和期望。

2022年2月18日

高三8，暂别

——致2022届高三8班孩子们的回忆随笔

短短两个月的相处，因为学情特殊，11月19日高三8班拆分了，短暂的两个月对我来说是一次特殊的教学经历。

其实我原本不在这个年级的，是临时工作安排把我调整到了高三年级，分配到文科重点和艺术传媒合班的高三8班任教。刚到这个班级觉得挺不适应的，沉稳文静的文科班同学和活泼自由的传媒生混搭在一起，令这个班级的风格变得比较复杂，班级的管理也只能迁就一头，因此班级明显地表现出沉闷的学习氛围。尤其是个性较突出的同学很受压抑，展现不出班级的特点。

鉴于这样的情况，一方面我从班级的宣誓口号入手，引导学生制定出能够体现班级特色和文化的个性化口号，唤起同学们内在的激情和动力；另一方面我抓住语文课堂，以活动形式调动学生，并且利用课外作文辅导的时机贴近孩子们……逐渐地，同学们开始敢于表现自己、展现个性，课堂上多了笑声和回应，我也在到班一周后的9月10日教师节那天，收到孩子们送来的一束康乃馨，从鲜艳欲滴的花朵和卡片中、诚挚的只言片语中不难看出，我已经获得了同学们的信任，赢得了孩子们的喜爱。

另外，我利用个人资源为班级孩子们求得传媒集训的优惠名额，让伍洁莹和杨佩沛参加传媒培训，使得孩子们进一步认可了我。

一个月很快过去，传媒的孩子们陆陆续续要踏上外出集训的路途，因为传媒各专业的特性有差别，因此24个传媒孩子先后分了三批赴广州学习专业课，每一批离校都在中午时间，而我总是早早等在出发的大巴车前，帮他们搬运行李，对他们嘘寒问暖，给他们加油鼓励，向他们提出学习要求，每一次都是挥着手目送大巴消失在眼前，久久不愿离去。记得有一次还下着大雨，我打着伞在校门口送他们离去，在微信群给他们送上鼓励和祝福，就像送自己的孩子踏上征程一般……

传媒的孩子外出后，教室里只剩下了原文科班的23个孩子，原本挤得满满当当的教室顿时觉得空荡荡的。文科的孩子们很懂事，每天非常努力，对比其他班级他们自觉奋进；布置的作业从来都是一丝不苟地完成，该记该背的内容从来不用老师担心；行政人员和老师巡查经过时，从来没有孩子会抬头看，分散精力，都在专注地读书、练习，还有几次老师拍下班里黄晖明同学深夜在路灯下背书学习的照片；在洁白的文明塔下，周末的班级活动中，孩子们玩得开心尽兴，脸上流露出在教室里从未有过的灿烂……这所有的一切都让老师失落的心情得到了不少安慰。然而，市第一次模拟考的成绩却无疑让师生们当头棒喝,居然在一模中没有一个上本科线,整个班级从上至下都笼罩在一片阴云之中,这也为后来的拆班重整埋下了伏笔。

10月中旬,驱车百里到广州探望在外学习的传媒孩子,本是带着一腔热情准备给孩子送去奶茶和关爱的我却被一个突发事件搅乱了心境。为了拿到更好的成绩迎接远道而来的老师,孩子们在最近的一次周考中居然集体作弊。我们取消了原定的温馨慰问活动,集中所有孩子们进行了严厉的批评,并对他们做出了严格要求,约定下次再来看他们的表现。然而,这个下一次,我失信了。因为工作安排不过来,11月中的探访我没参加。但是出乎我意料的是,当其他老师到场探访后,孩子们居然给我打来视频电话。从手机窄小的屏幕里,我看到了孩子们熟悉而又亲切的脸庞,看到了殷切盼望我过去的眼神,听到了他们半怨半嗔的责怪。这一切是如此的亲切和暖心,这是对我多大的认可和信任!毕竟从到这个班再到他们外出,我只教了他们一个月。

而几乎与此同时,8班拆班了!文化班中基础较好的一批合并到了隔壁重点班,基础相对差一点的被分配到普通班备考学习,其实这也是为了孩子们的未来考虑,毕竟基础较差的孩子考上本科的希望不大,如果一味冲刺高考,很可能错过春季招生考取较好大专院校的机会。

虽然早已知道班级要拆,但孩子们似乎更加珍惜这仅有的一起学习的时间,保持着乐观的学习心态,更加努力地投入每一天的学习中。离别的那天下午,正好是三节语文课,已被调动起来的孩子们本来兴致昂扬,课堂气氛非常好,有问有答,脸上满是学习的兴奋劲,眼神里满是求知的欲望,嘴角流露出的是学有所获的成就感,这在我接手这些孩子前是不敢想象的课堂画面。然而离别来得太突然,当分班的消息确定时,顿时整个班氛围瞬间低沉了,气氛变得非常压抑,所有的课堂内容似乎都变得多余。我停下授课,耐心跟他们解释拆班重组的必要性,鼓励他们努力学习考回来,劝慰他们在新的班级继续拼搏……然而一切都是徒劳,有的孩子已经忍不住低声泣涕,在沉郁的气氛中,结束了最后一节语文课。而我下课离开课室后,也没再回去送他们搬离,因为我实在不敢去面对这些留恋8班的眼神,去面对这些满是期待的脸庞!

拆班已10天了,跟同学们也逐渐少了接触,但我忘不了这短暂的两个月相处,我忘不了孩子们的努力奋斗,忘不了他们的进步和变化,忘不了黄晖明同学在路灯下背书的背影……将来的8班或许同样优秀,同样充满爱,但这个8班是不可替代的!

祝福8班的孩子,在接下来的学习中各奔前程、展翅高飞!分开只是暂别,我和孩子们的心永远在一起,我将在你的身边伴你前行,看你高飞!

> **感悟与反思**
>
> 　　著名教育学家陶行知说过:没有爱就没有教育。教师对学生的爱应该是这个世上除了父母之爱以外最为高尚的爱了,在新时期我们的教育更加离不开爱的感染,爱的引导。师生相处数年酿造出来的美酒是一杯醇香绵厚的深情之酒,这酒香足以飘满孩子们的一生!
>
> 2021年11月29日

冬晨送赶考，初阳寄祝福

清晨五点半，广州白云区繁华的同泰路还笼罩在一片漆黑中，只有部分还在闪亮的霓虹灯照射着，配着凛冽的寒风气息，似乎在告诫着世人，此时正是在被窝里享受冬眠的最美妙时光。

我们匆匆走在阴暗的街道上，早早起来是要赶到传媒学生培训的机构，送他们上车赶考。每年的艺考时刻也是艺术班老师们最揪心和牵挂的时刻，就像扮演着爹妈的角色，担心着孩子们能不能准时起来，有没有带齐考试用具，休息得好不好，早餐有没有吃饱……

回想起昨日，我们从学校驱车赶到广州的机构，一路塞车，老师们一路聊着孩子们的情况，这个怎么怎么忧虑啦，那个怎么怎么不稳定啦，这个有点希望但是不够努力啦，那个聪明但是学习缺乏自觉性啦，原本一个半小时的车程整整堵了两个半小时，倒也没怎么觉得煎熬。好不容易到了培训机构，已是黄昏日落。孩子们看到老师们的到来欣喜之情溢于言表。男孩子跟男老师搂搂肩，拍拍肩膀；女孩子跟女老师拉拉手，叙叙学习。大家叽叽喳喳地向老师们汇报着近期的学习情况，吐着考试政策变化的苦水，也憧憬着即将到来的考试。

我速着万里这孩子拉到一边，对着成绩墙上的成绩让他给我解释解释情况。其实万里这孩子是很聪明的，一直以来学习基础也不错，文化成绩也在班级前列，但是据机构老师反映，到了机构培训专业课期间，只要放假就通宵玩手机，上周的专业考试成绩一度掉到了倒数第二。这可真急坏了老师们，幸好这孩子报考的专业不在这次考核，还有时间。我们赶紧跟万里的家长沟通，万里的妈妈这次也跟随我们过来，一起教育教育孩子。在车上，我们就预想到家长的到来会给孩子造成一定的压力，甚至是抵触情绪，我们商量好了趁着次日就是万里生日的时机，既给予孩子生活关怀，也给孩子学习施加点压力。

果不其然，万里看到妈妈的到来比较抵触，认为家长过来让自己丢脸，不太愿意跟家长深入沟通。幸运的是，上次成绩出来后，在老师的教导下，最近周考孩子的成绩有了一定的提高。我把孩子拉到成绩公布墙边，向孩子分析了家长苦心，让孩子说说自己的情况，也给孩子做了更高的要求，慢慢地孩子逐渐接受了我们的教育，主动参与了接下来的迎考动员会。

晚上，我们给即将参加编导省联考的孩子们准备了零食，给他们加油鼓劲，把专程带去的"金榜题名"的祝福手环亲手给他们戴上，一个个地鼓励他们明天沉着应考，旗开得胜。孩子们一边听着老师的教诲一边不忘刷题复习，当大家把手放在一起加油鼓劲时，心里满满的都是爱意和祝福。临别之时，我们把剩下的零食往拘谨的孩子兜里塞，让他们明天考完后肚子饿的时候吃……

此刻,伴随着孩子们出发前的宣誓,陪伴着孩子走出教室,把孩子们送上出征的大巴,老师们心里满是期待和祝福。天还没亮,但老师们的心里是亮堂的。那一年考场不允许外人进入,我们能送的也就到此了。目送着大巴远去,迎着凛冽的寒风,老师们步行回驻地,一路上又是满嘴的孩子,似乎永远不可能放得下。

回到酒店,旭日恰好东升,金色的朝阳照耀着白云区同泰路街道,似乎连矮小破旧的屋顶也染上了一层希望的光芒,曙光总是能带给人成功的期待。

值得一提的是,就在我们回到驻地酒店不久后,就收到了白云区某小区出现感染病例的消息,本想好好休息一下的我们赶紧收拾行李离开。于是乎在期待孩子考出成绩的同时,送考的老师们又多了一份惶恐和忧虑。希望一切顺利!

> **感悟与反思**
>
> 细微之处见真爱。学生在奋斗关键期是最为无助的,对关爱的期盼需求也是最强烈的,因此老师要把握住学生的每一个关键点,给予适度的关爱和关注,就能够让学生感受到无限的温暖,这对于孩子树立正面三观起到了良好的示范作用。
>
> 2021 年 12 月 5 日

1 班蜕变中

接触 1 班是一个意外，调到 1 班任教更是意外中的意外。第一次接触 1 班是因为"鲈鱼"老师身体不适请了一周假，于是 1 班那一周的课由我们语文备课组的老师们共同承担了。记得当时我临时代了两节课，刚进教室的时候 1 班孩子们懒散的状态让我吃惊，趴桌的趴桌，讲话的讲话，吃零食的吃零食……一副无法无天的样子，顿时让我把这个班跟一些港台影视作品的班级对上了号，难不成我也要体验一把"逃学威龙"式的课堂？

课堂上，1 班的孩子们对学习的不在乎、不重视表露得一览无遗，从课堂互动的情况看，这些孩子似乎没有目标，没有追求，一点也不在乎成绩，讲课堂内容时毫无反应，但是只要老师一讲点什么课外的东西，立马反应神速，那七八个同学总能叽叽喳喳地乱说一通，然后哄堂大笑，甚至激烈地吵架对喷，完全不把课堂当一回事。我只能在心理安慰自己"无怪乎被称为年级最麻烦的班级"，"反正就代两节课，过后就没我啥事了"。

然而"不幸"的是，"鲈鱼"老师的休假无限期延长了，年级组征询了我代课 1 班的意见，虽然心中有一丝纠结，但我还是坦然接受了这样的任务，我自信地想：我就不信在这里还有我搞不定的学生，我教不了的班级！

再次步入 1 班教室的时候，我已不再抱有过客的心态，一副我的地盘我做主的姿态，让班级为之一振。当然，轻松幽默的课堂风格是不会变化的，但是严格高效的作风却在接下来的教学过程中逐渐渗透到班级里。在上课的同时，我经常穿插着给予孩子们学风教育和理想教育，引导他们树立奋斗目标，学会自我学习，虽然短时间内成效甚低，但是我认真的态度和"自己人"的立场让孩子们很快接纳了我，认可了我。慢慢地，开始有同学拿着自己写的课外作文到我这里让我点评；慢慢地，他们敢于主动接触我这个刚来的"外人"了。

记得那天下午，调皮鬼建涛、顺添与我在楼梯偶遇，嬉皮笑脸地告诉我今晚要找我问作文，我心想：你们几个家伙估计是不想上晚修，趁机溜出来玩玩，搞定这几个家伙的机会来了。我就顺口答应着："好呀！今晚你来我办公室问问题，我冲点好茶招待你们。"晚修时，几个调皮蛋真的屁颠屁颠地拿着作文纸找我，从他们问出的问题来看，真的是一窍不通，一塌糊涂，实在是太外行了，真不知这两年有没有认真写过作文。我先让他们坐下，给他们泡上上好的红茶，还拿了零食出来分享，再一个个地从头给他们讲起。我这态度无疑大大出乎他们意料，老师没有骂他们啥都不会，还这么好好招待。他们顿时在深感诚惶诚恐之余也端正了学习态度。几个孩子不但认真听讲，还纷纷拿起笔做笔记了。我估计他们自己都没想过自己这辈子会这么认真。一个半小时下来，他们渐渐学会了一些皮毛知识,有的立即就在我办公桌上尝试着写了起来,有的回去后改了作文后又再次跑下来让我帮着修改……随后的一周,每晚都会陆陆续续来几拨问问题的同学,问题也逐渐地从最简单的审题立意,到作文结构,到事例运用,甚至还有学生会拿着原来碰都不愿意碰的,看都不想看的文言文下来问了。我心里感到欣慰的同时也深知搞定几个调皮蛋只是个开头,要改变1班还需要更好的契机。

契机说来就来。代课一周后的第一次模拟考,1班的语文成绩年级倒数第一,距离倒数第二都还差近2分之多,看着刺眼的平均分,我在生气的同时也感到教训一下这些家伙,改变1班的机会来了。语文课堂上,我对他们不认真的学习态度给予了严厉的批评,责备着他们长期甘居人后的颓废情绪,用激昂的语调激励着他们为班级、为自己、为语文老师我争口气,给他们定下了下次不做倒数第一的目标。这节课是我到这个班以来最最安静的一节课。显然,我这个外人的不服输打动了他们。接下来的语文课上,课堂的学习氛围明显有了改变,孩子们的活跃不再是叽叽喳喳胡言乱语,而是把敏捷的思维用在了知识点的学习上。我自信地认为:下一周的模拟考,1班肯定不会是最后的那个了。果不其然,第二次的模拟考,1班的平均分倒数第二,超越3班近1分,我在课堂上大肆表扬了班级,同时指出不足,鼓励他们下次模拟考再进一步,每次模拟考超越一个班,最后实现自己的大学梦想。

就在今晚,刚刚结束了第三次模拟考,一大批孩子晚修就拿着试卷下来追着我问问题,就连那些"以前从来不找老师问问题,连老师办公室的门都没进过,老师坐哪都不知道"的孩子也拿着题目下来问了,整个班级的学习氛围似乎发生了翻天覆地的变化。我口干舌燥,应接不暇地一个个给他们解答。指导之余,心里面也泛起一阵欣慰之感:老师的辛苦是必然的,但最重要的是辛苦能有回报。1班的孩子们从漠不关心学习到孜孜不倦求教,这个过程的辛苦是值得的。

"鲈鱼"老师下周就将痊愈回校了。我希望能把一个积极上进的班级交还给她,也希望1班的孩子们能再进一大步,再超一个班。三周的代课见证了1班的蜕变,这个蜕变也许是孩子们认识到努力的重要性,也许还有我那么一点微薄的功劳。但无论如何,真的乐见1班有更大的蜕变,真的希望能给他们带来更多的变化!

感悟与反思

班级班风的改变有时候并不需要长篇大论的铺垫,也不需要长时间的熬制,只要用心感受孩子们的需求方向,抓住德育关键点,把握住孩子们的心理特点,给予适当的引导示范便足矣。1班并不是班级风气差,而是孩子们找不到学习奋斗的目标,寻不着努力的切入点,觅不到学习的有效方法,老师只要加以引导,让孩子们在学习中找到成就感,找到快乐,就能有翻天覆地的改变。

2021年12月8日

教育个案篇

因人施教,领悟教育大爱

  每一个孩子都是世间独一无二的存在,每一次教育都是教育工作者们爱的体现,在一次次彰显个性的教育活动中,班主任都在期待着未来的精彩,聆听着纯真的表达,感受着世间的真情,领悟着人生的真谛。

  在笔者十多年的班主任发展路径中,走入过无知的原野,踏遍了青涩的田间,跨越了艰难的沟壑,登顶到夕照的山尖,而这趟旅途中,学生是最好的风景线。看着一届届孩子从讲台边起飞展翅,翱翔天际;亲送一批批少年从象牙塔策马奔腾,奔赴远方。每一个学生都承载了老师的辛勤付出,每一个学生都背负了老师的无限期待,在老师眼中,每一个学生都有如自己孩子般亲切。或许这就是教育之爱的来源。

  四十二篇教育案例,记录着四十二个孩子成长的历程,也记录着老师对孩子点滴的爱。这里篆刻了孩子们刻骨的遗憾,铭记着孩子们失败的不甘,感慨着孩子们放弃的无奈,同样也记录着孩子们努力的坚持,烙印着孩子们奋进的斗志,舞动着孩子们青春的精彩,书写着孩子们乐观的心态,歌唱着孩子们美好的未来……一个个真实的教育小故事,一个个引人深思的育人案例,一段段灵魂深处的反思感悟,在这里细细描述、娓娓道来,给您讲述了老师和学生之间真挚感人的教育大爱。

霸王苹果仔

给苹果仔安上"霸王"这样一个称号绝不夸张，他绝对是班上霸王级别的人物。他不怕老师，敢跟班主任搞恶作剧，起花名；有着很强的组织能力，能够带动整个班级跟老师作对，是班上的"孩子王"。苹果仔是我任教的第一届学生中的代表性人物。

那时，我刚刚毕业到学校任教，学校安排我到高二担任美术班班主任。美术班是当时最麻烦的班级，待优生多，"皇亲国戚"多，麻烦事也多。接手班级的第一个晚自习，走进班级教室，教室里的混乱场面就让我吃惊，桌椅摆放杂乱不堪，上课铃响起，同学们还在叽叽喳喳吵闹个不停。因为时值酷暑，班级又在顶楼，教室里炎热不堪，坐在最后的几个男生撩起上衣，几乎是赤裸着上身……整个教室给人的感觉就跟菜市场差不多。这对于一个20岁出头刚刚从大学走进教室的新老师来说，简直就是让人崩溃的场景。而苹果仔就是后面那几个男生中的领军人物。

刚接手这个班的时候，我经常被班级的事务搞得焦头烂额，很多班级管理的想法无法落实下去。班级里的班干是上一任班主任选聘留下的，都是"乖孩子"，成绩好、听话、不敢管事，更不敢招惹后面的那批"霸王"。作为刚毕业的年轻老师，我在班级管理上缺乏经验，很想把班级管好，但是却总摸不到诀窍，也没有很好的办法，总是想不明白明明是为了孩子们好，为什么班级管理的措施落实不了。在初期，我还被孩子们气得不行，躲在宿舍里大哭了一回。

随着接触的深入，我渐渐地发现班级风气不好的原因是"大神"势力掌握了班级的主导权。勤学听话的学生不敢管、不想管，也管不了，形成不了班级的正面导向；调皮捣蛋的学生不服管、抱成团，老师抓不到把柄，还不好处理，慢慢地形成了较差的班级氛围。因此找到"大神"的源头，改变班级的整体风气成了我这个新任班主任首先要解决的问题。

苹果仔就是这批"大神"中的挑头人物。据说小学、初中阶段被多个学校劝退，转学多次，还曾经没读书到社会上混了一段时间才来到我们学校，所以他比班里的孩子都大两岁。在他读过的学校里，他可都是颇有"威名"的。在班里，这家伙聪明得很，冲在前面跟老师顶嘴作对的总不会是他。在后面起哄闹事、出点子、搞气氛却又次次少不了他。在他的"领导"下，这些孩子每次都把老师搞得非常尴尬，下不来台。但是想要处理他、收拾他，杀杀他的威风却又找不到很好的由头。发现问题的根源以后，我等待着机会的到来，我相信狐狸尾巴总是会露出来的。

不久，机会终于出现了。那是一次语文的单元测试，我一边监考着本班的测验，一边批改隔壁班的卷子。这时，苹果仔举手大声说："老师，卷子不够，我差一张。"

不可能呀，我数好了数目才拿过来的，难道是我数错了？心里一阵疑惑，但也没办法，我让他先做着其他题目，急急忙忙地从教室所在的艺术楼奔向距离百米之外的办公楼帮他拿卷子。一路来回奔跑，气喘吁吁、汗流浃背，五分钟左右我就把卷子拿了回来。去拿卷子之前，我把改卷的答案夹在书本里，防止被风吹起来，还特意交代了班长帮我管好班级。回来的路上，我想想有点不对头，这群家伙可能有"不良企图"，特意蹑手蹑脚地上楼，从后门进教室，想看看教室里有什么特殊情况。只见同学们埋头做题，认真填写，答案还是夹在原来的位置，似乎没什么异样。

"难道真的是我数错了？看来是我多心了。"我在心里嘀咕着。

然而卷子改出来以后，我发现了问题。班级里学生的选择题得分出奇得好，几乎每个同学都只错两三题，更有好几个同学是全对的。这样的成绩不正常，对比隔壁班的得分情况，我们班不可能高这么多。是有同学作弊，相互抄袭吗？我仔细比对着同学们的选择答题卡，又没有发现雷同的错题答案。问题在哪呢？因为不敢确定同学们是否作弊，我尝试着把班长、副班长、学习委员、语文课代表先后叫来办公室询问，试图从班干的嘴里打探出点什么，但是班干们的回答都很肯定，考试的时候没有什么异常。

不对，肯定有问题。趁着放学，我把班级里最胆小的孩子叫到我宿舍，让她跟我老实交代，并向她承诺我会保护好她，不会把她曝光出去。在我的软磨硬泡、"严刑逼供"之下，孩子说出了实情。原来，苹果仔欺骗我卷子不够，把我骗出教室去拿卷子后，上讲台拿着我改卷用的答案向全班公布，还"聪明"地提醒大家不要做全对，每人错不同的两三题。不仅如此，他还专门找人在窗口张望放风，看到我回来，就组织大家安静做题，自己则细心地把答案夹回书本原位，回到座位装认真。

听到这样的情况，我被惊得目瞪口呆，这家伙胆子太大了！居然敢戏耍老师，我可还是他班主任呢，而且做坏事能做到条理清晰、胆大心细，真心不得了！这回我可逮到机会了，得好好治一治他。为了保护"泄密"的孩子，我又装模作样地调查了两天，大张旗鼓地找了好几个同学询问语文测验的情况，不出所料，这几个孩子也是三缄其口，闭口不提苹果仔的违纪情况。但是我知道，他们回去后肯定会把我查问考试情况的事告知苹果仔的，这家伙这两天有得担惊受怕了。

两天后的晚修时间，做好铺垫和准备的我把苹果仔叫了出来，一脸严肃地盯着苹果仔："老实交代吧！"

苹果仔一脸无辜，一副茫然不知所云的神态："什么事？交代什么？"

"别装了，语文测验是怎么回事？"我厉声呵斥。

他嘿嘿一笑，尴尬地回应："你知道了？随你怎么处理吧，别叫我家长来，我退学吧，反正我也不想读书了。"

呀？一上来就掀底牌？他这一招可打得我措手不及，原来准备好的怒声喝骂的批评，苦口婆心的劝说，长篇大论的说教一招都用不上了。我只好一边拖延时间想对策，一边耐着性子问道："为什么不能叫你家长来学校？"

"家里在闹婚变，我不想我老妈难过。"他解释着。

原来他还有这样的家庭背景，难怪平时表现得那么散漫不羁。如果打压这个孩子，让他退学离开，可能他未来的路会走得非常曲折，还是得出点"奇招"挽救他一下。我的脑子在飞速地转动着。

"你那么厉害,不读书可就浪费了,你看你可以把同学们都调动起来跟老师作对,所有班干都没敢跟老师说实话。班里的人全都听你的,要不你来当班长吧,这个班你来管。"

苹果仔转头吃惊地望着我,对于这种犯了错不处罚,反而提拔的举动,一脸不可置信的样子。

我颇有点得意于我这个"怪点子",继续说道:"不过,你必须得把班级管理好,以后班级就交给你了。"

我在班上宣布了这样的"处罚"决定,全班炸开了锅。大家议论纷纷,有欣喜赞赏的,有不敢相信的,也有表示质疑的。我让苹果仔上台做任职演讲,苹果仔站在讲台上战战兢兢,半天说不出一句完整的话,别看他平时在下面作威作福,咋咋呼呼的,到了讲台上还真不太敢说话。他一边摆弄着讲台上的粉笔,一边支支吾吾地表达了几句管理班级的决心。我在一旁看着他尴尬的表情,暗自好笑。

接下来的日子里,班级好管理多了。苹果仔的"上位"让他有了压力,作为班长有了"领头人"的责任,他不但自己做到了上课认真听讲,作业按时完成,还要求那帮"大神"们跟着做好。恰逢那时学校在创建省一级学校,劳动卫生的任务非常繁重。提拔了这么一个"班级老大"起来,我这个班主任顺理成章地当起了甩手掌柜,大小事务都丢给苹果仔组织,我只负责过去检查工作成效。没想到,班级的方方面面他都能事事争先、带头做好,把班级里的学生管得服服帖帖,我也就乐见其成了。

在日常的管理中我放手放权,只是事前明确管理原则,事后给他总结细节的不足。在我点拨下,苹果仔的各方面能力都得到了充分锻炼。他在这一年的班长工作中锻炼出了超强的组织能力和管理能力,上台讲话和布置工作也不再怯懦紧张,表达能力也得到了提升,展现出很强的思维逻辑。记得校运会的时候我生病请假在家,班里从组织参加到后勤保障再到校运会的加油广播稿,苹果仔都组织班干们安排得井井有条。尤其是他有针对性地组织大家报项目,在女子项目以及最辛苦的长跑项目中拿到了很多的奖项。那一次校运会,我们美术班的团体总分历史性地超越了体育班,成为年级总分第一,这在任何一次校运会中都是不可思议的事。躺在病床上的我接听着他打来的汇报电话,心里感到阵阵欣慰和温暖。

让人遗憾的是,苹果仔并没有坚持到高三高考,家庭的纷争还是干扰了他,为了挣钱赡养他离异的母亲,懂事的他选择了到东莞去打工挣钱。其实,离校前他的成绩已经从原来的班级末尾冲到了班级中上层,按照这个趋势,考上本科大学是很有希望的,但是,生活的现实给这个十来岁的孩子带来了太多变化,也改变了他的人生路径。

可喜的是,苹果仔在遭遇家庭的困扰后,并没有放弃对美好生活的追求。也许是班级里的管理平台让他得到了充分的锻炼,也许是班级管理中形成的责任感让他多了一份担当,也许是后期学习中的努力让他收获了拼搏的精神,他在工作中也取得了非常好的成绩。据说当时他到东莞一年多,就组织了十几个广西民工组建了搭棚队。一个十八九岁的孩子,出去能拉起自己的队伍,管理着十几个成年的民工,真心不易。他也在东莞的搭棚工作中积累了第一桶金。多年后,苹果仔回到家乡,用他积累下的资金先后开了煤场、车行,组建了运输队,闯出了自己的一番事业。

感悟与反思

教育需要理解，需要关爱，需要给孩子试错的机会。做教育的，除了教授文化知识，还要以育人为重。在学校管理中，所有的规章制度都是为了培养孩子成人成才，而不是为了方便管理，成为"扼杀"孩子未来的"武器"。苹果仔的各种违纪，放在学校的规章制度之下，那是妥妥的开除处分。如果生硬地按照制度执行，相信在学校中得不到充分锻炼的苹果仔到了社会中也只能是一张白纸，挣扎于社会的竞争大潮中，难以立足。理解孩子的困境，给孩子更多的支持，让孩子得到充分的锻炼，提升孩子的能力，培养孩子良好的奋斗观念，引导孩子的成长，这是一个合格的教育者应该做的"育人"之事。

用放大镜去看孩子的优点，用显微镜去看孩子的缺点。其实，孩子有什么缺点他自己心里清楚，但是要改正缺点需要我们老师给机会，需要老师的引导。苹果仔是个特点鲜明的聪明孩子，长期以来的调皮让他从小学就不受老师待见，各种批评处罚在他这里都是司空见惯的。以往的老师们困扰于他的"坏"，放大了他的缺点，而看不到他隐藏的优秀，在教育过程中也就不能够用正确的方法引导，从而让孩子找不到自己的努力方向，忘记了自己应有的目标。只有学会欣赏孩子的优点，放大孩子的优势，让他在成长中获得成就感，他才能不断地进步。

要有足够的耐心去静待花开。苹果仔上课不认真，基础不好，成绩差，在对他的整个教育过程中我并没有过多地干预他的学习，只是偶尔提醒他作为班长应有的表率作用，而他自己则在班级管理的成就感中实现了自我修复，成绩逐渐提高。其实，在成长的过程中，孩子只要能够在某些方面不断获得成就感，就会逐步改正自己原有的缺点，纠正自己其他方面的不足，因此，我们给了孩子成长的机会，还要有静待花开的耐心和坚定。

成长需要平台。没有班级管理的平台，苹果仔或许只会在下面带领调皮的同学们搞小动作，在嘻哈打闹中混沌度过自己的高中阶段，在躺平的态度中游戏着自己的学习生涯。破格提拔给了苹果仔心灵上的触动，也唤起了他内心的那股正能量。班级责任感和班级荣誉感不仅让他的组织和管理天赋得以实践锻炼，也提升了他的大局观念，为他后来的创业奠定了一定的基础。

要保护好班级里的"小密探"。班主任在班级里面要有几个自己的"心腹之人"，以便掌握班级的动向。但是一定要保护好他们，不能让他们暴露出来，否则这几个孩子在班级里就难以自处了，以后也不可能再有人敢向班主任反映问题了。在这个事件中，如果没有那个老实怕事的"她"向我告密，我就不可能知道班级里的情况，不可能及时纠正班级的风气，也不可能帮助苹果仔转变。向我"告密"的孩子我一直没有透露出去，这个秘密在我心里足足藏了将近20年。时至今日，偶尔在聚会中，苹果仔还会纠结于当年谁"出卖"了他，明里暗里地想从我的嘴里套出话来，我一直三缄其口，保守秘密。或许，这秘密将永远藏在我的心里，永远不会有第三个人知道。

2023年1月9日

转化大白鲨

"大白鲨"是同学们给福兴起的花名,很多时候"大白鲨"这个花名的知名度远远高出了他的真名。为什么大家给他取个这样的花名,我没有去认真考究过,不过细想来,这个花名跟他的气质还真有几分神似之处。

首先,"大白鲨"的皮肤比较白,他的肤色在班上的男孩子当中算是比较突出的。其次,他的头真的比较大,再加上他的样子长得比较凶,又是班上比较调皮、成绩最差的那批孩子之一,套上"大白鲨"这样的花名真是人如其名,有点海里的大白鲨的那种"杀气"。

教"大白鲨"的时候我还是刚毕业的"菜鸟",算算都近二十年前的事情了。那时,班上的捣蛋鬼真不少,溜出去打游戏的,夜不归宿的,旷课去看 NBA 总决赛的,在宿舍里打牌赌博的……啥样的都有,让我这个班主任"小白"颇有点焦头烂额。"大白鲨"虽是捣蛋分子的中坚力量,大多数的违纪他都有参与,但领头人却不是他,要算起来他也就是个二号人物吧。他最大的问题是上课讲话。记得当时很多老师跟我投诉他说话多,影响课堂纪律。得找个机会,想个办法治一治他,从他下手去整治这个班的班风。

这个班有个特点,在"带头大哥"苹果仔的率领下,孩子们"团结"得很,总是能够拧成一股绳跟老师对着干,原有的班干队伍要么是"团伙成员",要么是"老好人",埋头自己的学习,不敢管事。我思来想去,决定先从"大白鲨"这个二号人物下手,从内部分裂这个组织,断了"带头大哥"的左膀右臂,再着手对付"带头大哥",然后逐个击破,最后扭转班风,营造良好的学习氛围。

谋定策略之后,我就在等候机会的到来。"惯犯"始终是"惯犯",很容易就会暴露问题,没等多久机会就来了。某次科任老师投诉他破坏纪律之后,我把"大白鲨"叫了出来,批评了他的违纪行为,并给了他一个神圣的任务——任命他为班级的纪律委员。

听到此话,他大吃一惊,频频拒绝:"老师,我不行的。"

他的拒绝完全在我的预料之内:"谁说你不行,你肯定行。我这是帮你改变你的问题。另外,就你这学习成绩,估计也不容易考上好大学,不如锻炼一下管理能力,你想想你管着全班的纪律,多威风呀……"

在我连哄带骗的攻势下,他应承了下来,我给他交代了任务:"上课能听懂的课就听,听不懂的课你就负责盯着谁上课讲话,给我记下名字,反正你坐在最后一排看得最清楚。"任务听着似乎有点权威性,难度也不大,他挺高兴地领命而去。

但是,没干两个星期,他就找我请辞了:"老师,我辞掉这个纪律委员不干了。"

"为什么?"我装作不知道,听着他的陈述。

其实这个情况早就在我的预料之中。想想都明白,长期喜欢上课讲话的孩子怎么可能给了个职务给他,就能立即转变过来呢?再加上本来自己纪律方面就是班级"地板级"的存在,管理班级纪律当然是没有什么说服力的。于是,在他记了几次人家的名字之后,其他同学纷纷不服气,性子烈一点的直接就怼回去了,性子温和一点的就来找我这个班主任"主持公道",就连"捣蛋鬼团伙"内部都对他颇有微词,开始跟他产生了"嫌隙"。这正是我想要的效果。我一方面安抚他的情绪,表扬他在纪律方面的进步,鼓励他继续做好本职工作,另一方面传授他一些管理的技巧细节,向他提出了要做好自身、以身作则的要求。

另外我还特别留意"大白鲨"的表现,一发现他有进步或者优异的表现,就在班上当众表扬他。在班会课上点评班级的管理时,借机会表扬他的积极管理,也让同学们帮助他、包容他。有我这一系列在班上为他撑腰,点赞他大胆管理的举动,"大白鲨"逐渐在纪律委员的位置上适应下来。

在积极参与班级管理的同时,"大白鲨"拘于"官位"的压力,慢慢地转变了原来上课爱讲话的习惯,成了课堂上的乖乖仔,虽然依旧很多内容听不懂,成绩依旧没能得到大进步,但是纪律问题总算是得到了改善。

感悟与反思

要解决班级的管理问题,一定要摸清问题的本源,谋划解决的策略,切忌头痛医头、脚疼医脚。"大白鲨"是班级里调皮团伙中的重要一员,也是班级班风建设的重点改造对象,但他不是"核心"。光靠聊天谈话,开展思想教育难以取得明显成效,多年来形成的不良学习习惯光靠外力也不可能得到根本的解决,因此要转化"大白鲨",一要让他脱离"团体"的负面影响。但是要让他离开"调皮团体",仅仅靠单纯说教是没有用的,也是不可能的。先不说他自己有无离开团体的意愿,即便是成功脱离了,也不利于班级的团结,还会影响其他同学对老师的信任度,那样的话,老师再去转化下一个对象时,就会有很大的阻力。给予他班干的身份,从班级管理者的角度上将他与其他"调皮团队"成员予以割裂,无疑是最有效的解决方法。二要给予压力,这方面的压力除了老师给的压力,还要有自己给自己的压力,周围同学给予的压力。让他担任自己最严重问题的"管理员"——纪律委员,正是出于这种考虑。

班干的选用不能只考虑班级管理的便利性和示范性,还要从育人的角度出发。很多班主任对于班级里的待优生会采取放任自流,弃之不顾的方式处理,只要不影响班级就行,其实这样的理念是有问题的。首先,待优生得不到根本的转变会影响班级其他同学的学习;其次,作为教育者,我们要坚持"没有任何一个孩子应该被放弃"的基本原则。利用班干的设置改变学生自我认识,提高他们的自我约束力,何乐而不为?虽然在这个过程中会出现示范性不足,管理工作有瑕疵等问题,但这可是"磨刀不误砍柴工"的举措,如果转化成功,对于班级班风学风的建设将起到事半功倍的效果。

分解班级的"捣蛋团伙"要顺势而为,循序渐进。班级出现团队规模的待进生需要两个基本条件,一是待进生人数不少,二是待进生中有"带头大哥",也就是存在有号召力、有组织力的"人才"。这两样无论哪一项都让班主任头疼。要拆解这样的"小团队"不是容易的事。是"擒贼先擒王"从领头人开始下手,还是"断其手足"从骨干成员入手,抑或是"散其羽翼"从容易转化的边缘人出发,这需要根据实际情况而定,而这个实际情况主要是转化的机遇和条件。以"大白鲨"的转化为例,他是骨干成员,有影响力但不具备领导力。从转化他入手,可以给"小团体"内部带来巨大触动,有效分化团体。关键正好有转化他的机遇——老师的投诉,也正好班级还没有设置纪律委员的岗位,可以借这样的岗位调动他的主观能动性。

2023年2月20日

爱哭班长培养记

圆圆的脸庞配上黑色圆框眼镜,胖胖的身躯再加上乐呵呵的笑容,家仪给我的第一感觉就是憨憨的,做事挺踏实。因此2015年我被委以重任担任美术特长班班主任,组建美术特长班的时候,一眼就看中了班上这个女孩子,任命她为班级的劳动委员。

要知道在班级管理中,最核心的是班风,最重点的是学风,但最难管理的却是劳动。其实在学校里班级劳动任务还是挺重的,既有每天的公区打扫、课室清洁、抬桶装水,还有宿舍的卫生管理,每周还有一次美其名曰劳动实践教育的大扫除,除此之外还有各班轮值,每学期一到两周的宿舍楼梯、平台等公共区域的保洁任务……要想抓好班级的劳动管理,非得有一位责任心强、做事细致、组织能力和调动能力较强的劳动委员不可。刚到班级,对学生还未充分了解,但又需要尽快组建出第一批班委干部的我只能以貌取人了。看起来亲善稳重的家仪成了班上劳动委员的首选对象。

事实证明我的眼光还是不错的,家仪在班级劳动管理上是非常负责的。每天早上她都能够督促同学们做好清洁工作,遇到大扫除她能有效组织同学们开展,爱笑亲善的她也很善于调动同学们的劳动积极性。但是作为刚入高中的孩子,家仪组织的主动性很强但条理性不足,能很好地落实老师的布置但自己的规划意识不强,敢于安排工作却不太敢去管人,遇到偷奸耍滑的"调皮鬼",大多情况下都是自己去补漏,把别人偷懒没干完的活做完,却不敢大胆点出来、管起来……总的来说就是自信不足,但还算是个好料子,值得重点培养一下。

要培养好一个班干部,首先得增加她在班级管理上的自信。刚开始憨憨爱笑的家仪总是以老好人的形象出现在劳动管理的工作中,班级的"调皮鬼"颇有点不太服从,在劳动中总会出现偷懒的现象,而家仪总是去帮他们做完没完成的任务,受了委屈后就默默地抹眼泪。见此情况,我引导她敢做敢管,不能总是自己默默承担别人的错误,该说的要在班上大胆说出来。同时我不失时机地在班上表扬家仪的劳动组织工作,让孩子感受到自己的努力老师是赞赏的,同学们是看得到的,是被大家认可的。

仅有自信还不够,还要帮助她在班级中树立威信,而树立一个班干在班级中的威信,最有效的办法就是放权,让她在班级中享有"话语权"。家仪是劳动委员,劳动工作的所有安排权我逐步地都放给了她。当然,这是一个循序渐进的过程。刚开始,班级的所有劳动任务安排都是我这个班主任做好的,公布出来后家仪只是负责组织和监督。随着家仪慢慢了解班级,熟悉了劳动工作任务,我就开始把安排劳动人员的权力交给她了。先是让她推翻我的安排表,根据班级情况重新安排每天教室的值日表,然后协调好公区、抬水的值日安排,最后是大扫除劳动的任务分组分点安排……从简单到复杂,从几个人的值日到全班的大劳动。在这个过程中,我不断提醒她要注意工作量的协调,分开安排每天不同的任务,不至于让一个同学在同一天承担太多的任务;要考虑条件情况,做到因才分配,比如安排高大的男孩子擦门窗风扇,安排矮小的女孩子扫地拖地,安排单一但又繁重的活给爱偷懒的同学,安排责任心强的同学负责复杂的收尾工作;要把班级每一个劳动点位安排得清晰,每一个窗口、每一台风扇、每一段公区都责任到人,这样就可以做到高效且避免有人偷懒……家仪学得很快,踏实细致的她在一次次成功的劳动组织中,逐渐树立了威信,慢慢地成了班级里最具号召力、凝聚力和影响力的班干。

最后,要把家仪真正培养起来,还要提高她的综合能力。这里讲的综合能力,是一个优秀班干需要具备的良好的沟通能力和合作能力。一个班干部要管好班级,仅靠自己的勤奋努力肯定是不够的,要懂得依靠班主任的支持,协调其他班干部的力量,做好沟通,形成合力。因此,在遇到班级大型活动的时候,我会把主要班干召集起来,引导他们自己研究细节、商量对策、找到解决办法,这些活动组织总少不了家仪这个劳动委员。而家仪也在这样的活动组织中逐渐学会了如何与其他班干配合,如何协调分工,如何细化落实任务,很快她就成了班干队伍中的核心人物。

看着家仪的迅速成长,我不禁心中暗喜,是时候找机会让她承担班级的重任了。高一下学期,首任班长出现了较为严重的违纪行为。由于班级成立也有较长的时间了,同学们也相互熟悉了解,趁此机会我以民主推荐投票的形式重新组建了新的班干队伍,家仪毫无意外地被推选为新任班长。

刚上任的家仪颇为自得,但班长负责的是班级的全面工作,管理着班级的方方面面,工作任务和压力显然与仅负责劳动方面的劳动委员不可同日而语,因此上任以后,家仪还是遇到了不少困难。爱哭的家仪在这个阶段又受了不少委屈,哭了不少鼻子,流了不少眼泪。我引导她首先要在这一段的失败中及时进行自我反省、有效改进,鼓励她在班会课上坦诚跟全班同学交流班级管理的想法;然后让她尝试自己组织召开班干部会议,开展班干队伍的自我批评和相互批评,把班级管理出现的问题抛出来坦诚探讨,发现班级管理上的不足,解决实际问题。

最后我语重心长地跟她谈了一段对班干部的认识,给她精神鼓舞:"担任班干部工作不仅是一种荣誉,更是一种信任、一种责任。大家推选你担任班长,不仅是对你个人成绩优秀、能力出众的肯定,更是对你能够为集体出力、为同学服务的一种信赖。担任班长可以得到更多锻炼与表现的机会,多做一些事,承担更多责任,才不负大家对你的支持和信任,你作为班干部的领头人,要让班干部们从内心深处树立我们的付出是为了让我们这个班集体成为最优秀的班集体,这样的付出很值得的信念。"

在我引导下,家仪逐渐适应了班长这个岗位,端正了自己的位置,在班会课上和班干会议上,爱哭的她在表述对班级情感的时候又哭了鼻子,然而坦诚的交流也让她赢得了全部同学的认可,获得了全体班干的支持。接下来的班级事务,家仪基本能自己承担起来,班级管理的具体工作基本就没有我这个班主任什么事了,就连班主任都比较"头疼"的座位安排我都甩给了家仪。在家仪的带领下,班干们的成长也越来越快,他们每周会在家仪的组织下召开班委例会,交流班级存在的问题,商量对策并记录在会议本上,在下一周的班会课上自主上台布置要求，做好安排。班干例会我只是偶尔列席，基本不去干预他们自己的会议，班会课的舞台也被班干们抢走了，留给我这个班主任的时间也就十分钟左右。我要做的就是把握好班级的方向，做好学风引导。我成了年级最轻松，最"懒"的班主任，但是我的班级成了最团结的班级，我的班干成为最能干的班干。家仪也在那一年被推选为区里的优秀班干部，同时加入了学校的业余党校，成为入党积极分子。

用了一年多的时间，把家仪为代表的这一批班干培养出来以后，高二下学期，我又换了一批班干。在我的理念中，班级这个平台是孩子们走入社会前，培养能力的最佳平台。这些能力不是书本上可以学到的，也不是听别人的经验介绍就能"偷"来的，必须得去体验、去尝试、去实践。因此带这一届学生我换了三批班干，最大程度地培养了孩子们的综合能力。最后在我班级里至少有十五个孩子可以胜任班长，全班的孩子随便拿一个出来都能当班干。当然回顾三年来这么多的班干，最得力、最成功的还是这个爱哭的班长家仪。

感悟与反思

　　班级管理是培养孩子综合能力的最好平台。班干部对于孩子的意义在于，孩子不是为了在班级中争取某个位置，而是要在集体中找到自己正确的位置；而班级平台对于班干部的意义在于，班级不是出于管理需要设置一些岗位来找人用，而是出于孩子成长的需要创设岗位来育人。这一点其实是很多班主任没有意识到的，大多数的班主任更多的是把班长或者班干部视为自己的"代言人"和"传声筒"，是利用他们帮助自己管理班级，而不是为了培养孩子的能力，这个出发点可能就存在一定的问题。

　　班主任对班干部不能只有选拔与使用，更重要的是扶持与培养。班主任不仅要将他们"扶上马"，还要注意培养班干部的自信心、责任感，帮助他们通过具体的班级管理工作提高工作技能、取得实效、收获成就感，最后在班级里树立威信。班主任是要做到"送一程"的。

　　学会做一个"懒"班主任。这里说的"懒"不是态度上的"懒"，而是懂得把班级管理工作下放给班干部，让班干部在工作中成长，在实践中成熟。与之相对概念的"勤"班主任，班级事务事无巨细都管到底，像个"慈母"一样事事自己决策包办，虽然班级的整体情况不会差，但是难以实现"育人"的高目标，最终班干部们很有可能只是"传声筒"，成为班主任的"影子"和"四肢"，很难成长为有思想、有思维、有"大脑"的个体。因此班主任要懂得放权放手。班干部可以自己处理的事情让他们自己扛起来；班干部自己干不来的事让班委会商量解决；实在没办法解决的再报到班主任这里来，不用事事都交给班主任处理。在这个过程中，班主任要培养学生自己处理事务的能力和相互合作的意识，放权管理、抓大放小、调动协调，让班干部做事更有成就感，管理班级的积极性更高，班级自然也越来越优秀，班主任的工作也就更轻松了。

2024 年 1 月 29 日

舒宁的成长

舒宁并不是美术特长班一成立就在班里的,她是高一下学期才转入美术班学习的。这孩子刚进入班级的时候,比较内向,文文静静的样子,平时在班级里也没有什么突出表现,当时真没想到她能成为优秀班干部,能在后来的学习中成为班级的标杆式人物。

刚接手舒宁的时候,我还真没怎么关注这个孩子,直到一次偶然的机会,我发现了舒宁身上那种勤学拼搏的奋斗精神。记得当时学校的学风建设还不成形,高一的孩子们周末大多都放假回家休息,基本没有多少孩子会留在学校学习。一次周末值班,在新教学楼巡查时,我无意间望向对面,发现空荡荡的教室里居然有一个瘦弱女孩子的身影,再认真一数,居然是我自己班级的教室,不禁吃了一惊。同行的值日行政提醒我过去关心一下,担心这个女孩子周末在教室里,不知道在干什么,怕出什么事。

我赶忙走到自己班的教室,发现是舒宁。舒宁并没有意识到有人走进了教室,就连我走到她身边也没有反应过来,仍旧戴着耳机,低着头不知道看着什么。我走近一看,发现孩子在认真地复习功课,正沉浸在学习之中。我拍了拍她的肩膀,她才抬起头,发现是班主任。

招呼过之后,我问道:"怎么一个人在教室?周末不回家吗?"

她怯生生地回答:"我回来学习。"

"怎么不在家学习?"我继续追问。

"家就住在附近不远,在家里找不到学习的感觉,就回教室学。"

我点点头,给了她几句鼓励的话,没有太多地干扰她就离开了,继续巡查着空荡荡的旧教学楼。教学楼里没有其他人,缺少了上学时同学们的喧闹声,不免显得有些冷清寥落,只有这个坐在窗边坚持努力学习的孩子给略显残破的旧教学楼增添了一些生机和活力。

周一的班会上,我立即给全班的孩子们介绍了舒宁周末学习的情况,并以此鼓励班级的同学们向她学习。孩子比较羞涩,红着脸听完我对她的赞赏,似乎有些不好意思,但是眼神里却闪着"光"。是的,孩子的默默努力被老师认可,被公开表扬是一件值得高兴的事,也是孩子继续努力学习的动力来源。

自此以后,我周末有空也会经常回班里看看,每一次都能见到舒宁的身影。我对这个文静内向的孩子有了新的认识。当别的孩子都在家里休息,在外面玩的时候,这个孩子懂得自我约束,利用休息时间学习,是班级中可以树立的良好榜样,也是我树立班级良好学风的正面形象,我要利用好这个孩子的勤学案例在班级里开展一场勤学奋斗的主题教育活动,引领整个班级的学风建设。

那次班会课后,在我的引导下,也是在舒宁的正面影响下,慢慢的周末班级里多了几个孩子回来学习。彼时,我正在撰写在职研究生的毕业论文,刚刚完成初稿,正准备利用周末在办公室修改一下,想起班里有几个孩子在学习,就拿着论文稿件坐到了教室里跟孩子们一起认真学习起来。孩子们见到班主任也到教室里学习,开始比较拘束,个别拿着手机的孩子赶紧把手机放了起来,戴着耳机的也迅速把耳机摘下。我心里一阵暗笑,却没有说什么,只是低下头继续修改我的论文。

临近中午,舒宁收拾好学习用品,抱着书本准备离开的时候走到我身边,侧着头认真地看了看我手上的文稿,一脸疑惑地问道:"老师在干什么?做老师的也要学习的吗?"

听到舒宁的问话,其他同学也大胆地围了过来。

我放下手上的文稿,微笑着说:"当然要学习,我正在攻读在职研究生,跟你们一样需要努力。这是我的毕业论文。"

她掂一掂桌面上的论文稿:"这都是你写的?这得多少字呀?"

"六万多字吧。"

同学们跟着舒宁七嘴八舌地同我聊了起来,趁着这样的机会我鼓励舒宁等同学要坚持努力,学习不是一朝一夕的事,即便出来工作了也要保持学习,才能不断进步,才能不被社会淘汰。

此事传到班级后,班里的学习风气和学习主动性更浓厚了,越来越多的同学早读提前、晚修延时在班里学习,趁着这样的良好风气,我抓住教育契机,召开勤学主题班会,引导孩子们坚持勤学奋斗的意志。整个班级的学习积极性大大提升,最终使得美术特长班成为学校里率先实现早上六点四十进班学习的班级,也是率先在讲学厅延时晚修到十一点的班级。这里面固然有我的引导作用,但舒宁的积极示范作用也是不容忽视的。

高二下学期,班级重选班干,我大胆尝试了内阁制班干队伍,即班级只选举班长、副班长和团支书三个核心班干,其他的职务由核心班干自己选择,组建团队。让我出乎意料的是,舒宁这个平时文文静静,话不多的小女孩居然鼓起勇气走到了讲台上演讲竞争。在讲台上,孩子侃侃而谈,述说自己的管理想法和规划,赢得了全班同学的支持,竟然打败了性格活泼的阿燊、经验丰富的家仪等一大批强大对手,成功当选为班长。

说实话,舒宁并不是当时我心里预设最合适的班长对象,主要是担心她在班级里没有担任过班干,对班级的管理不熟悉,同时也担心她内敛的性格会管不住班级的那些个捣蛋鬼,最后导致班级管理一团糟,难以收拾。我还一度闪过取消选举结果,换更有管理能力的同学上来的念头。但这样的念头很快就被我否定了。如果取消选举结果,一方面肯定会影响班主任的公信力,影响班级的团结,另一方面也会给舒宁的心理带来创伤,让她感觉班主任对她不信任。看样子,我只能在培养舒宁方面多下功夫了。在选举结束后,我带着几分忧虑给舒宁讲述着管理班级的要求和职责,传授了班级管理的方法和注意细节。孩子很认真地边听边点头,面对着班级管理的重任没有胆怯和退缩,反而展现出自信满满的神情。

事实证明,我的忧虑不是多余的。刚刚担任班长的一段时间里,舒宁确实在管理班级方面显得不那么成熟老到:晚修时有人讲话,她不敢出声管理;班级出现问题她也不敢来主动汇报；主持班干例会也显得不够魄力。我多次引导鼓励她，在班级里搭建平台让她表现，同时把班级的座位安排等重要工作交给她，赋予她足够的处置权，慢慢地她适应了班长的职位，学会了班级管理的技巧。

在接下来的高二下学期包括整个高三的紧张学习中，舒宁逐渐把班级管理得井井有条，也许是她勤奋刻苦的正面示范起到了良好的引领作用，也许是她的宽广胸怀和包容心团结了全体班干，也许是她的细心关怀感染了班级里的捣蛋鬼，令她这个班长干得越来越有成效。在紧张的学习生活中，她带领班级的同学们努力拼搏、积极奋进，在最后的高考中取得了超乎想象的好成绩。而她本人也在班长的岗位上得到了充分锻炼，不但改变了原来胆怯内向的性格，在班级里敢说敢管，还提高了自身的管理能力和组织能力，最终还获得了优秀班干部的荣誉称号。高三毕业，舒宁孤身远赴江苏南通读大学，据说在大学里也是学生干部，非常受大学老师的欣赏，成为老师的好助手。

感悟与反思

孩子的点滴进步都需要老师的关注和鼓励。舒宁周末回校学习的事，我一直没有去问清楚是偶然为之被我遇到，还是她自己有着长期坚持的规划，但是我想任何的坚持都有动力来源。如果第一次看到她周末在班级里学习我没有过去看看，没有给予她鼓励，没有在班级里对她进行公开表扬，没有让她感受到成为班级学习榜样的压力，也许她就没有坚持拼搏的动力，没有持续努力的斗志，也就没有后来成长起来的舒宁。

班主任要善于抓住教育契机。舒宁周末回校学习是一个很好的勤学案例，如果班主任只是停留在口头的表扬，停在背后的赞许，没有抓住这样的案例，将这样的风气辐射到整个班级，那么班级的整体学风建设也就不容易建立起来。很多时候，班级里的每一件小事都是影响班级整体风气的大事，需要我们班主任敏锐的嗅觉和有效的引导。

班主任要用包容的心态和发展的眼光去看待孩子的成长。舒宁的性格内敛，平和文静，并不适合当班长。如果用固化的眼光去看待，简单粗暴地把她换了下来，她就得不到充分的锻炼和提高。其实，孩子的可塑性是非常强的，需要老师有耐心、有方法、有针对性地去培养、去引导，然后给她时间、给她空间，让她成长，静待花开。用电影里的台词来说就是"让子弹飞一会儿"。让孩子锻炼一会儿，努力一会儿，她会给你成长的惊喜。

2023 年 6 月 2 日

小龙的觉醒

小龙是2018届学生中一位很特别的女生。记得第一次见到她的时候，我带队到镇里的初中去招收美术特长生，孩子们被老师推荐到指定的美术室参加特长生考试。当时来的孩子不多，也就五六个人，在与孩子们交流的过程中我们了解到，镇里的中学没有让成绩较好，基本能考上高中的1~6班的孩子参加我校的特长生招考，只是在初三最差的7~10班里发动学生报考。这样的现象当时见怪不怪，毕竟我们学校一直以来因为生源问题，没考出什么亮眼的成绩，在社会上的口碑并不好，镇里的初中普遍的想法是把最差的孩子送到我们这里，以提升一下升学率。小龙就是被老师选出来，不太可能考上高中的那批孩子之一。

其实我们组织的特长生考试也只是初步考察一下，毕竟绝大多数来参考的孩子都是零基础，对于美术的专业学习大多停留在喜欢画漫画人物上。当然我们也希望能够从中挖掘到一两个好苗子，但是这一批孩子学习能力相对较差，我们也只能抱着"矮子里面挑高个"的心态，选几个感觉还行的孩子。其实在成绩较好的那些孩子里也是有不少喜欢美术的，只是学校老师不宣传、不动员，甚至连我们到场招考特长生的通知都没有下发。

在招考正式开始前，我们介绍了一下学校的情况，然后开始组织考试。一个相貌姣好，并且颇有点胆大泼辣的女孩子主动问道："我知道有一个在培优班美术比较不错的同学，我可以把她叫来，你们要不要？"这时候我开始注意到了这个小女孩。征得我的同意后，小女孩开开心心地去把她的同学叫来参加美术考试。

孩子走出去后，镇中学跟我们对接的美术老师给我提醒，这个女孩子不好管，问题很多。我笑笑表示感谢。心里想着，就我们学校现在的生源，来的也不见得有好管的，更何况她还得考得上高中才能来。当然，小女孩的积极表现和老师的提醒，让我对这个孩子多了几分关注，收卷子的时候我还特意记住了她的名字"小龙"。

不知是小龙的运气好，还是孩子在最后中考阶段有了美术的奋斗目标真的努力拼了上来，她以近乎刚刚压线的成绩勉强考入了我们学校。按照招考计划，她被分配到美术特长班。这一年的美术特长班作为学校振兴计划的重要实验点，被领导们寄予厚望，已是学校中层行政的我成了这个班的班主任。我也成了学校第一个行政兼任班主任的特例。

拿到学生名单，我一眼就看到了"小龙"的名字。回忆起当时镇里老师给我的提示，想着这家伙还真考上来了，要好好会一会这个"难搞"的小女孩才是。果不其然，上学的第一晚，小龙就给我闹出了不小的事来。晚修时间已到，作为班主任的我第一次点名就发现小龙缺席了，安顿好班级后，我立即从名单中找到小龙家长的联系电话询问情况，小龙妈妈此时才刚刚下班,还未到家。据小龙妈妈说,小龙下午就跟她说回校了。我让家长赶紧先找孩子。晚上九点多家长打来电话,说已经找到孩子,说是在同学家里住一晚,明天一早回学校。

第二天一大早我就把小龙叫出来了解情况,看着小龙还没卸下的妆容,我不禁有些来气,狠狠地批评了她几句。她却是一脸"死猪不怕开水烫"的表情,神色悠然地站着听我严肃地给她讲纪律、讲道理。原来,小龙昨天欺骗母亲上学,其实是去男朋友家了,男朋友昨天生日,在他家过了一夜。一听这事我就头大,才刚来就敢旷课去约会,不过这孩子倒是坦诚,被我逼问几下也没有太多隐瞒,不知道是在初中阶段被老师训斥多了无所谓,还是早已"躺平"了,对学校的管理爱搭不理了。我也只能按照常规把家长请来沟通教育一番。说实在话,开学第一天就见家长的我也是"大姑娘上花轿——头一回"。看来,要管好这家伙还真得花点心思。

这孩子喜欢化妆,可以说是"臭美"得很,平时手上的指甲油涂得厚厚的,脸上也不时化化妆,说她几句可能会改正几天,过一阵子又恢复原状,完全不把学校的规定和《中学生守则》里的要求当回事。我知道,经历过各种老师批评"大场面"的小龙对于常规的说教处罚是"免疫"的,说多了形成抵触反而没法再沟通教育了,我得找到她的"软肋",一击即中,形成有效教育。

转眼教师节即将到来,电视台联系学校希望录制一个祝福教师的小视频,要选学生代表上镜说几句。正好我在学校负责宣传接待这一块,这事就交到了我手上。我一琢磨,机会来了。小龙长得漂亮,又"臭美"爱出风头,我决定把这个上镜的机会给她试试,先切入她的心里,再找机会转化她。果不其然,小龙对于这个上镜的机会颇感意外,表现得尤为重视,很认真地准备着被采访事宜,又是写稿又是背稿,上镜前还对着镜子着实好好捯饬了一番,当然,我是不允许她化浓妆上镜的,会影响学校的形象,但是打打薄粉底,描描眼眉什么不太明显的妆容,我也就默许了。

采访非常成功,很快就在本地电视台的新闻节目中播出了,我在班级也好好地表扬了小龙的表现,让小龙狠狠地露了一把脸。同时,开玩笑似地批评了小龙爱化妆的行为:"我们美术生把颜料画在纸上就好了,别总往脸上抹"。小龙心情好,笑笑过去了,但是在接下来的日子里,她在学校里基本没有怎么化妆了,只是周末的时候还是会恢复她的本性。看来她没有抵触我的教育,这一招还是有用的。接下来,我又让她在学校或者是各种采访中表现了两次,她俨然成了班级里明星级别的存在,似乎成了美术班的形象代言人。以此为切入点,我找到机会跟小龙深入交谈了一次,让她以美术特长班形象代言人的身份严格要求自己,管好自己,别给班级丢脸。渐渐地,我发现小龙各方面的表现都有明显的改善,虽然还偶有迟到,但再也没有旷课的现象,上课状态也明显好了许多。

其实,小龙的叛逆是有家庭原因的。她的父亲早逝,跟着母亲在城区居住,母亲为了生活,每天背负着沉重的工作压力,很晚才回家,有时候还要通宵达旦,基本没有精力管她,本就有点叛逆的她也在这样的家庭环境中慢慢走上"歪路"。这个年龄段的女孩子如果不能及时回到学习的"正道"上来,很有可能这辈子的人生轨迹都将改变。看到上了高中后,她感受到老师的关怀,有了一点成就感,就在各方面都有了明显的改变,我认为这孩子还是可以挽回的,我也要尽力把她拉回到"正道"上来。

转眼到了高二，小龙对班级的归属感表现得越来越强烈，居然主动上来竞选了新一届的班干。我决定利用好这个契机，彻底改变小龙。于是，我把她安排到任务最重，责任最大的劳动委员的位置上去，用职务压力和班级责任感引导她走回学习的正道，我也相信，性格泼辣的她能够管好班级的劳动工作。

与我预料的一样，小龙在班级管理事务中表现得积极主动。班级的劳动事务无论是教室卫生、公区卫生、宿舍卫生还是大扫除活动，在她的管理下都井井有条，班级也从来没有因为卫生问题被扣去文明班分数，也为我们班长期占据文明班一席之地做出了巨大贡献。最难能可贵的是小龙在班级管理上敢管敢说的劲头。每周一的班会课，在班干总结环节，她都会主动上台来总结班级上一周的劳动情况，如果在集体劳动中有人缺席或者偷懒，她能直接指出不足，点名批评，甚至大胆地给予那些偷懒的男生处罚措施。班级管理者的压力也促使她进一步端正了自己的态度，迟到的现象基本绝迹，上课打瞌睡的现象也不复存在，就连她最为看重的化妆也十分罕见了。更让我这个班主任欣喜的是，约会对小龙的影响正在慢慢消失，她的心正逐步地回归到学校里来，回归到正常的学习生活中来。

从懒散放纵到自我约束，再到参与班级管理，端正学习态度，小龙的进步，我是看在眼中，乐在心里。然而，小龙的学习尤其是文化课的学习成绩还是位于班级的底部，一直以来，她的成绩总是保持在班级倒数五名之内，初中落下的基础，在高中阶段要追回来是不容易的。

进入高三，小龙没有再担任班干，她选择了把心思都放在学习上。美术集训期间，她全力拼搏，每每在机构晚上放学后还继续画到凌晨，如果不是所选择的机构出现问题，我相信她的美术联考成绩绝对不止 214 分。回校拼文化课阶段，她虚心求教，经常到办公室向老师询问不懂之处。小龙的成绩也在努力中稳步提高，一度从班级的末尾冲到班级的中段，在 6 月最后的高考中，考到了 283 分的成绩，刚刚超越了 280 分的本科分数线，最后以文化课和美术术科刚刚过线的成绩被广东海洋大学寸金学院的环境设计专业录取。虽说考上的不是什么让人欣羡的重点名校，只是一个民办的本科大学，但是那一年班级只有 15 个孩子考上了美术类本科，小龙通过自己的努力，从完全不被看好的"问题学生"、成绩垫底的待进生奋斗成为一名本科生，实属不易。让人感到遗憾的是，因为家庭经济困难，民办本科院校的学费又相对较高，小龙最终没有到大学去继续深造，选择了到社会上打拼，我也只能默默祝福小龙的人生道路能走得更加顺利。

感悟与反思

家庭对于孩子的成长影响巨大。孩子没有办法选择家庭，家庭氛围和家庭成长环境会给孩子带来难以磨灭的影响。小龙是个聪明又有个性的女孩子，家庭因素曾经让她迷失过、迷茫过，也许是对美术的热爱唤醒了她，也许是老师的关注纠正了她，至少让她在高中阶段保持在正确的学习道路上，然而走出校园的那一刻，家庭因素再次影响了她的继续发展。

每一个孩子都有自己的闪光点,我们要发现孩子的优点让他们闪耀光芒。小龙刚到学校的时候问题不断,是妥妥的"问题学生"。面对这样的孩子,常规的说教是很难起作用的,要学会用"放大镜"去挖掘孩子的闪光点。试想下,如果老师只是从常规管理上的纪律、成绩着眼,小龙感受到的永远都是挫败感和失望感,她可能就没有再次"站起来"的勇气。作为教育者,我们面对"问题学生"要耐下心来,从孩子的闪光点入手,搭建平台,让孩子获得成就感和存在感,以此引导孩子走上正确的学习道路。

2023 年 6 月 1 日

大白的唏嘘高考路

大白是我 2018 届那一批学生中最令人遗憾的,本来一直在班级里位列前茅的她居然成了全班唯一一个术科考上了本科,而文化课未过线,没能考上本科大学的孩子。

大白到实验中学来读高中应该是一个意外。原本她在镇初中的成绩就不错,被安排到培优班里,按照基础来说她很有可能考到重点中学。我们到镇里招收艺术特长生的时候,因为她的成绩不错,镇初中并没有把她放在艺体生的备选范围内,是另一个同学介绍说,校内有个叫大白的同学美术基础不错,曾经代表镇初中获得美术竞赛奖项,对美术学习非常有兴趣,我们才让她来试试的。记得当时一个简单的美术测试后,学校的美术科组长对她的画感赞赏有加,劝说她到实验中学学美术,并且信誓旦旦给孩子承诺:"只要你到实验中学来,认真地跟我学习美术,我保证你能够考上本科大学。"

或许是孩子确实非常喜欢美术,又或许是美术老师的承诺让孩子动了心,大白到了实验中学美术特长班就读。要知道当时的实验中学不比现在,因为生源质量问题,高考成绩一直在本地范围内垫底,不被社会认可,很多家长并不愿意孩子到实验中学读书。不少孩子即便考不上重点中学被分到实验中学,也托关系找路子转学出去。我想,大白能够到实验中学安心读美术,除了中考成绩没有达到重点中学分数线外,还真有点在美术高考道路上走出自己风采的决心。

到了我的美术特长班后,大白学习努力勤奋,美术天赋突出,一直都是班级里优秀学生的典范,成绩长期位于班级的前十名,还是班上的学习委员。在老师的心目中她就是妥妥的本科对象。另外,大白的家庭是在广州从事美术高考培训的,每逢假期,大白都能从家庭方面获得不少专业上的辅导,优越的专业培训资源也让她的术科成绩成为班上最优秀的。

如预期所料,在高三的美术术科联考中,大白的分数是班上最高的,238 分的美术总分超过了往年的重点大学美术分数线,这样的成绩不仅让所有人对大白的本科目标放下心来,甚至对她考上重点大学都寄予了厚望。然而,事情却在术科成绩出来后发生了变故。大白的家长对学校的文化课教学缺乏信心,认为学校历年来高考成绩都不理想,很有可能在文化课成绩上达不到预想的结果,坚持让大白到校外参加文化培训。作为班主任,我当然希望大白能够在学校完成文化课的备考,毕竟学校的文化课老师教了大白三年,对于大白的学习非常了解;毕竟大白在学校学习三年,对学校的学习环境非常适应;毕竟学校重视大白已经取得的成绩,会在各方面关注重视大白。然而家长固化的意识是难以改变的,即便我苦口婆心地一再劝说,再三向家长分析利弊,家长仍旧对学校的教学成绩抱有偏见,坚持让孩子到校外培训。虽然我并不认可家长的选择,却也颇为无奈,只能上报年级后同意了家长的申请,同时心里也抱有一丝侥幸,也许大白在外培训真的能获得更好的备考资源,能够再提高一点成绩,再不济也不至于过不了本科线吧,毕竟大白的文化课基础在班级里是名列前茅的。

  高三冲刺阶段,大白不在身边备考,作为班主任的我心里总有几分放心不下,隔三岔五地我就微信联系大白,询问孩子在外的学习状态。尤其是历次模拟考后,我都主动过问大白的考试成绩,跟踪孩子的备考过程,安抚孩子的备考情绪。据了解,大白离校后先是在文化培训机构备考了一段时间,感到不适应,家人又托关系转入临市一所以艺术为主的重点高中借读,几度辗转,颇为曲折。大白是努力的,一直在尽力调整自己的学习状态以适应不同的学习环境。家长的出发点是好的,是为了让孩子去更好的环境就读,然而不断变化的学习环境给孩子带来的影响是巨大的,孩子需要适应不同的学习环境,适应不同老师的教学风格,适应不同地区的备考策略,以至于在一段不短的时间内,大白都没能静下心来,这就大大影响了她的学习效率。

  每次模拟考试后,我都专门向大白要来了她的成绩予以细致的分析,看着不温不火的成绩,对比留在学校里冲刺的同学们的进步,我的心中一阵担忧,但是言语上却不敢表现出来。人不在身边,我这个做班主任的只能是干着急,只能不断地鼓励和安慰大白,给予她拼搏的动力。高考前一天,大白回到学校准备参加高考,再次见到大白,我感受到了她的紧张,也感受到了她对再次变换环境的不适应,临门一脚的关键时刻,我不敢跟她多聊,只是简单地关心几句,抚慰一番。

  高考结束,意外来了。班上所有美术联考分数过了本科线的同学文化课都考过了本科线,就连班级里文化基础极差,一直位列班级倒数的孩子都考出了好成绩,唯独基础最好的大白考了278分,距离那年的本科线差2分。回来拿档案那天,同学们欢天喜地地回到班级做最后的道别,只有大白情绪低落,眼眶红红的,泪水直在眼眶里打转,看着让人心疼。没有过多的逗留,大白领取了该拿走的资料就逃避式地匆匆离开了学校,甚至都没有跟老师同学们正式道别。我知道这个时候即便留下她说什么都没有用,再多的安慰对她也只是进一步的伤害。我想这个时候只要稍有触动,大白就会彻底破防,只能让她自己消化,让时间磨去这次挫折。同学们私底下议论纷纷,这就是不相信学校,不相信班主任的结果。回头想来,我心里也是阵阵自责,当时如果我再坚决一点留下大白,如果再坚定一点阻止家长把她带出校门,如果当家长让我做出考上本科的保证时我能够再肯定一点,也许就不会有这样的结果了。

  第二年,大白选择了复读,似乎复读也没有考出理想的成绩,没有实现自己广州美术学院的梦想。于是第三年,她又复读了一次,终于考上了广东第二师范学院,一所公办的本科院校。其实大白一直具备考重点大学的实力,却总是因为各种原因,阴差阳错地没有考出理想成绩。大白离开学校后一直没有跟我这个班主任联系,我知道这是她心里的那一份倔强,那一份不甘在作祟。直至第三年考上了大学,拿到了录取通知书后,大白才回来探望我,跟我聊起了这两年曲折的经历,谈起了错失的遗憾。当回忆起第一次见面美术老师那句"只要你到实验中学来,认真地跟我学习美术,我保证你能够考上本科大学"的承诺,我俩都不禁一阵唏嘘,心疼不已。希望大白在未来的人生路上能走得更顺畅些吧。

感悟与反思

　　信任是成功的基石。大白的曲折很大程度上是家长对学校的不信任导致的。家长基于社会上的错误认识，没有听取学校老师的建议，主观武断地为孩子选择道路，最终给孩子的人生之路带来不少曲折坎坷，这怎能不让人唏嘘不已。如果大白留在学校学习，即便不能取得最优成绩考取重点大学，本科应该是没有问题的。只是在没有考试前谁也不敢向家长做出这样的保证，谁也无法确保结果。作为班主任，我无法向家长做出这样的保证，也不可能扛起这样的责任。

　　选择合适的比选择最好的更重要。实验中学确实不是当地最好的学校，甚至单纯从高考成绩上来看是最差的存在，但那是因为生源的问题，不是教育教学水平和师资力量的问题。然而，实验中学应该是最适合大白备考的地方，因为这里有她最熟悉的环境，最了解她的老师，最适合她拼搏的氛围。其实，人生又何尝不是如此，将来孩子还会遇到很多选择的机会，切不可贪慕好的条件，要理性判断，找到最适合自己的。

　　人生的路是自己走的，关键的时候要自己决定自己的命运。正如电影《哪吒》里的著名台词："我命由我不由天"。我相信大白自己也清楚留在学校应该是更好的选择，然而面对家长的武断，大白自己没能站出来表达自己的观点，把自己的命运交给了父母决定，这或许也是她高考路蜿蜒曲折的一个原因吧。

2023 年 6 月 2 日

豁达的翠婷

翠婷是满含着不甘的情绪离开班级的,因为户口的问题始终无法解决,又因为一直都没有办理暂住证和社保证明,这个广西女孩不得不在最后备考阶段离开班级,回广西参加高考。最让人感到痛心的是,虽然从高一开始我就不断提醒翠婷和家人要注意户籍和报考资格的问题,并且把借考的文件不止一次地发给翠婷妈妈,但她还是错过了。当几经波折明确无法在广东报考的时候,广西艺考的报考时间已经过了,翠婷不得已只能放弃了她心爱的美术,转考文化类。我在为翠婷感到遗憾的同时,也颇为埋怨翠婷家长的不上心。

纯真活泼的翠婷是所有科任老师眼中比较稳妥可以考上本科的对象生。翠婷的美术成绩一直位列班级前列,她对美术有着强烈的兴趣,美术天赋比较突出,还有着踏实勤奋的学习态度,一直深受美术老师赞赏。并且这孩子的文化成绩稳居班级中上层,虽有波动起伏,但是考过美术本科文化线是肯定没问题的。最让人放心的是,这个孩子对美术专业的学习有着强大的信心和坚定的信念。

记得高一暑假的时候,她是仅有的几个利用暑期到广州进行强化训练的,那个时候能在高一阶段就利用好假期到广州培训的孩子并不多。放假回来,我组织班级到户外的操场上开了个假期学习成果交流主题班会。大家围坐成圈,相互交流着假期学习的心得,除了几个到广州集训的同学,大多数同学是在家自学自练,也有部分在本地机构参训。轮到翠婷发言的时候,她详细讲述了自己在广州学习的感受,最后的一句话让我印象特别深刻:"既然选择了美术这条路,就算跪着我也要努力把它走完。"冲着这一份坚定,这一种决心,当时我就认定了这个孩子必能考上美术本科院校。

高三集训期间,我到机构探望,了解到翠婷的美术成绩长期稳定在机构中上游,在各次周考、月考、机构联考甚至大型模拟考中都稳居于本科线之上,甚至已经接近重点美院的分数线了。就在大家对她抱以期待的时候,广东省高考报考的通知下来了,作为班主任的我立即转达通知,组织大家报名。对于班级里的几个外省户籍的孩子,我早就有所关注,也早早给家长解释了高考报考要求,并且逐个询问过是否具备报考条件,催促不具备条件的赶紧想办法办理相关证明。其他的几个孩子问题还挺多,但在家长的努力下也都一一完善了报考资料。翠婷的母亲给我的答复一直都是没有问题的,这也就让我疏忽了。到了通知递交材料的时候,她的母亲才告知我办理不了,不可能在广东参加高考了。眼看报考时间就要到了,在我的一再催促下,孩子的家人才跑回老家去想办法帮孩子在广西报考,结果广西的艺考报考早已结束,已经快要举行考试了,于是翠婷只能转报了文化类。

从发现有问题到知晓结果,接近一个月的时间翠婷都处于极度的纠结困惑中,令人绝望的结果让翠婷近乎崩溃,那几天我不敢问她的情况,担心聊起此事会刺激到她,只是不断地与其家长沟通,从家长处了解孩子的心理状况,并让家长密切关注孩子的情绪。

不久,翠婷提早结束了广州的美术集训,回校来办理转学手续。我试探性地跟她聊起这个问题,安慰着神情失落的翠婷。我一边开着车带她跑东跑西办理转学的相关资料,一边关心着她转学过去的学校情况,安抚着她的情绪,鼓励她回到广西的学校好好拼搏。翠婷自然是情绪低落的,不过看来已经接受了这样一个无奈的事实,在交谈中虽然已经没有了纠结和埋怨,眼神中仍透着许多的不甘和遗憾,兴致不怎么高。为了缓和气氛,我一路跟她开着玩笑,逗她开心。

自从翠婷回广西备考后,我也常常通过微信关心她的情况,了解她是否适应得了新学校的学习,鼓励她努力学习,期待她在文化课方向能创造奇迹。但事实上这是非常难的,广西的教材与广东是不同的,高考的卷子也不同,再加上过去后只有两三个月的时间,孩子需要适应新的环境、新的老师,能跟得上已经非常不错了,更别说要考出超水平来。最终翠婷只考到了大专院校。

> **感悟与反思**
>
> 在人生道路上,每一个细节都可能会决定最后的结果,一个细微的疏忽就很有可能浪费所有的努力和付出。翠婷在为自己的理想拼搏的路上不可谓不努力,不可谓不坚定,但是因为家长在报考资格上的疏忽,让翠婷三年的努力、三年的付出付诸东流,委实让人遗憾唏嘘。
>
> 坦然面对挫折,豁达笑对未来。在翠婷的求学之路上,报考失败的打击可以说是毁灭性的。想来,这样的打击即便是落在我们成年人身上也是难以接受、无法释怀的。然而乐观豁达的翠婷没有怨天尤人,没有意志消沉,很快就在挫折中振作起来,从失落中平静下来,淡然面对命运的不公,宽容对待家人的疏忽给她带来的伤害,这一份坦然实在是难得。这样沉重的挫折都不能把她打倒,相信未来也没有什么困境能难倒翠婷了。
>
> 坚定的信念是成功的保证。翠婷的本科大学之路已结束,虽没有取得圆满的结果,但是高中三年的拼搏锻炼了她的意志,铸就了她的坚定信念,这也许会成为她一生中最宝贵的财富。有了这样坚韧不拔追求理想的信念和乐观豁达的心态,相信未来无论在什么岗位上从事什么样的工作,她都能够取得令人骄傲的成绩。
>
> 2023 年 6 月 8 日

在优越感中碰壁的滢滢

滢滢最终还是没能考到本科大学,回顾她的高中岁月,一直在迷失中艰难前行,她的落榜让人感到甚是遗憾。滢滢入学时是全年级的第一,因为爱好美术,成绩优异的她以中考高出重点中学几十分的分数毅然决然地选择来到我们这间以艺术教学见长的学校。刚到校那段时间,她都是学校和班级重视的对象。八月底的军训,她在班级里表现优异,被推选为学生代表在军训结营大会上发言。军训后,我把班长的重任交给她,寄希望于她能带领班级,管好班级的学风班风。

滢滢性格刚硬且自我,加上文化成绩基础比其他同学高出一个层次,在班级里始终有一种高高在上的姿态。与生俱来的傲睨自若和怒目戟指的管理风格惹得班上的同学颇为不满,班级的氛围逐渐变成了一种隐而不发的对立情绪,不少同学向我这个班主任反映问题。我也尝试与滢滢沟通,引导其团结同学,但效果微乎其微。但是要我无端端地换掉滢滢这个班长,又担心会打击她的积极性。更换班长需要一个契机,一个合适的理由。

不久,有同学向我反映,滢滢习惯在考试的时候用手机作弊,很多同学都曾经发现过这样的现象。听到这样的消息,我大吃一惊,要知道滢滢的基础是最好的,一直以来都保持在年级第一的位置,而且拉开别人一大截,说她其他问题我能够理解,如果说她考试作弊我真不太敢相信。于是,我开始留意她的举动,在期中考试的时候特意交代考场的监考老师多关注她的举动。果不其然,在一次期中考试中,滢滢携带手机作弊,被我和政教主任抓了个现行。询问过程中,我发现其实滢滢早已做完了试卷,只是用手机查阅对答案。这一点我倒是相信她,她也确实没必要作弊。在我看来滢滢作弊是一种心理问题,一种缺乏自信的表现。然而纪律就是纪律,携带手机进入考场查阅资料是事实,必须得严肃处理。年级组对滢滢的作弊行为按照规章制度予以了严肃批评,我也趁此机会把滢滢的班长撤了下来。

其实,把她撤下来对她是有好处的,一方面挫一挫她的傲气,避免她过于自大;另一方面她在班长的位置上太张扬,已经逐渐失去了同学们的信任和支持,继续下去可能会激发矛盾,让她下来也是对她的一种保护。当然,这对滢滢是一种打击,于是我从班长岗位和违纪处理的角度跟滢滢深入交谈了一次,做通孩子的思想工作,以免给孩子带来沉重的心理负担。

卸下班长的担子,滢滢很快就投入学习中,也改正了习惯对答案的缺点,文化课成绩仍能一直保持年级第一,而且是只能被追赶从未被超越的存在。然而,滢滢在文化课上的优越感让她在美术术科的学习上没有那么上心,美术的术科成绩一直不温不火。跟她沟通多次,自信心爆棚以至于有点自负的她总是对美术抱着一种学得了就学,学不了就转到文化班去的淡然心态,并没有在术科学习上拼尽全力去追赶。她也曾多次动过转到文化班去学习的念头,犹豫不决之中,恍恍惚惚地就混过了高中两年。

临近高三的时候,别的孩子在美术上都取得了较大的进步,滢滢一方面沉浸在文化成绩的成就感中,一方面又在美术术科的挫败感中挣扎,犹豫再三还是申请离开了美术班转到了文科重点班去。即便离开了我的班级,我也一直在关注滢滢的学习。高三阶段,滢滢虽说努力学习,成绩也保持在年级的前列,但是长期以来的优越感让她缺乏拼搏意识,在各次的模拟考中,其成绩都徘徊在本科线边缘。我心中不禁一阵担忧,估计这孩子很有可能会差一点上不了本科,就算上了也应该是勉强上线的。

果不其然,滢滢在高考中以极其微弱的分差落榜了。在毕业晚会上,滢滢回到我们班参加活动,虽说表面平静,但眼神中总能看出一点落寞和失望。最终滢滢以接近本科的分数被医学专科院校录取,虽说也是不错的去处,她自己也颇感满意,但是对我这个曾经的班主任来说,还是深感遗憾的。

感悟与反思

性格决定人生的发展。滢滢的自负、自我和独断骄傲其实并不仅仅在班级管理上有所体现,也体现在她学习生活中的方方面面,这种自我的性格决定了她在学习道路的选择上并不能听取别人的意见,更多是根据自己的主观感受去走,缺乏客观的判断。走错路也就在所难免了。

优越感对于孩子的成长非常不利。不管是经济上的优越感、生活上的优越感还是学习上的优越感,都会磨灭孩子的拼搏意识,让孩子在遇到困难的时候缺乏努力闯过去的决心。其实,滢滢的美术天分并不差,相信如果她在美术术科上全力拼搏也是可以过本科线的,加上她在美术生群体中突出的文化成绩,合计起来要考上一所本科院校还是很有希望的。但是她的文化课成绩过于优越,使她一直没能下定决心在美术的道路上闯出一片天地,在骄傲和自负的情绪下摇摆不定,最终在高考中没能发挥自己应有的水平。

人生最怕的就是犹豫不决。明确人生的方向并且坚定不移地向着目标努力,就一定能够取得成功,再不济也能拼出个"大器晚成"。但如果在方向选择上犹豫不决、游移不定,那就不可能取得理想的结果。滢滢在高中三年中,始终没能坚定自己的选择,没能找到自己的位置和努力方向,这就导致她始终没有下定决心全力拼搏,在徘徊踟蹰中浪费了大好的"先天优势",最后只能考取大专院校。

老师需要尽早帮助孩子做好生涯规划,明确奋斗方向。孩子从初中升入高中,对于未来的人生道路是迷茫的,老师有必要也有责任指导孩子做好人生规划,引导孩子明确自己的奋斗目标,避免孩子在犹豫不定中浪费时间。虽然在七八年前,生涯规划并没有被明确提出,也并没有被学校教育所重视,但作为班主任的我,迁就于滢滢的优异基础,没有坚定地帮助孩子做好生涯规划,没有引导孩子明确方向,也是有责任的。我想如果滢滢能有班上的另一个叫翠婷的女孩子那种"既然选择了美术这条路,就算跪着我也要把它走完"的决心,相信现在的她已经在美术专业领域里发光发亮了。

2023 年 6 月 5 日

自我放纵的小宇

对于小宇我哀其不幸、怒其不争，由衷地感到遗憾。小宇是那年仅有的两个考上重点中学分数线又毅然选择到我们学校的孩子之一。究其原因，无他，只因为对美术学习的热爱，因为我们的特长生招考让他看到了希望。小宇是四川的孩子，长得眉清目秀、相貌俊朗、脑子也灵活，被同学们视为洪水猛兽的数学大题，在他这是手拿把抓、信手拈来。但是这个家里的独苗就像个长不大的孩子，不懂得为未来拼搏，不理解家长的艰辛，高中三年始终没有磨砺出他吃苦耐劳的意志品质。

因为文化课基础较好，脑子也灵活，小宇在年级里的文化成绩一直名列前茅，长期在班里与滢滢竞争着第一的位置，两人也相互关注着对方的成绩，一有大考，两人就第一时间询问对方的成绩，对比纠结起来。相对来说小宇聪明机灵，理科思维更好；滢滢更踏实自律，文科成绩更优。两人各有长处，不分伯仲。回顾三年的高中学习，班级的文化成绩前十名中第三到第十名的人频频轮换，但第一第二名却长期被这两人占据，从未改变过。但是作为美术生，在需要勤奋苦练的美术专业上，小宇缺乏应有的勤恳踏实，没有吃苦训练的精神。小聪明不断的他总想着怎样走捷径完成训练作业，总想着怎样多偷懒少练习，这也导致了他的美术成绩总是徘徊在班级的中下游。

我曾多次跟小宇的父母沟通，寄希望于家校共育，改变孩子的学习态度问题。然而，父母的威信力在小宇面前几乎不起作用。从小成绩优异，又在父母呵护下长大的他根本意识不到术科学习的压力，体会不到父母的艰辛。据了解，小宇的家庭环境并不算优越，父母千里迢迢离开老家四川到广东打工，跟随产业转移的陶瓷厂来到本地，在一个较为偏远的镇里的厂房工作。父母的收入不高，但是工作强度却不小，三班倒的工作安排让父母不能经常陪伴小宇，小宇也在初中阶段养成了不太好的习惯，玩性太大。但是这孩子聪明，学习能力强，因此成绩还不错，家长也就没太在意孩子的学习习惯和学习态度，也因为成绩较好，小宇买手机更换手机的需求，家长也基本有求必应。慢慢地，小宇养成了玩手机上瘾的不良习惯。

高中在校阶段还好，班级有着良好的学风引领，还有严格的管理制度，以及我这个让他又敬又畏的班主任盯着，小宇还不敢过于放纵，只是周末常常通宵达旦地玩手机游戏，上课时间是断不敢放肆的。但是到了高三美术集训期间，他的问题就暴露无遗了。因为要到广州的机构去冲刺集训，机构的管理相对学校来说比较宽松，大多数孩子因为家里投入了一笔不菲的培训费用，感触于家人赚钱的不易，学习压力油然而生，都拼了命地训练。而小宇则不然，家人对他的溺爱，让他完全感受不到父母的艰辛，以至于家长说他不够勤奋，他还振振有词地反驳顶撞。没有了严格的班级管理和我这个严厉的班主任监督，小宇到了集训机构以后几乎放飞了自我，完全沉迷于手机游戏的精彩之中。

几次到美术机构探访慰问学生，我都从机构的管理老师处了解到小宇的学习态度有严重问题，经常性地迟到，即便到了画室，也是精神不振，还偶有发生旷课现象。不用问，肯定是手机游戏的问题。每一次到访我都把他单独抓出来，或批评训斥，要求他端正学习态度，改变不良学习习惯；或苦口婆心，引导他思虑父母的艰辛不易；或横向对比，拿其他同学的进步激发他奋力追赶的激情……用尽种种方法，但都收效甚微。或许是这孩子太聪明了，在我面前总是表现得态度诚恳，决心改过，一副浪子回头的坚定神情；又或许是他的手机游戏瘾太大了，连他自己都无法控制，加上缺乏严厉之人长期跟进监督，每次聊完后好不了几天又"旧病复发"回复原状，又陷入了自我放纵的泥潭。在近半年的术科集训期间，小宇是所有孩子中学习状态最差的，也是让我最为忧虑和担心的。

也许在最后阶段小宇是努力了，但是前期在美术学习上的懒散放纵还是让小宇遭受了重大挫折，他在当年的美术省联考中只考到了199分，距离美术的本科线差了6分，甚为遗憾。

回校学习后，我想方设法抓班级的学风，千方百计调动术科没有上线的孩子拼搏文化成绩，尤其是像小宇这样文化课基础较好的孩子，鼓励他们在文化课上拼一把。最后文化冲刺阶段的小宇是努力的，虽然不是班级里最拼的那几个，虽然没有每晚到自习室里"加班加点"，但是对比起从前，已经是巨大的进步了。

高考结束后，不甘失败的小宇选择了复读，最终考进了广东轻工职业技术学院。离校后小宇没有再回来过，我也偶尔在微信上跟他联系，关心他的现状，邀请他回校走走，但他似乎表现得比较羞愧，用他自己的话说，没混出个样子辜负了老师信任。其实，没有老师会只看班上的孩子能发展得多成功，正所谓"母不嫌子丑"，老师更看重的是孩子的成长、思想的成熟以及那份颇为不易的师生情谊。

感悟与反思

家庭教育不应只关注孩子的成绩，更应该注重孩子的思想状况。家庭是孩子成长的原生环境，在家庭这里，孩子会形成影响其一生的价值观、人生观和学习生活习惯，而这些是学校和老师难以纠正改变的。小宇的家长对小宇的教育不可谓不关注，对孩子的支持不可谓不多，但是对小宇成长关键期的思想引导和细节管理有所疏忽，虽说孩子不至于就此耽误了，但是小宇那么聪明的孩子，有着那么好的成绩基础，没能考上本科大学不能不说是一种遗憾。

自我约束力是成败的关键。小宇在校内和校外的学习状态完全不同，在校内，有良好的拼搏氛围，有严格的管理机制，有严厉的老师监管，他能够全情投入学习，控制自己的手机瘾。一到校外就放纵自我、迷失方向。这就明显是自我约束力不足的表现。其实很多时候孩子并非是非不分、不知好歹，相反小宇十分清楚沉迷手机游戏会给他带来什么样的后果,会有什么样的惨痛结局。但是他自我约束力不足,就是控制不住自己,最后丧失大好开局,浪费先天优势,甚是遗憾。

2023 年 6 月 6 日

残忍而又无奈的淘汰

2015年，我残忍地实施了一次"淘汰制度"，阿烽是淘汰机制的唯一"受害者"。阿烽并不是一个调皮捣蛋的孩子，来自农村的他憨厚老实、相貌俊朗，壮实的身材加上一米七几的身高让他在班级里显得尤为高大伟岸。一入学，我就看中了这个孩子，他不但在形象上比较出众，而且美术成绩在班级里也是比较优秀的，因此，在刚成立班级任命班干的时候，我让他担任了班级体育委员。这样一个各方面都看起来非常不错的孩子却有个致命弱项：文化课成绩。阿烽是以美术特长生的身份被招收入学的，美术方面有着较好的天赋，但文化课成绩非常薄弱，在班级里持续保持着垫底的位置。阿烽被我转出了特长班，实属无奈。

2015年9月，已是学校中层行政的我之所以还去担任美术特长班班主任，其重要使命就是要打造一个优秀的班级，以实现学校本科上线人数的突破。当时，学校正处于最困难、最尴尬的发展阶段。因为生源问题，学校近些年的高考成绩非常不理想，学校的学风不好，学生的违纪情况比较严重，还时有打架斗殴的现象，在社会上的口碑声誉急剧下降。据说学校还曾被提上人大会议讨论，要取消高中办学资格，改办初中。尤其是在2015年高考中，学校只考了8个本科生，这样的成绩直接威胁到了学校的生存。虽然说根据生源入口情况，教育局计算出我校的本科任务仅为0.1，转换成为人头数就是1个，而我们的8个本科从数字上看，已经超额完成了任务，但是当这样的本科人数向社会公布后，却遭到了广泛的讥讽，"实现上线800%"的成绩成了兄弟学校茶余饭后嘲笑的对象。作为学校的一分子，每一个实中人都难免心中有些愤愤不平。在那个艰难的日子里，每逢外出学习跟外地学校交流的过程中，被问及高考成绩，问及有多少重本、多少本科，我们总是支支吾吾、深感羞愧、避而不答。也时常在不同的场合听到群众议论我们实验中学，称之为"垃圾学校"，不要让孩子到这里读书。甚至我们主动作为，积极到乡镇初中招收美术特长生，也会频频遭遇白眼，跟乡镇初中的班主任交流，希望他们向学生客观地介绍我们学校，他们回到班级就跟孩子们说"不要报考实中，实中不用考都能去读"。更为甚者有老师打车时，当司机知晓乘客是实中的老师时，直接把老师驱赶下车，说是看不起实中老师……那些年，类似的偏见和屈辱把实中人压得抬不起头、喘不过气来。

我们总结了高考没有考出理想成绩的最大原因就是艺术生的文化课成绩偏低，一批术科上线的孩子因为文化成绩上不了线而遗憾错过了本科大学。据统计，2015年前我校美术生通过美术省统考本科线的比例有60%，但这60%闯过了美术术科鸿沟的学生又有近半数倒在了文化课这一关，最终上线率只有三成。而2015年这一年更是再创新低，

3个班130多个美术生,只有3个孩子最终考上了本科大学,降到了历史最低谷。

担任这个美术特长班的班主任,我是带着强烈的使命感,憋着一口气上任的,也把这样的使命感和责任感传导到了这个班级的孩子们身上,对这个班的孩子要求尤为严格。尤其在文化课成绩上,刚成立班级的时候,我就制定了"淘汰机制",连续三次大考都在班级倒数第一的人要"踢出"班级。这样的机制公布后,虽说引起了孩子们一定程度的重视,但是并没有太多调动起他们的紧迫感。也许是美术生对于美术专业的"先天性偏爱"制约了他们对文化学习的投入;也许是孩子们笃定我这个班主任只是"吓吓人",肯定不敢从仅有的28个"特长生宝贝"中"踢人"出去;也许是他们确实在文化学习上提不起多大的兴趣。反正孩子们在文化课的成绩上没有取得多大的突破,尤其排在班级最后的那几个同学,始终没有什么改变。

高一第二学期期中考试前,我下定决心要改变同学们轻视文化课学习的现状,再一次明确细化了"淘汰机制",还专门把成绩靠后的几个同学一个个拉出来做思想工作,提醒警告一番,并在学习方法和学习态度上予以指导,尤其是已经在高一上学期两次排名垫底的阿烽。然而,我的警告和指导在阿烽身上并没有起到太大的作用,这次的期中考试阿烽再次稳定地保持着他倒数第一的位置。看着手上的成绩单,我犹豫起来。一方面,阿烽的美术天赋确实不错,正常来说考过美术本科不成问题,放弃了实在可惜,何况作为班干他的工作还是比较出色的,也没有什么违纪现象,"踢出去"显得有点不近人情;另一方面,如果一而再再而三的提醒警告之后没有实际行动,对于班主任的"威信力"是一个重大的打击,何况班级的文化学习氛围确实有待提高,不来个"杀鸡儆猴",给这群家伙一点颜色看看,他们是真不知道怕的。再说,到了第二学期,陆续转入特长班好几个同学,人数上也不至于太难看。辗转反侧、徘徊纠结了好几天,我下定了决心:"舍不得孩子套不到狼",如果牺牲一个阿烽能够换来整个班级的学风进步,是值得的。另外,我也寄希望于这样的一次"切肤之痛"能够真正唤醒阿烽学习文化课的动力,彻底扭转阿烽对待文化课的学习态度。即便阿烽对我有暂时的不理解,有所怨恨,也必须落实。那些怨恨和不解就让我独自承受吧。

作为年级的行政人员、备考组的一员,我在年级里还是有一定话语权的,更何况这个班承载着不同寻常的使命感,在征求了校领导的意见后,我果断地把阿烽转到了隔壁的普通美术班。阿烽对班级是有感情的,面对阿烽的求情和保证,我也有很沉重的不忍,但是为了班级的整体学风,也只能忍痛割爱。我安抚着阿烽的情绪,并且鼓励他期末考试再考回来。阿烽在我坚决的态度下,只能无奈地搬到了隔壁班级,离去的眼神中带着对班级的不舍、无限的失望和一丝怨恨。对我来说,阿烽的离去何尝不是一种负担?要知道阿烽可是我亲自去镇里招考回来的,我跟阿烽的关系一直不错,感情也很深。

这一次的"杀鸡儆猴"在班级里反响巨大。作为班级的得力干将又是与班主任关系最好的阿烽都被"踢"了出去,其他的孩子哪还有人敢不用心学习文化课呢?班级的学风在这样的严打措施下有了翻天覆地的变化,我在班级学风建设上彻底做到了令行禁止,班上的孩子们会在晚修后打着手电筒学习,会在早读、晚修提前20分钟齐刷刷地回到教室学习,会表现得比高三冲刺的师兄师姐们更加勤奋、更加拼命。在这样的学习风气下,班级的整体文化课成绩大幅提高,从高一下学期的期末考试开始,班级的总分平均分长期保持年级第一,各科成绩都在年级名列前茅,打破了以往艺术班文化课成绩远落后于文化班的常态,开创了艺术班文化成绩突出的先例。然而,同学们大幅提高的文化成绩也彻底断绝了阿烽的回归之路。离开班级后,阿烽也甚少跟我沟通联系,感情也自然而然地淡化了。

班级的成绩整体性地提高后,淘汰机制也就再也没有实施过,阿烽成了淘汰机制唯一的"受害者"。高三美术高考,阿烽凭借着美术方面的良好天赋和勤奋训练,在普通美术班里也顺理成章地过了本科线。因为3班的学习风气浓厚、学习氛围好,在高三最后冲刺阶段,年级征求孩子们的意见是否愿意到我们班来学习文化课,与阿烽同在普通美术班考过本科线的好几位同学都主动搬进了我们班教室,最后拼一把,荣孙、桂伦、阿洛等几个孩子就是那时进入班级的,但是阿烽却没有回来,看得出他的心里始终过不了那道"坎",始终对于我这个原班主任心怀怨言。

在2018年的高考中,学校高考成绩实现了巨大飞跃,考出了31个本科,历史上第一次超越了兄弟学校,这31个本科中3班就占了28个。阿烽最后还是因为文化课成绩的劣势,只考到了大专院校,到广东外语艺术职业学院学习设计。3班的成绩是优秀的,我这个班主任在颇感欣慰之余,也会时常对于淘汰机制的"受害者"阿烽有那么一丝愧疚。

感悟与反思

不放弃任何一个孩子是我从事教育的信条,然而在面对沉重的压力和所谓的"大局观念"影响下,我只能多次苦口婆心地提醒警告,我有为提高学习风气营造残酷竞争氛围的无奈。尽管"为了更多的孩子"可以成为我很好的托词,但毕竟我没有坚守自己的底线原则,没有让我亲手招来的阿烽实现最好的出路,对此我多年来一直心有愧疚。

非常时期用非常手段。处极端的困难之中需要用非常规方式摆脱困境。回过头来看,阿烽是被"牺牲"的,然而在当时那个困境之下,实为无奈之举,也是必要之举。就班级当时的情况,不采取非常之法,用非常手段,班级就必然会沿着原有的固化路径发展下去,最终很有可能大多数同学要走回"术科能过,文化坑死"的老路。毕竟只有把班级的学风营造起来才有可能"挽救"更多的孩子,在发展大势面前,个人的感情只能放在班级的整体建设以及学校的发展大局之后了。

每一点变化,每一次改革,都需要牺牲和付出。改革必然会带来阵痛,但是只有创新改变才能赢得未来。实验中学自2018年后,就彻底改变了艺术类学生文化课难以上线的困局,往后的每一届艺术生,只要术科过线,文化课成绩的上线率都在80%以上。虽不能说我的经验和方法非常有效,事实上,淘汰机制也并没有普遍推广使用,然而这一届却实实在在地打破艺术生文化课成绩一定差的思维定式,无论艺术班文化老师,还是艺术生们都有了文化课不甘落后的斗志,这一种思想认识的转变非常重要。其对于实验中学艺术生的意义来说可类比抗战时的"平型关大捷"打破了日军不可战胜的神话和解放战争时的"孟良崮战役"歼灭蒋军美械王牌74师带来的精神动力。

2023年6月7日

阳阳曲折的高考路

阳阳能够顺利参加高考，考上本科大学属实不易。孩子参加高考前至少经历了四次波折，多次陷入困境。其中除了家庭经济困难，难以支持孩子的专业学习外，还有更难以处理的户籍问题。

阳阳是个文静的女孩，圆圆的脸蛋总是配着淡淡的微笑，很是听话懂事。孩子的学习态度非常端正，勤奋刻苦，在美术学习上有着较高的天赋，无论文化课成绩还是美术成绩都一直是班级的榜样，也是美术老师最看好的孩子之一。这样乖巧又努力的孩子，作为班主任的我，是真心希望她能实现自己的美术梦想。

高二时我就十分关注班级里外省籍孩子的户籍问题，每一个都做了认真的沟通，让家长明晰高考报考的政策。在了解到阳阳家庭户籍的问题后，我与家长做了深入的交流。作为四川籍的孩子，随父母到广东来读书，阳阳的学籍户籍问题一直困扰着孩子的高考备考。据说，阳阳的两个姐姐也是因为这样的原因不能留在广东，被迫在高三阶段回到四川参加高考，最终只能考取大专院校。两个姐姐在重点中学学习，成绩非常优异，按成绩来看考上本科院校是有很大概率的，难道这样的"悲剧"又要在阳阳身上上演吗？

阳阳的家庭经济情况非常不好，父母从四川到广东打工，还不是在什么企业工厂内工作，只是在乡镇下面的山地农场里帮人种植果树，做的都是一些零散的工作。孩子父母这样的工作情况根本不可能有三年的社保，没有正式单位的证明也很难办理近三年的暂住证，因此孩子通过借考的方式留在广东参加高考几乎是不可能的。我只能换一个思路，尝试说服家长在镇里买房子，然后转入孩子的户口，以本地户籍考生的方式给孩子谋得参加高考的机会。但是这个家庭孩子多，阳阳还有一个可可、两个姐姐和一个弟弟，孩子们学习的开支不小，让年迈的家长不堪重负。两个姐姐读书不错，先后以优异成绩考进重点中学，但都是因为学籍户籍的问题，不得不放弃考取本科的希望，回到老家读大专，哥哥已经放弃学业，开始工作了，弟弟的成绩一般。

这些艰难的家庭情况并不是阳阳自己跟我说的，性格内敛的孩子并不愿意跟老师多说家里的困难。我把家长邀请到学校来了解情况，认真劝说家长给予孩子学习支持的时候，才从一身农民打扮的家长口中了解到这些情况。与家长的交谈中，我详细给孩子爸妈介绍了阳阳的学习情况，从阳阳现在的学习状况看，考上本科院校，改变人生命运甚至是家庭命运的机会是很大的。显然，家长被我说动了，而且心里也是十分支持孩子的学习的。当时正好是房地产行业起势的时候，于是我又从家庭投资角度引导家长，在相对便宜的乡镇购置一个小户型房产，投入首付，贷款供楼，花费的钱财不算多。如果压力大的话，大不了在孩子考完大学后把房子卖出去,在近年来房地产市场比较紧俏的情况下,相信肯定不会亏钱,还有可能赚一笔,这不失为一个较好的解决办法。

孩子的家长显然被我的建议打动了,回去后没多久就着手去谋划,并且赶在高三之前把房子问题解决了,同时开始办理转户口的事宜。其实,做出这样的建议于我来说是不应该的。毕竟仅仅作为老师,作为这个家庭的外人,给予影响整个家庭发展的建议有点越俎代庖之嫌,更何况我也并不能确保阳阳最后能取得成功,如果后面再出现一点什么意外,最后失败了,我是没法给孩子给家长交代的。

事实上,困难很快就接踵而来。进入高三阶段,大多数班级里的孩子在家长的支持下外出集训,阳阳却因为家庭经济困难一直没有定论,作为班主任的我不禁替孩子着急起来,这个品学兼优的孩子如果不参加外出集训提升美术成绩,考本科就是镜花水月了,更何况,在我的建议下孩子的父母赔上了所有积蓄购置房产,要是在学习上出问题,我将一辈子都过意不去。但家庭面临的现实困难也确实让家长感到为难。

为了这个问题,孩子的家长又一次到了学校向我求助。我详细给孩子家长介绍了外出集训的必要性,并且承诺给予孩子最大的帮助,当然,家长的支持肯定还是最重要的。孩子的家长说要回去好好商量一下。送孩子爸妈离开的时候,我看到孩子的家长驾驶着农用三轮车顶着烈日远去,心中一阵感慨,对比家境情况良好,家长开着小车到学校来的同学,我更愿意帮助这个穷苦人家的孩子,帮助这个颇不容易又十分支持孩子学习的家庭。

随后,我联系了相对熟悉的美术培训机构,拉下自己的这张老脸,低声下气地恳求对方能够给阳阳减免学费,言语间把阳阳的美术天赋和基础吹得天花乱坠,好说歹说终于赢得对方的松口。机构方面答应给机会看看孩子的底子怎么样,如果真的非常好,可以给予优惠。我赶紧把相关情况跟家长沟通,赢得家长的支持。同时阳阳也是很争气的,她在画画上的表现得到了机构老师的认可,最后机构象征性地收取了一点费用,留下了孩子。孩子在机构的学习非常努力,我每次去探视的时候,机构的老师都对阳阳的表现大加赞赏,同时孩子的成绩也非常给我这个班主任长脸,几次模拟考试都能在重点分数线以上,这也让我颇感欣慰。

正当我为阳阳的未来感到欣喜之际,孩子的父母在办理户口的过程中又遇到了困难。家长多次奔波回老家为孩子转出户口,好不容易完成了转出手续,但是在转入的时候又出现了问题。家长是以阳阳的名字买下的房产,但是本地派出所户籍办理机构以孩子不满18周岁为由,不允许孩子落户本地。这确实是家长的疏忽,如果最初是以家长自己的名义买房,然后把孩子转过来入户是顺理成章的,但是家长没有注意到这一政策,结果落户的事被拖了下来。

了解情况后,我赶紧就这个问题东奔西走,多方求教,甚至自己掏钱请相关专业人士吃饭,进一步了解政策方向。那时候,真感觉自己就是病急乱投医,逮着公务员的朋友就请教这个问题。现在想来自己都觉得好笑,当时就有朋友笑话我:"这是你什么人呀?又不是自己的孩子,感觉你比她老爸都紧张。"皇天不负有心人,在一次偶然的机会,一个朋友向我透露国家刚刚出台了新政策,类似情况可以落户了。我欣喜异常,仿佛在绝望中看到了胜利的曙光,赶紧从相关官网上查到文件,转给孩子的家长,让他们拿着这份文件去镇里的公安机关咨询办理入户。

然而事情仍然无法解决,当地的派出所户籍部门以还没收到上级下发文件为由拒绝办理,要收到上级下发文件后才能执行文件精神。国家在官网上公布文件虽然已经有一段时间了,但是要等各级政府层层下发落实需要时间,然而当时已临近高考报名,这事再拖下去肯定赶不上了。家长面对相关部门也是手足无措,言语中尽是无可奈何之感和不满之情。

时间紧迫呀!一方面,我赶紧动用自己的资源从学校渠道向上级反映,帮孩子争取,另一方面指引孩子家长把情况反映到教育主管部门以及政府的信访办,通过正规的投诉渠道努力争取。家长的投诉收到了明显的效果,毕竟高考是大事,如果国家有明确的文件指引,却不作为耽误了孩子的高考,这个责任谁也担当不起。在多方努力之下,孩子的户籍问题终于在限期内完美地解决了。

这一系列的波折,我不知阳阳自己知不知道,我是从来没有跟孩子说过其中的艰辛,担心影响了孩子的备考情绪,但是孩子应该能从生活的蛛丝马迹中感觉到。事情完美结束后,孩子的父母从山里来到学校,给我带来了自己看管的果园里产的橘子,同时从口袋里颤颤巍巍地拿出了一个皱巴巴的装有200元的小红包,塞到我手里。

我拒绝道:"橘子我可以收下,心意也领了,但是钱我是万万不会收的,你们也不容易,留下来给孩子买点好吃的吧。"

但是孩子的家长说什么都不肯拿回去,很快地就逃也似地离开了。细想来,在大庭广众下,拿着红包推来推去甚是不好,我也就没有追上阳阳的爸妈。回到学校,我就把阳阳叫到办公室,把红包给了孩子,告诉孩子这200元是孩子爸妈给她的,拿去买点牛奶补一下身体,父母实在不易,让她好好学习,努力拼搏本科,报答父母。孩子应该是知道这个红包的,满含着泪水接了过去,虽然没有慷慨激昂的保证,但是从孩子坚定的眼神中,看得出孩子绝对不会辜负我的一片苦心。事后,我发信息告知家长红包已经转给孩子了,家长又是一阵感激的表达。

经历了那么多的波折,阳阳终于顺利走上了高考的考场。在高考中,孩子正常发挥,以美术219分,文化322分的成绩顺利考过了美术类的本科线。阳阳顺利考上本科,有了好的结果,我也可以释怀了,其中的压力真的是难以言表。

感悟与反思

孩子的成功需要家长的全力支持。尤其是在困难家庭的孩子,只有家长的全力支持,才有可能走出黑暗的困境,走向光明的未来,才有可能改变整个家庭的发展轨迹。阳阳的高考之路如此波折,如果没有家长的孤注一掷,没有家长不遗余力的支持,作为老师的我再有心帮助她也只能是有心无力。同样,阳阳成功考上本科,走上通过读书改变命运的康庄大道,将来就可能通过努力工作,改变整个家庭的生活困境。

家校合作的基础是信任。作为班主任,必须全心全意为孩子着想,赢得家长的信任和配合。其实,当时的我也是太过年轻,胆子太大,敢于在阳阳的事情上给出如此建议,敢于背负沉重的压力负担,现在想来都有点后怕。然而,也正是因为我全心为孩子的心意才能得到家长的绝对信任,才能彻底改变阳阳的人生轨迹。这中间,家长和老师之间哪怕少一点信任,多一点犹豫,都很有可能耽误了阳阳的前途。回过头来看,如果早两年能够采用这样的方式处理,也许阳阳的两个姐姐也能够赢得更好的未来。

2023 年 6 月 13 日

静怡的"胃病"

静怡是我 2018 届美术班的学生。刚带她的时候，一眼望去，这孩子个子挺高，瘦瘦的，人如其名，文文静静的样子。她喜欢穿着宽大的校服，仿佛要把自己包裹在宽大的衣服之内，眼圈昏暗，总是一副休息不够的样子。

这孩子经常向我请假，理由是胃痛。刚开始我根据学校的要求像对待正常病假学生一样，向家长求证，征得家长同意后给孩子批假条，让她去看病。可是时间长了，我发现不对劲，怎么总是胃疼请病假呢？于是在身体方面给予了她更多的关心和关注，关心她的胃病情况，询问病情病因，并且多次与家长详谈沟通孩子的身体问题。

然而，让人感到奇怪的是，经过深谈，孩子的家长对静怡的胃疼颇不以为然，甚至表现得有些厌烦。原来，孩子从小到大都说自己胃疼，胃不舒服，但是家长带着孩子跑遍了市里的各大医院，做了无数检查，结果都显示孩子的胃没有大问题。而且据家长反映，孩子请假看病回家后精神状态各方面都没问题，跟弟弟打游戏看电视什么的没有表现出不舒服的状态，于是家长怀疑孩子是装病不想上学，对孩子胃疼的表述也不太信任了。了解到这些情况后，我也开始关注孩子这方面的表现。可是，每次孩子来请假都是捂着上腹，一脸痛苦的样子，不像是装的，我也深感困惑。

终于在一次与静怡的沟通中我发现孩子对于家长对待弟弟和她的态度上有看法，觉得家长对其不够重视，不够关心，更加偏心于弟弟，自己在家里是边缘人员，是被忽略的。但是我发现事实也并非如静怡说得那般不堪，孩子的家长还是很重视很爱护静怡的，比如高二的一次外出游学活动，我们邀请家长参加，静怡的妈妈是主动报名的，并且是班级仅有的参加活动的 3 名家长中的一员，当时班级里很多同学对于静怡妈妈的到来和关爱表示了羡慕。

此时我开始意识到孩子可能存在心理问题，但是 2015 年的时候，整个社会对于心理问题的认识不够，对于学生心理的重视度不足，更主要的是我对有心理问题学生的处理缺乏经验，没有足够的了解和认识，因此没有及时处理。

直到孩子高二的时候，胃疼请假的现象愈发频繁，我才意识到问题比较严重，那段时间我多次与家长沟通，由于自己缺乏相关的经验和专业知识，不敢确定孩子心理是否有问题，只能含蓄地表明我对孩子心理存在问题的疑虑，建议家长带孩子做心理问题的检查和诊断。但是家长对于孩子心理上的问题更加缺乏认识，对于我的担心和建议经常是敷衍了事，对于我提出的带孩子看心理医生的要求也是漠然处之，常常是嘴上答应，帮孩子请了假，回去也没有带孩子检查。拖了近半年，家长带孩子去心理医生处检查，才发现孩子已有重度抑郁，胃疼反应有可能是心理问题的一种应激表现。即便如此，家长还是没有意识到问题的严重性，仅仅是停留在"知道"这个层面，没有积极处理和缓解孩子的压力，还会偶尔因为孩子的请假影响了他们的工作，增加了麻烦，埋怨孩子甚至跟孩子产生言语冲突和争吵。

进入高三，孩子的学习压力逐渐加大，尤其是美术生，高三第一学期要离家外出集训。在广州学习的过程中，我们多次到培训机构探访，发现静怡的问题更加严重了，基本每周都要请假去看胃病。身处他乡，孩子不敢一个人外出看病，经常叫上同行的几个同学陪着她去，拉下的课也就多了。同行的三个同学开始还乐意陪同，次数多了，也拖累了他们的学习，渐渐地也表现出不情愿的态度来，在我们去探访的时候也有了一些埋怨。出于对孩子安全的考虑，我只能做好其他几个孩子的思想工作，要求舒宁、美仪他们几个多多照顾静怡。孩子们还是很听话的，确实非常关注照顾静怡，但也确实在一定程度上影响了他们的学习。

在这样的情况下，静怡的美术高考也就理所当然地没有考上本科线，孩子这时候心理压力更大了，到了高三下学期回校拼搏文化课的时候，她的心理问题更加严重了。好几次她一个人晚修的时候默默离开了教室，我只能发动孩子们在校园里到处找人，确保她的安全。看着她包裹在宽大校服中的身形越来越消瘦，脸上的黑影越来越深，我只能多找她谈心聊天，减轻她的学习压力，但是效果甚微。家长这时候才开始意识到问题的严重性，频频带孩子去做心理治疗。很明显为时已晚，孩子高三最后两个月的学习基本处于停滞状态，甚至停课了将近一个月的时间回家休养，学习成绩一落千丈，最后只能到民办专科读书。后来听同学们说，静怡在大专读书的过程中状态也不太好，似乎还休学了一段时间。

感悟与反思

静怡这个孩子的教育过程对于我来说是一个失败的案例，也是一次惨痛的教训。随着心理问题在社会中产生的影响越来越大，社会上对心理问题学生的关注度也在加大，学校越来越重视心理问题学生的教育和引导。虽说2015年的时候，学生的心理问题没有那么突出，容易让人忽视，但是从一个有多年教育教学经验的班主任角度，我经常会自我反省，如果我能早一点意识到心理问题，早一点让家长认识到问题的严重性，也许能够挽回这个孩子，最终可能有更好的结果。如果家长对于孩子能够再重视一点，不要误解孩子的胃疼表现，给孩子更多的体谅和关爱，也许孩子的病情就不会持续加重。

同样的情况在班级还有一个高三转入的叫小丽的学生，因为其家长是医生，而且家族曾有过病史，有过惨痛的教训，因此家长从发现问题开始就十分重视，一直在关怀孩子，带着孩子持续采取有效的治疗，学校老师和同学们也能多关注，配合好治疗引导。虽然小丽也曾经在高三冲刺阶段因为心理问题休学在家近一个月，但是最终她能够以良好的状态面对学习压力，考上了不错的本科院校。从这两个案例的对比来看，我认为心理问题不容忽视，早发现、早介入、早治疗是能够帮助孩子走出人生阴暗，笑对生活压力的。

作为身处教育第一线的班主任,我们不可能承担家长的责任,但是我们可以做到的是多关注班级孩子的异常现象,早发现孩子的心理问题,加强与家长的沟通,并且引起家长重视,引导家长找到正确的治疗方向。

2022 年 11 月 10 日

不踏实的阿燊

第一次见到阿燊是在2015年7月的新生接待会会场上。已经是学校中层行政的我当时并没有意识到这个孩子将成为我教的学生,因为那时候我还没有接到校长给我的任务——担任美术特长班的班主任,年级也还没有排出班级安排表和课程表,我只是正好分到了这个组,接待这个片区的新生入学注册。

阿燊给我的第一印象是脑子灵活、性格开朗、胆子挺大又不失调皮。在跟新学校新老师的第一次见面中就敢问东问西、玩笑打诨,言语间颇有点桀骜不驯的感觉,但是安排他做的一点小任务却也能很好地完成。当时我就跟旁边一起接待的老师交流:"这个孩子能力不错,但可能不太好管。"而事实上,这种性格特点鲜明的孩子对于我这种喜欢"刺头"的奇葩老师来说还挺合胃口的。

八月底,校长亲自与我沟通,以学校发展的需要和实中不甘落后的豪言激励我,我满怀斗志地接受了班主任的任命。这在当时的学校里是一个开创,我是第一个既担任中层行政又兼任班主任的,在繁重的行政工作和教学工作的基础上,再加上一个承载学校发展重任的创新性实验班级的班主任工作,这不仅仅是工作量和压力巨大的问题,还打破了行政人员不担任班主任的常规操作,引来了不少议论和闲言。这着实是一个艰巨而又富有挑战性的任务。

学生回校的那一天,站在班级讲台看下去,我第一眼就认出了阿燊。这个孩子在接待的时候就给我留下了比较深刻的印象,因而在组建临时班委的时候,我就想让他当临时副班长,考察一下他的能力。然而,还没有跟孩子们深入接触的我事实上并没有把人和名字完全对上号。当我故作威严看着阿燊所在的方向念出名字的时候,站起来的却是坐在他旁边的另外一个男孩子,当时我就意识到自己叫错人了,但是又不想让前面一段严厉而又激昂的讲话铺垫下来的威严打折扣,想想也就是个临时的任命,点错的孩子如果不适合,下次选举正式班干的时候再把他换回来就是了,也就将错就错了。事实上,这个阴差阳错的失误让阿燊在整个高中阶段都错失了班级管理的锻炼,而误打误撞当了副班长的孩子管理能力还不错,非常胜任副班长的职务,这个孩子也就一直在这个位子上没有下来了。毕业时,我向阿燊坦白了当时的这个失误,阿燊也颇感遗憾,至今已毕业多年,他对此还耿耿于怀,埋怨我没有给他当班长的机会。

活跃是阿燊的优点,但也是他最大的问题所在。在我近乎严酷的管理下,调皮捣蛋的他虽不至于有什么过分的违纪,但是迟到、偷懒抄作业、上课打瞌睡以及偷偷吸烟等小毛病不断,是班级里问题相对较多的"小麻烦"。同时,也因为静不下心来,他的成绩在班级里是比较差的,尤其是文化课基本上都是在班级里倒数的。

当然,这并不是说阿燊不是个好孩子,我不会仅以成绩和纪律表现来评价学生。相反,乐天和直爽的性格让我觉得阿燊是个很单纯可爱的孩子,只是性格比较浮躁,做事不够严谨,对自己要求不够严格,需要老师多关注、多提醒。在班级里,我给孩子们的印象大概是既严厉严格又幽默亲切的形象,在班级里公开场合我会严厉批评孩子们的不足,但是基本不会点名,给孩子留足面子,但是私下里我会把他们叫出来不留颜面地直接责骂,让他们清晰自己的问题。因此,孩子们对我是又敬又畏,又喜又惧。

这样的情绪在如阿燊这样调皮的孩子身上则表现得更为突出,因此我经常利用这样的情绪诱导他反省自己的问题。因为兼任行政工作,我的事务特别多,对班级的管理很难做到面面俱到,但想到阿燊这几个调皮孩子不能缺乏关注,又时时放心不下。于是我找了个课间有事没事地走到阿燊的桌前,带着点坏笑地盯了他两三分钟。阿燊见到我过来本就有点压力,又见我盯着他就不断躲避我的目光,嘴里慌乱地说着:"班主任看着我干啥?"

我嘴角继续保持着笑意,反问他:"你说我看看你干什么,这段时间你有什么问题你自己不清楚?"

他开始狡辩着:"我最近没干什么呀,很听话呀,没有迟到呀。"

我继续施压"诈"他:"不是这个,你继续想,我等着……"

慌乱之中,他不自觉地反省自己起来,支支吾吾地说了出来:"最近我上课没有睡觉啦,作业也交了,宿舍卫生也搞得不错呀,难道是昨天抽烟被你知道了?"

我心中一乐,你倒是自己坦白了,其实我哪有时间去抓你抓得那么细。但是脸上还是挂着故弄玄虚的表情:"你自己说出来就好,给你一次机会哈,自己注意点,再有下次你看我怎么收拾你!"然后志得意满地走开了,估计这小子在我身后被吓得不轻。这事传开后,班里的"调皮蛋"们在班上相互猜忌了一圈,又找不出是谁"告密",深感班主任的神通广大,还传言班主任可能在班里埋了很多"密探",啥都知道。自此以后的很长一段时间里,"调皮蛋"们都收敛了,基本没犯什么事,整个班级的班风也逐渐好了起来。我这个班主任也轻松了不少。

孩子们高二下学期的时候,班级的整体氛围已经非常不错了,已经全面掌控班级的我决定第三次重选班干,因为心里有底气,对班级有信心,这一次的班干选举我打算创新地搞一次"内阁制",即孩子们自荐上台演讲,全班投票选出班长、副班长和团支书,其他的班干由这三个核心班干自己商量任命。当我把这个消息放出去后,新的班委组建形式刺激了阿燊,居然第一个跑过来找我报名。我还真不知道这孩子是确有一颗当班长的心,还是看到这个制度下的班长"权力"比较大,挺好玩的。反正在正式的选举演讲时,他是第一个冲到台上的,激情澎湃地来了一番陈述,赢得了班上男孩子们尤其是那批捣蛋鬼们的欢呼喝彩。因为选举的岗位仅有三个,竞争对手也比较强大,最终阿燊以数票之差落选。没有选上班长的阿燊一脸沮丧地到我面前表达了好一阵遗憾之情,我也只能鼓励他继续努力,各方面都表现得更好一点,争取下一次的机会。

高三美术生要外出集训,缺乏了学校的严格管理和老师的紧盯关注,不少孩子学习状态上有一定的下滑,本就对自己要求不严格、做事不严谨的阿燊却在这个阶段有了改进。尽管算不上勤奋自觉,但也绝对不是最散漫的,最后的高考成绩也有了较大进步,最让人担忧的文化课成绩超过了美术类的本科线，但美术成绩仅194分，没能考上本科大学，被一所省外的大专录取。值得一提的是，这孩子读大学期间回来探望老师，聊起学业情况时，竟时有旷课情况，还征求我意见，是否从省外的那所大专院校想办法转回省内的大专，满脑子尽是小聪明，不踏实不严谨的性格特点表露无遗。时过多年，阿燊也已毕业进入社会，不知道孩子的性格有没有被社会这个大熔炉磨平洗净，只期待他能在社会的历练中改进自己不踏实的缺点。

感悟与反思

踏实求真是孩子学业成长的基本要求，没有踏实严谨的学习态度，就不会有扎实的基础，没有扎实的基础也就不可能在拔高上取得什么成效。阿燊的性格特点影响了他在学习上的成绩，尽管良好的班级风气和严格的班级管理能够稳住他不至于走偏，但要取得优异的成绩却实在困难。

老师对孩子的评价不可局限在班级的纪律管理和学业成绩上，每一个孩子都有自己的优点，老师尤其是班主任要懂得用"显微镜"的心态去挖掘孩子的优点，看到孩子的亮点，从中找到引导孩子的方式方法。阿燊不好的性格特点和学习习惯是从小以来养成的，如果我们在高中教育阶段用既定的眼光去看待，这个孩子很可能还会往下滑，甚至于走歪走偏。虽然阿燊的案例算不上成功，但至少我们让这个孩子在高中阶段顺利成长起来。

班主任要善于利用班级每一个孩子的特点来帮助班级管理，我认为班级里没有任何一个孩子是多余的，每一个孩子都能为班级的建设做出贡献，关键就看班主任如何发挥利用。阿燊在班上算不上优秀生，在正面示范效应上很难起到积极的作用，但我利用他率直天真的性格特点，"诈"出他的问题，在班级里形成了无形而又巨大的"违纪压力"，也就影响和限制了一批"调皮鬼"，有利于形成良好的班级风气。

2024年1月27日

"粗人"小蕴

给小蕴这一个"粗人"的名号,其实我心里颇有点过意不去。从形象上来说,小蕴是一个五官标致、身材姣好、性格开朗的小女孩,跟"粗人"这个称号似乎格格不入,然而从做事细致认真的角度上来说,她的确配得上"粗人"一称。

小蕴是转学过来的。听说转进来的学生,班主任都不太情愿接受,因为那个时候学校的生源本就很差,每年都有不少同学想办法转到更好的学校去,能转到我们这里来的通常都是在别的学校出了问题的。第一次见面的时候,我感觉这个女孩很懂礼貌,又表现得斯文乖巧、谨小慎微,相比于印象中其他转过来的孩子来说,已是很不错了,我还是挺放心满意的,只是担心她能否尽快适应融入班级。没想到我的担心是多余的,初次见面表现出来的斯文谨慎也是假象,这孩子其实性格开朗大方得很,甚至可以用"粗犷"这个词来形容。进入班级不久她就跟大家混得熟络起来,其中还不乏一批"男闺蜜"。更令我惊讶的是,半个学期后,在学校的一次大型表演活动中,这孩子居然加入了学校的青年舞狮社,在舞狮社的表演节目上拿着锣镲卖力地表演着。记得当时看到这一幕我着实有点吃惊,一个新转学进来斯斯文文的女孩子居然加入了大多数是男孩子的舞狮社团,而且还真选上了节目,真有点超乎我的预期。我算是第一次认识到小蕴的"粗"了。

虽然贪玩好动,小蕴这个小女孩的成绩还是不错的。根据她上课的反应状态和较好的基础,我一直觉得她应该可以取得更好的成绩,可一看考试排名总不能让你满意,偶尔也有进入前十的优异表现,大多数时候总是徘徊在 20 名左右,也算是班级的中上游吧。究其原因,就是一个字"粗"。记得考完试,找她过来分析试卷做题情况,总是能从她口中听到:"这题粗心了!""这题应该得分的,大意了!"刚想跟她辅导一下错的题目,就会听到她说:"这道题我会,就是当时审题没看清楚。""我懂的,我以为题目是×××问的。"搞得我一脸黑线,禁不住用鄙夷的眼神盯着她,拿起试卷敲打她的小脑袋:"你个粗心鬼!"

小蕴的性格粗,但是做事的主动性可不差,点子也多。高二的时候,小蕴担任了班级的文娱委员,说实在的这个职位还真挺适合她的,活泼开朗、能搞气氛、组织能力也强,班级活动交给她再合适不过了。那一年我大胆尝试,准备利用周末带班级到广州美术学院去走走,给孩子们进入高三前树立明确的理想奋斗目标。在班级里提出这个想法后,我就把组织安排的任务交给了班干,小蕴作为文娱委员那可就是第一责任人了。

那时,小蕴才刚刚上任两周,动力满分但是经验不足。任务布置下去几天过后,小蕴就把自己构思的想法向我汇报了。我一听整个活动的安排还是挺有条理的,就是太粗,只有框架,很多细节没有考虑清楚。出于对孩子能力的培养,我没有直接指出其中的问题,让她再找班长、副班长等班干一起商量细化,细化后再跟我说。就这样来来回回折腾了她几次后,整个出行方案也就基本成型了。我再在他们方案的基础上引导他们细化内容,补充了一些具体要求和保障条件。

这一次的出行虽有些让人闹心的事情,但这与小蕴他们的组织无关,他们把班级的这次出行活动搞得非常完美。孩子们在广州美术学院里找到了奋斗目标,在美术展馆里学到了专业技能,在广东省博物院里领略了中华传统文化的魅力。而这些活动,无论是组织同学参加、邀请家长参与,还是经费收取、路线的规划都是以小蕴为首的孩子们自己完成的。最让我感到惊讶的是,他们包了一辆53座大巴车去广州东挪西走好几个点,从早到晚折腾了一天,包车费用居然只花了600元。要知道在车站里买票,到广州的车票也得50多元一个座了。53座的大巴车,学校往日包车就在本地送考,一天也得要每辆千元以上,更何况是到广州这么远的距离。我掂量着这样的价格我是肯定办不下来的。小蕴告诉我,他们动用不少家长的资源,多方对比压价,跟老板撒娇卖惨才谈下来的价格。这可为班费省了不少。

小蕴最"粗"的表现是在高考放榜后。那一年因为美术高考改卷方式变革,改卷方式由原来的面批卷改为扫描电脑改卷,考生色彩科目的得分受到了一定的影响,孩子们普遍考得不理想,小蕴的美术总分仅有204分,达不到上一年210分的本科分数线。尽管大多数孩子本科梦想已经无望,但在我的鼓动和激励下,他们回校后却没有一个放松放弃,全都努力拼文化课。

也许是上天可怜这批努力的孩子,也许是美术考生整体都受到影响,最后在高考放榜的时候,高考的美术科分数线居然降了5分,班级里好几个孩子趁着这样的机会实现了自己的本科梦想。然而小蕴和另外两个女孩子就悲催了,距离分数线还差一分。孩子们回校来填报志愿的时候,我都不敢找她们三个女孩子聊,担心挑起她们的伤心事。谁知到了班上一看,小蕴在那乐呵呵的,跟这个嬉闹几下,跟那个畅聊几句,哪有什么抑郁难过的神态?

布置完报考工作,讲清楚报考要求,把毕业证、档案什么的都发完以后,看着小蕴还在那傻乐呵地研究报考哪本本科院校,我虽不忍心把冷酷的事实告诉她,但又担心她粗心报错了学校导致落榜,只好禁不住支支吾吾地提醒了她一句:"呃,那个小蕴,你是不是该研究一下专科那几页? 好像你美术差一分的哦。"

"啊,我差一分的吗? 我一直以为我刚刚到线了哦。"小蕴爆发出来的音量有点大,把班里同学们的眼光都吸引过来。

"就是,今天看她那么开心,我都不知道她高兴个啥,又担心她难过,都不敢明说提醒她。"小蕴最好的闺蜜,也是班上的老班长家仪在一旁搭腔。

"不会吧? 我又看错了!"小蕴哀叹了一句。

无奈的我在心里再次感叹,美术成绩出来都三四个月了,高考分数线放榜也30多个小时了,这家伙还没搞清楚自己的分数上线没有。这丫头的心真"粗"呀! 但这一次我可是不敢调侃她、批评她的,只能安慰了她几句,又交代家仪她们几个好闺蜜陪着她,怕她情绪上有太大变化。

几天后,孩子们到我家做客,小蕴也来了。我开始还担心这事对她打击太大不敢提起,后来发现担心是多余的。据同学们说小蕴也就小哭了一会,没多久就没事了,这几天大家都还拿这事给她开玩笑呢。我想"粗"人也有"粗"人的好,至少情绪上是容易调节回来的。

感悟与反思

　　世间的事情都是矛盾对立、辩证存在的。人性格上的最大缺点有时候就是最大的优点。小蕴的"粗"让她在学习上常常碰壁,常常没能取得理想的成绩,但是乐天粗犷的性格也让她很容易交到朋友,很容易适应新的环境,融入新的班级、加入新的团体,很容易从失利的阴影中走出来。相信她未来的人生也是阳光开朗的。

　　永远不要低估孩子的能力,只要放手让他们去做,你就会收获惊喜。小蕴他们组织的那次出行活动其实难度挺大。整个过程都由孩子们自己完成,这对于缺乏社会经验的高中生来说绝对是巨大的挑战。活动开始前我对他们能把活动搞成啥样,心里也是没底的,因此在他们组织的同时我也在密切关注,随时做好出手接管的心理准备,同时也预设好了备用方案。但孩子们实际操作下来却让我惊喜不已,他们不但顺利完成了任务,还大大降低了成本,整个过程可以称之为完美。这几年来,在跟其他班主任聊起组织学生外出活动这个话题时,小蕴他们组织的出行一直都是我骄傲炫耀的案例。

2024年1月27日

文俊的"特效药"

教师节这天，文俊在微信上从遥远的大学校园发来了祝福的短信："教师节快乐啊，今年不能回去看你了，我去了大学了，明天开学了，明年回去看你！"孩子的祝福短信让我回想起这个孩子的教育过程，实为曲折，实为不易，实为费尽脑筋！

文俊是个音乐生，也是音乐班里最麻烦的学生之一，作为科任老师，我已经无数次听过原班主任小琴老师的吐槽：有当面顶撞的，有谈恋爱的，有打电话到班主任家里骂老师的，有发脾气不上学的……班主任与家长沟通无数次，家人表示拿他没办法，在家里他是个没法管的孩子，爸妈一说就激烈顶撞，甚至上天台寻死觅活。在大家眼里，这就是个不敢管、不能管、不受管的"厉害"人物，没人收服得了他。这个孩子就是个脾气上来天王老子都不怕的狠角色，是个胆汁质气质的极端代表。

距离高考仅有 105 天时，我被临时调任了这个班的班主任。作为学校本科任务最重的班级，面临着高考的巨大压力，班里还有一大批调皮捣蛋、各种违纪都不少的孩子，确实让我头疼。而且我知道要教育好文俊这样的孩子，直接找他聊跟他谈心是没有用的，要等待着机遇，等待他犯错，再给他下点"特效药"。

没过多久，果然出事了，还是大事！一次月假后的周日晚修，文俊和他传言中的"女朋友"霖没有回学校。那天我准时回到班级，班上早早就坐满了人，为理想拼搏的孩子们早早就回到教室开始为自己的大学梦想奋斗，正在我倍感安慰的时候，突然发现空着两个位子。

"这两孩子迟到了吗？住得远也不能迟到呀。"我嘀咕着，盘算着在门口等着两人，狠狠地教育他们一回。

二十分钟过后，还没见回来，我觉得事情不简单了，开始打电话找人，却没法接通。接着又联系家长，家长说周六晚就出门说是回校了，今天已是周日了，我顿时觉得大事不妙，肯定出问题了，还是大问题。两人的电话一直都打不通，家长也找不到人，失联了。我脑中幻想着各种不好的情况，担心着各种不可预测的结果，一边着急地联系家长，一边向其他同学了解情况，忙活了一晚也没有什么效果。家长也是无助地四处打听，到处找寻。

终于在半夜时分，两人回家了。知道两人平安无事，我悬着的心终于放下了。

次日，霖率先回来了，我赶紧从霖这里了解情况，原来两人吵架了，闹分手。据说吵起来的时候文俊的暴躁脾气犯了，把手机摔地上砸坏了，而霖的手机在半天后也没电了，文俊甚至以生命威胁霖不得离开或是联系家人，因为担心文俊有不测，霖不敢离开，陪着他晃荡了两天才回家。我严厉批评了霖，并给予相应处罚后，开始谋划着怎么处理教育文俊这个"犟牛"了。

文俊的成绩不错,文化课成绩经常在班里名列前茅,音乐专业成绩第一,加上自身带着股傲气和偏激,一般的讲道理、说理想、谈高考的重要性、提早恋的危害性等方法,对于这个智商极高、久经批评考验的孩子来说是没有用的。常规的教育方式他已经习以为常,必须来点狠的,而且要是他认可的且出乎他意料之外的妙招才行。

再次见到文俊已是三天以后。在家人的反复劝说下,他才放下脾气回来上学。看到他回来,我没有立即批评他,没有长篇大论地跟他做思想教育,我知道教育这样的孩子机会只有一次,这一次不能"降服"他,会给班级最后的备考带来巨大的负面效应。不但这个孩子的未来可能毁了,就连霖以及班里其他同学的高考备考也会受到影响,必须谨慎。

把他叫来办公室的时候,他的脸上果然是一副"死猪不怕开水烫"的表情。我知道今天肯定不是教育的时机,于是我只是轻描淡写地问他:"心情平复了没有?可以回来学习了吗?"

得到肯定的答复后,我向他吐槽着我管理的难处:"你小子旷课三天,失踪五天,这可是严重的违纪,怎么处理?按照学校的规章制度,你可以被开除了,最少也得回家反省一个月。但是你小子又是班里的重点本科对象,把你弄走了对你考大学一点好处没有。这么大的问题不处理你嘛,我又无法服众,将来也没法带班了,我太难了!"

接下来我交了个任务给他:"咱俩关系还不错,你帮我个忙,想想怎么处罚你自己吧。"

这当然不是容易的事,既要严厉处罚,又不能影响高考备考,关键罚的还是他自己。他支支吾吾也说不出个所以然来,看着他进入了"圈套",我心里偷着乐,就把他打发走了。

第二天孩子乖乖地来找我,一本正经地给了我一系列的选项,看来这小子回去是真的认真考虑了这个处罚自己的问题,什么罚扫地、写检讨书、全班检讨、停课一个月……能想得到的处罚他都列举了一遍,一项比一项处罚得重,甚至连开除都咬着牙说出了口,但我都不满意,一一反驳:"罚扫地、写检讨书、全班检讨这些都太轻了,迟到、玩手机这样的问题都是这些处罚了,你这么大问题,说不过去呀。停课一个月,你高考就完了,对你没好处,对我也没啥好处,对班级对学校也没什么得益,不行!开除就更别提了,把你开除走了,我到哪里多找一个本科对象去完成指标任务?"这时候他已经被我"牵着鼻子"走了,颇有点猫捉老鼠的感觉。

最后文俊向我举双手投降了:"我想不出来了,你看着办吧,怎么罚我都认了!"

我面带着狡黠的笑容跟他说:"你说的哈,既然你想不出来,那我就出招啦,我可是帮你的忙哈,你可别怪我!不过事先得约法三章:"一是绝对服从处罚,二是不准发脾气,你要一摔门又失联我可找不到人,三是确保后面学习专注,拼高考。"他一一答应着,离开的时候满眼都是疑虑和担忧。

拿到了他甘心被我处罚的"尚方宝剑"就成功了一半。接下来的处罚必须出乎他的意料,而且要对班里的孩子起到强大的震慑作用,让其他调皮的孩子不敢越雷池半步。我首先联系了家长,探了探家长的教育态度,当我知道家长也清楚孩子的问题,但是苦于没有办法教育时,我给出了"杀手锏"——请家长来班级公开道歉。这是家长很难接受的,让家长来学校颁奖、介绍教育心得不难,让家长来学校私下跟学生谈心教育也可以做到,但是让家长来班里公开"出丑"道歉,确实没有人愿意来。

我足足花了三天时间跟他家长沟通,打电话、聊微信反复劝说。我告诉文俊爸爸孩子长期以来的毛病非"特效药"不可挽回,要抓住最后的教育机会改变孩子,刺激孩子变化,否则上了大学更没有了教育孩子的时间和空间。也许是我的诚心打动了家长,也许是我的苦口婆心让家长感动了,也许是家长也明白常规的教育方式无法改变孩子不管不顾、不体谅他人的性格,文俊爸爸终于下定决心,放下脸面为孩子付出一次,当这一剂"特效药"。

这天晚修,文俊爸爸如约来到班级门口。我上台严厉地批评了文俊旷课失联多日的违纪行为,宣布了处罚的决定后,把文俊爸爸邀请上台。家长的检讨只有寥寥的几句,但是每一句都透着诚恳和对孩子的失望,家长尴尬而且痛苦的表情,甚至泛着泪光的眼神打动着文俊,也打动着班级的每一个孩子。是的,每一个家长把孩子养大都不容易,每一个家长都把所有的希望放在了孩子身上。孩子们也许会在家里顶撞父母,厌烦父母的唠叨,反感父母的管束,但不会有任何一个孩子觉得给自己父母丢脸是光荣光彩的。

"特效药"不需要过多熬煮,也不需要过多附加,但是药效确实是不错的,对文俊的刺激是巨大的。事后,孩子告诉我他意识到自己应有的责任和担当,意识到自己不仅仅是自己,还是父母的孩子,是老师的学生,是学校的一员,自己的错误会给别人带来伤害。

接下来的日子里,文俊全心投入高考备考的学习中,再也没有违反过纪律,连最小的违纪——迟到都没有出现过,谈恋爱也彻底放在一边,把自己的情绪控制得很不错。六月的高考如约而至,孩子如愿过了本科线,虽然最后在报考环节他的倔强再次"犯病",硬是要报读华南师范学院,最终以微弱的差距没能被录取,但是孩子确实成长了,学会了顾及他人,学会了感恩。不久前,文俊微信约我,说是回来看看老师,可惜我在外出差,遗憾错过了。

感悟与反思

孔夫子几千年前就说过"因材施教"。每一个孩子都有他的缺点,为人师者不能拿着规章制度强硬处理。如果按照学校的规章处理,文俊这个严重违反纪律的孩子不但可能无法考上大学,还有可能激化他偏执的性格,以至于对其以后的人生造成更坏的影响。教育需要制度,需要机遇,更需要艺术。

2021 年 12 月 18 日

奇人灿栩

"老师,我考到了南昌理工学院的广播电视编导专业。"灿栩发微信给我说。我打心里高兴,灿栩这个孩子兜兜转转,三改选科,五换班级,能顺利考上本科院校也真是不容易。

灿栩是全本班的班长,也是我的语文课代表,是班上最自觉也最懂事、最能干的孩子,但这个孩子的本科之路却没有想象中的一帆风顺。这个孩子断断续续跟了我三年,真可谓缘分匪浅。为什么是断断续续的呢?高一入学,还没分科分班我教他语文。那时候我就觉得这孩子对传统文化有着很深厚的理解,文言文的积累比较丰厚。分科后,灿栩选择了舞蹈,而我恰好也分到音舞班任教语文。凭借着较好的语文功底,这个孩子顺理成章地成了我的语文课代表。孩子很能干,语文课相关的学习、检查、训练、带读基本一手挑起,根本不用老师操心。舞蹈专业课的训练他也很刻苦,在多次舞蹈表演中都登台亮相。本以为这个孩子能就此顺顺利利地从舞蹈这个专业考上大学,谁知道高二时,家里发生了一些变故,经济出现问题,无法承担孩子的专业训练费用,无奈之下灿栩只能退出舞蹈班,到了普通班学习。

没多久,学校在高二时着手组建传媒班。因为传媒专业是新兴领域,发动同学们报读传媒十分不易,需要老师反复动员,向家长们反复介绍,才勉强凑成班,而且学生是陆陆续续加入的。怀揣着极其强烈本科梦想的灿栩同学是第一批加入传媒班的学生。我又恰好被分到新组建的传媒班任教。于是乎,灿栩同学在离开我一个学期后又到了我的班级,在担任班长的同时仍旧担任着我的课代表。

传媒班的孩子都非常有个性。用不客气的话说,他们都是年级里"最渣"的孩子,不但学习成绩差,各方面表现都有问题。不少老师知道传媒班的组建后都倍感头疼,避之不及。灿栩当这个班长也是殊为不易,但他在班长的岗位上总是勤勤恳恳、踏踏实实。

之所以称灿栩为奇人,是有原因的。

一奇,奇在这个孩子古灵精怪,高一时就常常为同学们看手相,道玄机,用塔罗牌测未来。到了高二担任班长以后更为突出,几乎每天都有同学找他,他也一本正经,滔滔不绝地给别人解读,一时间名声在外,有时我好奇也会逗逗他"算得准不准?给我也测测?"他总是带着一丝尴尬又故弄玄虚的表情拒绝我。

这第二奇呢,奇在这个孩子的文言文天赋非常好。作为地区生源质量最差的学校,这里的孩子语文学习最怕的就是文言文,而灿栩同学不但阅读文言文毫无障碍,还能用文言文写作。高二我发现了他这个特点以后,鼓励他用文言文写作,专门针对他的写作特点予以指导。从此以后他一发不可收,基本上所有的作文都是文言文体裁,文章中引经据典不在话下,语感拿捏得恰到好处,好几次月考中连改卷老师都佩服得五体投地,记得他的好几篇文言作文都登上了学校校刊。要知道这校刊大多登载的都是学校的动态和老师撰写的心得,学生的作品能登上校刊实属不易。

这第三奇呢,奇在这孩子的综合素质非常高。平时其貌不扬,一副人畜无害的朴素老实样,但是一上台就像演讲家附体一样,气质立即显现。班会课上发言,如果老师不予以控制,一节课估计都不够他侃的,整个一大家风范,而且经常语出惊人,拿出来的案例典故层出不穷,引用名家名言脱口而出,从不重复。有时候在讲台上讲起来,那风范、那气质、那气度,我都感觉他才是老师,而我只是个受教的学生。

不过这孩子也有缺陷,那就是数学。文学功底和文化积累出类拔萃的他在数学方面显得是那么的"白痴",常常在模拟考中考出十几二十分,甚至是个位数的数学分数,让人头疼不已。

接手全本班班主任后,从舞蹈、音乐、体育和传媒班汇集而来的同学足有57人。各种不同专业特性、不同学习风格而且又性格特点突出的孩子们汇聚在一起,管理起来不可谓不难。我可是一个"懒惰"的班主任,喜欢把班级交给班干,放手让他们管理。在寻找助手的时候,首先想到的就是灿栩,甚至连整个班干队伍的组建都让灿栩来谋划组织。于是,灿栩又成了这个"传奇"全本班的班长。沉重的班级管理负担和高考备考压力无疑给孩子带来了不少困难,但是我交下去的任务,他总能按时按质地完成,把班级工作安排得井井有条。于是,在我接手的最后一个学期,短短的105天里,这个由杂牌军组成的,混乱不堪的班级总能成为学校文明班,每个月都没有错失,成为学校的传奇。这里面灿栩功不可没。

当我知道灿栩如愿考上了本科大学,心里一阵轻松,也一阵欣慰。孩子不容易,他配得起这个本科大学的录取通知书。同时孩子在这个班级里得到的锻炼也是绝对充分的,连这样的班级都能扛下来,管得好,将来还有什么队伍他带不起来?其实,孩子承担班级管理任务并不会影响学习。虽然处理的事务多了,但是身上承担的压力也会迫使他学会更合理地利用时间,更好地做起表率,更主动地谋划学习。祝福灿栩的大学求学之路顺利,更看好灿栩未来的人生路径!

感悟与反思

作为班主任不仅仅需要管好学生,提高学生的文化成绩,还需要培养学生的综合能力,"高分低能"的优秀学子一直是社会所诟病的。事实也确实如此,如果老师只教会学生考试却没能教给孩子们做人做事的方法,那么这样的教育是失败的!"懒惰"的班主任并不是什么都不做,而是在"幕后操控"。班主任要善于搭建平台让孩子锻炼,让孩子成长。这里的"懒惰"其实需要付出更多的智慧,更多的谋划。

2021年12月19日

一辈子的悔 一辈子的痛

已近深夜 11 点，完成加班任务，正准备从办公室回家好好休息的我，被突如其来的手机铃声吓了一跳，看了一眼来电显示后，我有点不耐烦地嘀咕着："这个浩星，都报考完离校了还半夜打电话过来？"

接通电话，电话那头传来了浩星撕心裂肺的哭泣悲鸣声："老师，我想去死了！啊……我没有报考高考呀，我忘记点确认了呀，呜呜呜……"

本已完全处于放松状态的我，顿时惊醒。我一面站起身子，一面尽量保持着平静的语气安慰着他："别急，慢慢说，是什么情况？没有什么大不了的。"

浩星一边放声哭泣，一边语无伦次、断断续续地向我讲述着自己的悔恨。今天是高考报名的最后截止日，浩星在完成高考报考填报后，竟然忘了点击确认，因而错过了高考报名，也就是说，浩星拼了三年好不容易换来的本科，没了！

我不敢相信地问："不可能吧，下午三点后我在班级群里每隔一个小时就发一条群消息提醒你们报名要确认提交的呀！"

浩星嘶吼着，用惩罚自己的语调解释："我填好就上班去了，呜呜呜……我忘了点确认了，我不知道下面还有个确认键……啊……我想打工赚点钱去上大学呀！啊……呜呜……公司上班不能玩手机，我手机又快没电了，就没有带手机放在宿舍充电呀……怎么办呀？我死去算了……"言语间似乎要把自己撕裂一般。

听了好半天，我终于了解了事情的来龙去脉，心里也是一肚子窝火，在今天这个日子有什么比报考重要的？更可恨的是居然没带手机，没关注通知？

但是这个时候我不能批评他，更不能把他的希望都浇灭了，必须在找到他之前让他抱有希望，让他保持镇定，千万别做傻事："别急，还有希望，我帮你问问教育局，还有无补报机会。你现在在哪里？我过去找你一起想办法。"其实我心里清楚得很，这个时候基本回天无力，教育局也不可能半夜还有人处理报考的事了，但是必须得让他抱有希望。

"我在文明路，公司宿舍的楼顶！"

我的天，这是准备干啥呢！我赶紧问道："你跟谁在一起？有没有我们班的同学？"

"没有，就我一个人，我是跟村里人来这里打暑期工的，我自己在这里……呜呜呜……"

我赶紧说："不要急，每年都会有这些情况的，今年估计也不止你一个，我们赶紧问问有无申诉渠道，你等我过去找你。"

挂了电话，我深吸了一口气，告诫自己，每逢大事要静气，千万别乱，我乱了孩子肯定出事!

我用了几分钟把思路捋了捋,目前最重要的是做好四件事。一要赶紧告知学校领导,同时赶紧出发赶往孩子的所在地。二要赶紧联系阿香级长,咨询教育局相关工作人员,并在回复浩星的说法上达成一致:还有希望,我们在联系上级。因为阿香级长任教我们班地理,同时也是年级的教学级长,专门负责报考这一块,我担心浩星冷静下来会第一时间咨询阿香级长,如果得到不一致的回复,可能会造成不可挽回的后果。三要联系主管学生工作的大徐级长,最好能带上他一起赶往事发地。四要赶紧告知家长,让家长立即前来协助劝导。

虽然理清了思路,一二三四有先有后,但是四件事都十分紧急。于是乎,在接下来的10分钟里,我一边在微信留言告知家里的妻儿要处理紧急事务,一边匆匆飞奔出门,并不断电话联系各方。

开车去接大徐级长的时候,已经汇集了各种消息。坏消息有三个,一是阿香级长经过请示基本确认今天的报考系统已关闭网站,没有机会了,只能看看以后有无补录的机会;二是浩星妈妈此时正在医院照顾因车祸在病床上昏迷未醒的浩星妹妹,根本无法离开,我在深感无奈的同时还要安抚孩子妈妈的情绪;三是浩星爸爸此时在距离城区40公里外的乡镇里,无法立即到场,赶来也要半个小时以上。

但是也有好消息:大徐级长可以立即跟我赶往现场;浩星答应等我们过去;孩子爸爸也正在赶往文明路。我盘算着先接上大徐级长,再从这赶到市区差不多也要半个小时。

接上大徐级长,驱车飞驰的时候,我介绍了浩星的情况:

> 浩星是个非常懂事的孩子,高三第二学期才转到我们班……
>
> 家里经济条件不是很好,但是家长很支持孩子的学习,凑了几万块学费给孩子报读传媒拼本科……
>
> 孩子平时在班级里非常懂事听话,学习也很努力,就是怕辜负了家里的期望……
>
> 5月时,浩星在镇上读初中的妹妹发生车祸,在ICU里抢救了一个星期才出来,现在都还在医院,家里把所有的积蓄都用完了……
>
> 家长很担心妹妹的事和家里的经济状况会影响浩星最后冲刺阶段的备考,多次打电话嘱托我安抚好浩星……
>
> 浩星很关爱妹妹,跟妹妹关系很好!但他很坚强,在妹妹抢救的那两天请假去医院陪伴,但是很快又回学校来拼搏,那段时间我很担心他的状态,但是他硬是咬牙坚持了下来……
>
> 浩星的高考文化课381分,超过了本科线121分,术科单考已经拿到了成都艺术职业大学和江西应用科技学院两所本科院校的资格证,被录取到本科大学基本是板上钉钉的事了……
>
> 浩星很懂得感恩,前几天还专门约了宇阳一起回来拍了不少校园的照片和小视频,邀请我到班级门口做了告别感言,制作成纪念高三学习生活的专题短视频……
>
> 孩子很懂事,一放假就出来打工,打算赚点钱帮助一下家里,也给自己攒点大学费用……

浩星这样的家庭状况,肯定不可能再复读考大学,真可惜了……

驱车前往浩星处的途中,我一边利用打电话的间隔,絮絮叨叨地向大徐级长介绍着浩星的情况,以便于待会配合做孩子的工作;一边操纵着方向盘,驾驶着蓝色乐风小车穿梭在市区拥挤的车流中。

当我们驱车赶到文明路附近,准备联系浩星确认确切位置时,却连续几通电话都没有打通。大徐级长安慰我别急,停下车来等等。我把车停好,继续拨打着浩星的电话,焦急地四处张望:11点后人潮涌动的文明路夜市街已是空空荡荡,只剩下打烊的小店铺老板们陆陆续续在收拾着,道路两边暗沉沉一片矮小破旧的小楼房中偶有几处亮光……浩星究竟在哪一栋楼呢?

大徐级长递来一支烟,点上火,我猛地吸了两口。是的,急也急不来,随着烟圈从口鼻中吞吐,似乎心中的压力和紧张也吐出了不少。

后来电话终于接通,孩子还是声音低沉,每句话都带着几下抽噎,庆幸的是孩子爸爸已经找到他了,并且上车回家了。我四处张望,企图在残余喧嚣的夜市街中找寻浩星爸爸车辆的踪迹,却是一无所获。我们同在一条街上却完美错过,此时家长既然已找到孩子,最危险的时候已经过去,孩子肯定是安全了的,也就不强求见面谈心了,以免再勾起孩子的愧疚悔恨之情,相信在家长的陪伴下,平静后的浩星能够面对挫折。

我在电话里再次抚慰浩星好一阵,给他留有一丝希望,又跟家长电话聊了几句,交代了家长不要责怪孩子,要关注好孩子这两天的情绪……事情告一段落,紧绷的神经放松下来,我顿时感觉疲惫不堪,瘫坐在路边奶茶店的小桌旁。大徐级长点来两杯奶茶,我们一边瘫软在路边休息,一边感慨着浩星这个失误的遗憾,感叹命运的不公!

事后我们多次向上级争取,也没能给孩子争取到再次报考的机会,孩子最后被省内的一所大专院校录取。事情已过去半年,浩星没有回来看过老师,微信里也没有了他的消息,似乎他在逃避着这个自己无法原谅的错误!作为班主任,每次回想起浩星这孩子,心里都是一阵阵的心疼,相信这也是他一辈子的悔,一辈子的痛!

感悟与反思

《战国策·秦策五》有云:行百里者半九十。确实,浩星这次的教训不可谓不深刻,三年的拼搏,家庭的投入,全家的期望本应换来完满的结局,然而一个不该有的失误虽不能说耽误一生,却肯定改变了他的人生道路,实在让人唏嘘!

"每逢大事有静气",处理学生的突发事件一定不能跟着着急,与孩子的沟通一定要保持冷静,紧张焦虑的语气、情绪和着急责备的言辞只能把事情往更坏的反方向引导。静一静把事情捋清楚,把条理梳理好,才能找到最有效的解决办法,才能将损失降到最低。

2021年12月25日

挫镇丰之"锋"

"才回来一个多月,被老师收了三台手机!你还要不要拼本科大学了?还好意思问我要回手机?"面对着镇丰的无赖表现,我措辞严厉,语气高亢,一副怒不可遏的神情。

是的,这个孩子真的太"痞"了。传媒的孩子完成术科学习后,备考文化课只有三个月,现在距离高考剩下不足两个月的时间,别的同学早早回来一边准备专业院校的线上单考,一边学习文化课。这孩子却在三令五申下还不愿意回校学习,回来以后也是懒懒散散,不是上课打瞌睡、不交作业,就是玩手机被没收,还夜不归宿……他的违纪情况,在班主任的记录本上都写满一整页了,邀请家长到学校来教育也有三四次了,写检讨书、全班检讨、约谈家长、年级警告什么处理方式都用过了,居然今天又在午间休息的时候被主管副校长收了手机。这都是这个月第三台了,真是孺子不可教呀!

镇丰支支吾吾,又是解释说手机是借表哥的,又是说学习压力大,要玩玩手机缓解压力。总之一句话,没意识到自己的错误,还要拿回手机。

这当然是不可能的事!

"我让我爸爸过来拿回手机,可以嘛?"

"不可能,但是你家长肯定是要过来的。"

无奈之下,镇丰一脸不情愿地离开,眼珠子不断转着。这小子还没认识到问题的严重性,还在想坏点子。

第二天,家长过来沟通,只愿意跟我聊,却不让我把孩子叫下来。言语间听得出来,家长根本管不住孩子,还有点"怕"孩子,担心孩子责怪自己不帮他跟老师"叫板"。从家长的口中我得知,孩子在家玩手机也是无法控制的状态,经常半夜还在那三寸屏幕中"拼杀",而且孩子根本不服管。上周放月假回家,居然连爸妈都没见一面,把换洗的脏衣服丢下就跑出去,两天没回来,都不知道去了哪里。原来孩子问题的根源在这里,家长的不敢管"造就"了孩子的不服管,不能管。家长和孩子的沟通有问题呀!家长这样的教育理念和态度,要收服这个顽固分子,家校合力基本上是指望不上的了。但是万幸的一点是,家长还算通事理,也知道孩子的问题,只是苦于没有教育的办法。既然这样,只能我来担起这个责任了。

镇丰这孩子太"聪明",但是从来没有把"聪明"放在学习上。他胆子大,脸皮厚,鬼点子也多,善于隐藏自己。上次被日语老师没收了手机,天天找借口,软磨硬泡了一个多星期,硬是找到要填报信息的空子,跨过我从年级组那里把手机骗了回去。再去追缴,死鸭子嘴硬,坚持说是拿回家了,不会再玩了。这不,又被收了一台,还一台比一台高端,一台比一台贵。

每次跟这孩子聊天教育,他思维运转飞快,能够很快把你的话题转移开。记得有一次他夜不归宿,10点半下了晚修他居然借着放学人流高峰,趁着值日老师看不过来的机会溜出校门打车回家了,第二天早早6点多赶回来上课,以为神不知鬼不觉。殊不知我早就在他宿舍安插了"眼线"专门盯着他,很快就被我抓出来了。他一脸可怜地说宿舍里讲话多睡不好,又说宿舍有人吸烟影响他。我找别的同学查证,证明基本上都是子虚乌有之"鬼话"。跟他聊,他总能鬼话连篇,还能适时转移话题跳到报考单考院校、自己的压力焦虑等方面,让你谅解他的错误,很多时候老师都被他哄得一愣一愣的。这小子觉得自己能把老师玩弄于股掌之间,气势盛得很。心思都没放在学习上,文化课的成绩也好不到哪里去,基本都是在班级倒数几位。

该用什么办法"治治"他呢?聊天谈心基本用处不大,讲理想谈未来,他也习以为常,处之不惊了,软办法看来是不起作用了。我得改变一下我的教育风格,不能再循循善诱、苦口婆心来赢得孩子的认同,得来硬的了!

"你下周停学回家吧。"我一脸严肃,恶狠狠地盯着他说。

"不要,停学了我成绩怎么办?我还要考大学!"他眼珠子直转,又在想什么鬼点子推脱了。

"这次没得商量了,下周日晚再回来吧!再有下次,你就准备离开我们全本班了,这里不留不想学的人!"

"一个星期回来,我什么都听不懂了!"

"那是你咎由自取!回来听不懂找老师问,补回来,你自己看着办!还有,回来以后我会让班干天天盯着你,再有任何违纪你知道什么结果!"

这孩子自视甚高,专业课成绩在班上不错,目标大学都是比较不错的传媒类专业院校。我得从他的软肋下手,彻底挫一挫他的锋芒,让他有点压力才行!

看我来真的了,他有点紧张,但是无论他找什么理由,耍什么把戏,我就是一言不发,让他说,冷冷地看他"表演"。演绎一通后见我无动于衷,他知道不可挽回,只能悻悻离去。

回来以后,我不再有任何好脸色给他,表面上也不再关心他的学习。但是在私下,我总是向同学们了解他的学习状态,叮嘱科任老师关注他的学习,并且不动声色地安排老师专门给他补习弱势的科目。

表面上的冷漠,让他感受到了压力,锐利的坏点子"锋芒"被我挫得一蹶不振。时间长了,孩子似乎也渐渐地理解了老师的教育方式,懂得了老师的一片苦心。

在接下来一个月的冲刺阶段,镇丰再也没有违纪现象。从多方了解到,镇丰的学习态度有了较大改善,上课打瞌睡、不交作业等现象越来越少,晚修下来追问老师也是常态了。看来这济"猛药"是用对了。

高考结束,一直不被看好的镇丰文化课超过了本科线29分,被云南艺术学院的播音主持专业录取。去大学报到前,孩子和其他两位同学回来探望我,买了个大大的水果篮,可惜那天我正好外出开会,错过了与孩子的告别。

> **感悟与反思**
>
> 　　孩子的教育引导方式不能一成不变。每个孩子的教育方式必须要有针对性,尤其对个性特点强的孩子。在开展教育之前需要想办法找到孩子问题的根源,才能对症下药。镇丰的问题根源在家庭教育,如果仅仅借助家长只能是事倍功半,他自视甚高、锋芒毕露,只能从他的软肋出发去处理,挫他的"锋",压他的"势"。
>
> 　　当然我们的目的是教育好孩子,不是打压他、摧垮他甚至放弃他,因此还要留有持续监督和学习辅导的后手,给他施加压力的同时给予他帮助,让他迅速调整状态,投入到学习中去。
>
> 2021 年 12 月 26 日

挽回文杰

"黄老师,文杰这孩子怎么回事?大多数传媒班的孩子都回来了,怎么没见文杰回来?"刚接手全本班不久,我稳定了班级以后,发现大多数传媒专业的孩子都赶回学校,一边准备线上传媒院校单考,一边拼搏文化课学习了。即便还未回来的孩子,也明确了回校时间,只有文杰这孩子脸都没露过。因为班级的情况特殊,并且我是刚刚接手,对孩子们的情况还不太了解,家长也没有怎么接触过,我只能请教原班主任。

"这个家伙都联系不上,说是在老家备考术科单考。我也问过家长,都找不到孩子。"黄老师说。

天呀!这都开学两周了,还没联系上孩子?我赶紧向黄老师要了家长的联系方式,与家长取得联系。

据家长反映,孩子春节回了德庆老家过年,说是在老家准备单考的事,打电话也不接,微信也不回,都不知道怎么回事。孩子父亲在佛山开店,很少回去关注孩子。我赶紧要求家长抽时间立即回老家把孩子接回来,错过了时间,备考文化课就来不及了。家长先把人接回来,我再做工作。

文杰成长的家庭是有问题的,父母离异后,孩子跟了父亲,父亲重新组建家庭后又生育了两个孩子,文杰这个前妻生的孩子就被家长寄养在奶奶家了。父亲一年也不回来几次,早早就把孩子丢到私立学校里"放养"。初中阶段就已经躺平的文杰成绩一塌糊涂,父亲这才意识到孩子的未来堪忧,不得已又把孩子转学到了我们这所公办学校。文杰的成长历程就像被抛弃了一样,得不到父母的关心关爱,因此文杰对于父母颇有微词,生活上也是一蹶不振,整天沉迷于手机游戏,父子间一交流就吵架,基本处于敌对状态。在父亲的眼里,这个孩子懒惰、不思上进、自私且不孝顺;在孩子眼里,父亲没有关怀,不理解他的心思。破碎的家庭和缺乏关爱的成长环境让孩子对学习、对未来没有规划,也没有抱有希望。

当父亲带着文杰回到学校已是一周以后的事了。在我的反复追问下,孩子交代了,这两个多月在乡下,奶奶管不了他,他就只是玩手机打游戏,每天在游戏中"拼杀"到半夜,第二天沉睡至中午,起来后继续"拼杀",根本没有任何学习的安排。至于原来计划好的术科单考,更是一次也没有参加,只是在机构学习时考了一家民办本科。要知道,其他的孩子普遍考了十几家甚至二十几家的传媒院校,即便考了这么多,也不敢保证能拿到单考院校的资格证,这家伙就只有一家!真是拿自己的前途命运当儿戏,完全不把未来人生当回事呀!但既然孩子回来了,我们也只能教育,只能引导他回到学习的正轨上来。

刚刚回来的文杰,上课状态萎靡不振,一方面精神难以集中,跟不上同学们的学习状态;另一方面拖了那么长时间没学习,内容基本忘得差不多了,更别说形成知识体系。刚回来不久的一次模拟考中,这家伙成绩全班倒数第四,6科加起来才212分,别说上本科了,专科都难办!怎么办呢?

我想起了一句教育名言:鼓励是一股清泉,激活前进的动力;鼓励是一抹阳光,吹散迷惘的乌云。以文杰的情况必须不断地鼓励他、支持他,让他在班级中感受到存在感,让他在学习中体验到成就感,这样才有可能挽回这个孩子。但是这个鼓励又不能太过于痕迹明显,单纯的言语鼓励肯定是打动不了一个沉迷于游戏,放弃了自己未来的学生的心,过于明显的鼓励还有可能会被敏感的文杰误认为是嘲讽,伤了孩子的自尊心,所以必须寻找机会。

于是,我留意着孩子在学习中的点点滴滴,小问题不大肆批评,稍有一点点进步就找机会在班上放大了点名表扬。记得一次作文练习,文杰审题方向正确,结构也比较清晰,虽然文采有限、素材单调,但是相较之前已有一定进步。机会来了!

于是,我第一次在班上点名表扬了他。原本处于混混沌沌状态的文杰听到了表扬的名单有他,猛地抬起了头,眼神放着光,似乎是不可置信,又似乎看到了希望的光芒!我留意着他的每一个细节,这个神情表现正是我所期待的。课后,看见他走出班级门口,我快步赶上拍拍他肩膀说:"最近表现得不错,继续加油!"然后又指出了一些不足并在学习方法上给了他几点建议。

孩子的头点得像小鸡啄米似的,眼神里也放出了光芒,回应着我:"好的,老师,我会努力的!"

我继续给他信任的鼓励:"努力吧!你很聪明,我看好你,传媒专业的文化课要求不高,相信你很快会追上来的。"

果不其然,罗森塔尔效应有了明显的体现。在4月的市第三次模拟考中,文杰的成绩大幅提升,超过了预定的传媒专业文化课本科分数线21分。在班级组织的表彰会上,我大肆表扬了文杰的进步,并且向他颁发了进步奖,这也许是身为"学渣"的文杰第一次上台领奖,看着站在讲台上拿着奖品,洋溢着羞涩笑容的文杰,以及他坚定的眼神,我知道,这个孩子挽回了。

接下来冲刺的日子里,文杰踏实学习、勤奋苦练,利用晚修复习时间主动到办公室向老师请教,成绩稳步提升,在他身上再也看不到"学渣"的痕迹,反而闪耀着"学霸"的光芒。

最终在高考中,文杰考出了超本科分数线21分的成绩,也幸运地被他报考的唯一一所传媒单考院校——华南农业大学珠江学院录取,成了本科大学生。

感悟与反思

有教育专家说,班主任要具备5种镜子,其中就有放大镜。确然,班主任要保持善于发现问题的能力,将"问题学生"的优点放大,从有限的优点中挖掘"问题学生"身上无限的潜力,这就是最有效的鼓励。同时,鼓励的方式和时间点要恰到好处,要确实抓住学生的优点,既不能过于突出又不能不着痕迹。总的来说,就是不能太"假",否则以孩子的聪明劲头和敏感神经感受到的不会是激励,而是讽刺和嘲弄。

2021年12月27日

可维的"紧箍咒"

"可维的进步很大哦,你是用什么方法教育他的?真厉害!"班级的科任老师感叹着,我的心里一阵阵的窃喜和骄傲。

教过可维这个孩子的老师都知道,这个孩子很麻烦,绰号"车城(酒吧)小王子",据说周末在外面能玩会疯,喝酒、谈恋爱什么的不在话下,不爱学习,特别能来事,点子多还有一定的领导能力,经常能把老师弄得焦头烂额,老师们疲于应付却又在学校里抓不到他什么把柄,想整治他还不一定能拿得出有说服力的违纪证据。

当我知道要接手传媒的孩子以后,我就对着学生名单谋划了好久,盯着可维的名字,沉吟良久。可维这孩子如果管不住,班级就会小事不断,班主任就会疲于奔命,更别说形成良好的班风带动学习了,可能连班级常态管理都举步维艰。要怎么收服这个孩子,让他不捣蛋还能起到正面效应呢?

想起高二的时候,我只是他们班的语文科任老师,同时也是艺术班的年级主管。当时的班主任黄老师几次向我反映想把可维调出传媒班,以免影响班级整体学习氛围。在孩子一次违纪后,黄老师约见可维的家长,让我陪同教育。当时可维妈妈听完黄老师汇报的情况后,感到十分心痛,向我讲述了家庭情况:可维爸爸是个装修师傅,常年在外地的工地上干活,妈妈在小厂子里是临时工人,每天早出晚归;孩子初中的时候就经常到外面厮混,家里人监管不到位,孩子也不听管教;孩子还不孝顺,动辄伸手向爸妈要钱买高档手机,不给就冷言冷语责备爸妈没本事;早恋什么的都已是司空见惯,甚至还有离家出走的前科……说得是一把眼泪一段心酸。

听起来,感觉这小子把一个中学生能犯的事全都犯了个遍,家长看来是对他束手无策了。我只能安慰可维妈妈,让妈妈放心把孩子交给我、交给学校,我们会用心教育,我有信心改变扭转可维,不但要让可维遵守纪律还要帮助他考上本科大学。面对我的承诺,可维妈妈露出了期盼但又不敢置信的眼神。其实,我自己又何尝有绝对的把握呢,但为人师者,就不应该放弃任何一个孩子的教育。

高三外出进行术科培训期间,可维这小子又犯了事,机构的老师、校长表示难以驾驭。害得我专程驱车一百多公里赶到广州的机构协助教育。去到机构才知道,这孩子不认真备考,没有按要求上交手机,晚上偷偷拿出来打游戏,一个月之内被没收了四台手机,直接打破了机构没收手机的纪录。见了面,我先是一顿严厉的批评,把他骂得头都抬不起来。要知道,可维的家庭并不富裕,家长省吃俭用攒出来的几万块钱给孩子报了传媒培训,就是期望孩子能通过这个路径,错位竞争考上本科院校。谁想这小子一点不知道努力,在这荒废青春，浪费父母的血汗钱。

无奈之时，我随手拿起了书架上的《西游记》，随意乱翻之际，无意间看到了唐僧给孙悟空戴上紧箍咒的章节。有了！何不给可维套上个"紧箍咒"，让他有所顾忌、有所担当？

说做就做，我立即审视了一番已经安排好的班干名单，决定把责任重大、工作要求严谨、管理要求较高的劳动委员的位置安排给可维。然后找机会把可维叫到办公室，郑重其事地把班级劳动卫生的责任交到他手上，交代完工作要求后我还赋予了他足够大的权力，把所有的劳动任务安排和监督权都交给他，并且给予他足够的信任和期许。

我的安排似乎出乎了他的意料，也许是因为从来没有老师赏识他，没有给过他表现的机会，也许是他从没想过自己可以扛起重任，这次的安排显然给了他很大的动力，当即表现出异乎寻常的积极性。

我趁热打铁布置道："周一下午我们班搬教室，旧的教室要清场，确保干净整洁，新的教室要整齐有序，如何安排人手我全权交给你，不懂的可以问我，但是由你自己上台去布置安排。第一次上来就扛这么重的任务，能不能做到？"

"能！我不会让你失望的。"他斩钉截铁地保证。

搬教室那天，我基本没有上去干预可维的指挥，放心让他去做，只是在完成任务后过去查看了一番，大多数同学都搬好自己的桌椅和书籍后走了，只剩下可维和另外两个同学在干着最后的收尾工作。确实很好！这个大工程他完成了！我拍拍他肩膀对他的努力和成果表示肯定。晚修前的宣誓仪式后，我着重表扬了可维今天的功劳，孩子很受鼓舞。

自此以后，不论是日常的卫生安排、教室保洁还是大劳动的攻坚克难，他都一马当先、勇挑重担，把班级的卫生管理得井井有条。当然坏习惯也不是一时半会儿就能完全改变的，上课讲话、吸烟等等小违纪现象还偶有发生，我就隔三岔五地点拨他几下，或是叫出门口低声交代几句，或是走到他身后敲敲他脑袋，甚至只是看着他给个眼神，他就能顿时领悟、及时整改。

随着自律性的提高，孩子的生活态度有了变化，明确了奋斗目标，知道了拼搏努力，学习成绩也有大幅提高。在第二次模拟考中，他还成了班级学习进步的标兵，获得上台领奖的机会。我特意邀请了可维的家长到班上来为孩子颁发奖励。颁奖仪式上，看着孩子的变化和成长，可维妈妈非常激动，把奖品递到可维手上后就在讲台上紧紧地抱着孩子，嘴里絮叨着："孩子长大了，懂事了！"

站在台下的我，看到此情此景，也是一阵激动。

高考结束后，可维的文化课成绩超出了传媒类本科线57分，最终被华南农业大学珠江学院录取，成了一名本科大学生。可维妈妈多次打来电话或者发微信向我致谢："可维有你的悉心栽培和鼓励，是他的荣幸。""对夏老师的感恩之情无法用言语表达，只能记在心里！"……而我总是这样回复着："应该的，孩子自己在努力，在成长！"

回顾可维的成长过程，我感到这是一个老师最高的荣耀。能够挽回被放弃的孩子，这种幸福感是任何优秀的表彰都不能替代的。我没有辜负当年对可维妈妈的承诺，没有辜负对孩子成长的期许，也许这就是为人师者的自豪感和幸福感。

感悟与反思

　　有时候，当正面教育难以有效果时，要考虑逆向思维。面对很多问题学生，与其一个个问题去纠正，一个个问题去整改，不如通过赋予职责和荣耀去增加他的责任意识和担当意识，让他自己寻求改变的路径，自己去寻找改变的方式。教师要做的仅仅是给予信任和及时的提醒，这样才有可能溯本求源、解决根本问题。

2021 年 12 月 29 日

解开恒涵母子的小心结

恒涵这个孩子什么都好，礼貌、单纯、大方、情商高……就是不爱学习，学习专注力差，成绩差得不敢想象。没教过恒涵的老师都对恒涵赞不绝口，教过恒涵的老师都为他的成绩头疼不已，尤其是作为他的班主任。这孩子自理能力不强，每天在宿舍都不洗衣服，换洗下来的衣服都堆在桶里，等着妈妈来换一批或者周末拿回家洗，宿舍的同学颇有微词。恒涵妈妈对孩子的照顾更是无微不至，这半年来，每周两次做好饭菜，煲好汤送来学校，把没洗的脏衣服拿回去……我们在议论着母亲对孩子的宠爱的同时，也对孩子不努力不懂得回报母亲感到遗憾。

其实，恒涵是个挺懂事的孩子。记得第一次跟恒涵深聊的时候，恒涵总是能够保持着对老师的尊重和礼貌，每个神态动作无不体现出一个好孩子的良好表现，聊完离开的时候孩子不忘感谢老师的教诲，走出门口来到楼梯口时又奔回办公室，向老师深深鞠上一躬："老师，我不会忘记你的恩情的！"但是就在你感到欣慰，对他未来的学习寄予期待的时候，他又在课堂上走神、发呆、打瞌睡，总之就是进入不了学习状态。

无奈之下，应孩子要求，我把他安排在了"飞机位"。所谓的"飞机位"就是最接近讲台的座位，课桌紧贴在讲台旁边，老师伸手就能敲到他的脑袋。我就是最喜欢敲他脑袋的那个，上课的时候一看到他走神，我就一本书敲下去；晚修的时候一看到他发呆，我就敲他的桌面；背书的时候一不专注，我就拧他的耳朵。不断地强化督促明显起了作用，孩子的成绩有了起色。我向他承诺，只要成绩有进步，达到进步奖标准，我就在班级奖励仪式上，邀请他的家长来校亲手为他颁发奖品。

其实，我一直想找机会奖励一下恒涵的，一来孩子的家长特别重视他，隔三岔五就来电询问孩子的学习情况，诚心实意地拜托老师教育好孩子。当家长知道班级设立奖学基金鼓励孩子们学习时，直接转了1000块钱给班委。二来这孩子大度，担任班级文娱委员，专门负责班级的宣誓活动和"最佳宣誓人"评选组织。这个第一个带头在班级宣誓也是领誓次数最多的孩子，却从来没有想过自己拿奖，甚至有一次同学们选了他，他也让给其他同学了……在公在私我都十分希望孩子能拿一次奖励。

回校拼搏了一个多月，在我的严厉监督下，孩子的学习态度明显端正了许多，学习的主动性也加强了不少，经常晚修时间拿着习题到办公室向老师求教，成绩也有了不小的进步，尤其是第三次模拟考试，孩子的成绩进入了我们预设的本科线范围，孩子那叫一个开心。他满怀着希望等待着上台领奖，而我也告知家长这次颁奖要为恒涵颁发进步奖，邀请家长周日晚到班级来参加仪式。

很快到了颁奖的那天晚上,孩子伸长脖子等着家长的到来,其他受邀的家长陆陆续续都到了,只有恒涵妈妈没到。我只好电话催促一下,谁知道孩子妈妈根本没来。原来,恒涵妈妈误解了我的意思,以为我只是告诉他恒涵今天可以拿进步奖,没有理解到是让她来班级亲自颁奖。

好不容易这次成绩有了大进步,终于逮着机会奖励他了,孩子妈妈却没来!

时间已到,为了不影响孩子们的学习时间,也不好让其他家长等太久,没办法只能先开始了。

进入班级的时候恒涵没有看见妈妈,低声问了一句:"我妈妈没来吗?"

"额……你妈妈临时有重要的事,今晚来不了。"我赶紧想了个借口,小小地欺骗了一下恒涵。

恒涵的表情顿时沉了下来,失望的神色挂满了脸上。是的,每次家长来校,都是孩子有这个或那个问题,终于有一次长脸的机会,妈妈却没来,说不失望那是假的。

我特意忽略他的反应,赶紧主持了颁奖仪式。讲台上,恒涵拿到了奖品,还参与了抽奖环节,但他兴奋的脸上总是留着一丝遗憾。颁奖结束后,孩子还感慨了一句:"可惜我妈没来!"

我拍拍他肩膀,安慰他道:"没什么,努力一点拿着大学录取通知书给妈妈,她会更开心。"孩子嘴里虽然应着,却不以为然,心里显然对妈妈的缺席颇有点耿耿于怀。

没多久的另一件事,很快激化了孩子的情绪。这天,他上大学的姐姐失恋了,他知道消息后跟姐姐聊了很久电话,结果没把姐姐安慰好,反而把自己的情绪也带下去了,有点意志消沉的他上课状态明显不佳。随后又因为自己的失误,错过了最有希望的四川传媒学院的校考报名,不仅让自己的理想破灭,还给家人带来了困扰,被家长责备几句后,心情低落的他以身体不适为由向晚修的老师请假离校,说是回家了。

当知道他不在学校时,我赶紧联系了家长,才发现这孩子并没有回家。人到哪里去了呢?多方打听才知道他还藏着一台手机没有上交,我拿到他的电话号码赶紧联系,久久没有接听。良久之后,才微信回复我:"老师,我心情不好,想一个人安静一下。"

能得到回应就是好事。我赶紧跟他聊了起来,从理想聊到希望,从家人的艰难聊到未来的前景,从妈妈对他无微不至的照顾聊到他应有的责任担当,终于他意识到自己的错误。言谈之间我发现他并不是埋怨妈妈对他的指责,更多的是因为自己的大意错失而感到自责。我从母爱的表达切入,从家长的担心忧虑入手,告诫孩子不能用更大错误去弥补错误,否则只会让在乎他的家人、老师更加担心和难过……好不容易才把这个单纯的大男孩哄了回来,也解开了孩子对妈妈的误解。

说他是个单纯的大男孩一点没错,他对感情的表达真挚又直接。第二天孩子回到学校,笼罩在脸上的阴霾已经消失,只是微微皱着眉头,一边挠着头,一边一脸不好意思地问我该如何向母亲表达歉意,我看看桌面上的日历牌,点点牌子上的时间说:"明天就是母亲节了,你想想送点什么给妈妈吧!"

"好嘞!那我明天傍晚可以请个假吗?我要去买一束花送给妈妈。"看我有点迟疑,他接着说:"我下午下课就打车去,送完就回来,保证不影响晚修!"

"那好吧,注意安全!不许迟到啊!"

"没问题,我保证!"孩子乐呵呵地保证着。

回来的时候,恒涵迟到了5分钟。我没有生气,更没有批评他,只是摸摸他的头鼓励他继续努力。是的!一向严厉的我第一次对于违纪的同学露出了笑脸。还有什么能比解开他们母子的小心结更开心的呢?

解开了心结的恒涵在接下来的学习中更加努力了。最终在高考中,考出了超本科分数线32分的好成绩,被燕京理工学院播音与主持艺术专业录取,成了一名本科大学生。

感悟与反思

在成长的过程中,孩子与家人的关系对孩子的成长非常重要。处于叛逆阶段的孩子一方面对家长的管教比较反感,另一方面其实又十分期待家长的关注和支持。孩子的心里也许并不能意识到努力学习能换来未来什么样的美好生活,也许并不知道学到的知识能为将来的工作带来多少便利,但一定希望能得到家长的认可和赞赏。在关键的时间点,比如家长会、颁奖仪式或者是孩子面临困难的选择时,家长的支持会让孩子走得更快、更轻松!而班主任对于学生亲子间的小矛盾不能置之不理、袖手旁观,要主动调和,帮助他们解开心结。只有放下包袱,有家庭作为强大后盾的孩子,才能更加懂得勤学的重要,更加懂得为人的道理!我们不仅仅是在教书,还要育人!

2021年12月31日

巧解小希的后顾之忧

"老师好!"一个身影从身边跑过,打了个招呼以后,就匆匆向前跑去。在夕阳的余晖下,那个熟悉的瘦弱的身影向后反伸着手臂,两个脚频率飞快地碎步奔走着,像极了《熊出没》里面熊二的跑步动作。这个奇特的跑动身形是小希特有的。

因为小希的家就在我的隔壁小区,每天上学放学我们同路,基本上每天都会在人行道上遇到他,而他每天都是匆匆跑过,经过的时候肯定不忘跟我打个招呼、问个好,但奇怪的是他一般不会停下脚步与我并行,即便我叫住他问问学习,聊聊生活什么的,聊不来几句,他就加快脚步,赶急赶忙地走开。

刚开始,我以为是我跟孩子还不太熟,孩子对我有距离感,不愿意跟我深聊。但是随着时间的推移,我跟班上的孩子们相处得都很融洽了,全班的孩子都十分喜欢亲近我了,他还是这么匆匆"飞"过。而且我发现孩子课上课下其实挺喜欢我的,只是聊起日常生活的时候就眼神闪烁,避开话题,难道是家里有什么难言之处,不喜欢老师过多地了解吗?

时间不巧,正好错过了绿灯,我站在马路这边等候着。看到刚刚跑过去的小希并没有走向学校大门,而是走进了学校对面的面包店。我不禁纳闷:怎么回事?今天又没吃晚饭吗?都看到好几次了。孩子的家长也是,孩子都高三了,学习那么紧张,怎么着也得确保解决孩子吃饭的问题吧。

绿灯亮起,走到对面,正好小希买完面包出来。我叫住小希关心起他的生活状况:"怎么今天没有吃晚餐吗?高三那么辛苦,可要确保吃饱饭呀!"

他低着走,跟着我的步行节奏,回应着:"没有呀,我都习惯了。家里都还没有做饭呢。"

我惊讶地看着他:"这个不行呀!你爸爸妈妈不在家的吗?怎么也得确保孩子有饭吃吧。"

他支支吾吾地解释:"爸爸不在这里住的,回乡下去了。妈妈每天下班都晚上七点多了,基本都是我和弟弟在家。"

"这样不行的,就这两块面包当晚餐,难怪身子骨这么瘦弱。要不我跟你家长聊聊?"我一边说着一边捏了捏孩子的肩膀手臂,真的太瘦了,摸下去都是骨头。

"不要紧的,不用跟我家长说了,没用的!我自己能解决,老师不用担心。"言语之间似乎透着一些不满的情绪……

小希瘦弱的身影一直萦绕在我的心头,他的生活问题也一直挂在我的心上。但是孩子比较抗拒我联系家长,也不能硬来,只能找个合适的机会摸摸情况再说。三天后,我们召开了班级的家长会。在会上我要求家长们把孩子最后90天的拼搏,把孩子考大学的事作为全家最重要的事来抓,还不点名地举了小希晚餐没有饭吃,生活缺乏保障的事例。

会后,小希的妈妈找到了我,向我解释了家庭的情况,也表达了她的无奈。原来小希生长在离异家庭,父亲另外组建了家庭,妈妈带着小希和弟弟一起生活,家庭经济的重担都落在妈妈的肩膀上。妈妈每天早出晚归,周末的休息时间还兼职两份工作,确实也顾不上孩子。妈妈对于小希在家的情况也不太满意,批评小希在家不怎么做家务,家里的事情大多是弟弟完成的。小希因此跟她闹了不少矛盾,现在都不怎么愿意跟她交流,甚至前两天连做好的饭也不吃了……小希妈妈一边流着泪水,一边絮絮叨叨地陈述着家庭的不易,吐槽着生活的艰难,倾诉着孩子的不懂事。我明白了,孩子的问题是在原生家庭上。小希是见证着家庭从矛盾到破裂全过程的,是家庭问题的受害者,懂事的他能理解妈妈的艰难,但是不代表他没有埋怨、没有情绪、没有怨恨,而这些情绪积累下来就会表现在生活的各种细节中,很多时候通过一些无理取闹的行为和言语表达出来。

我一面安慰着小希妈妈,理解她婚姻的不幸和家庭生活的艰难,一面引导小希妈妈理解孩子成长过程中受到的创伤以及目前高三拼搏的艰苦和压力。同时向小希妈妈介绍着小希在学校的勤奋表现和成绩不稳定的情况。最后与家长达成共识:给予孩子最大的精神支持,多关心、多慰问、多理解。我告诉孩子妈妈:"对于任何一个家庭来说,孩子高三冲刺这段时间的辛苦只是暂时的,回报是长远的,您默默的关注和理解都是他们的动力!"

接下来,我找到小希以前的班主任,全面了解了小希的学习情况。原来,孩子的家庭状况特殊,选择音乐专业的培训和学习过程中,因为母亲一个人工作实在拿不出培训费用的问题,牵扯出了不少小希与父母之间,父亲与母亲之间的争执和矛盾,小希也差点放弃了自己的音乐梦想。虽然最后多方筹措,勉强凑够了外出培训的费用,但是小希与家人也结下了不小的心结。再加上家庭破裂,小希一直埋在积郁之中,与生活在一起的妈妈也冷战了很长一段时间了。

了解清楚情况后,我便开始谋划如何创造条件帮助这对生活不易的母子解开心结,让孩子能够没有后顾之忧,轻装上阵去迎接人生中第一次重要的考核。其实在这对母子的矛盾中,母亲关爱孩子,勤劳持家,是个有责任心、有担当、关心孩子的好妈妈;孩子是个生活自理能力强、理解妈妈、懂事勤学的好孩子。两个相互关心的人不可能产生不可调解的矛盾,差的就是中间的润滑剂和合适的机遇而已。

我要做的,就是创造这样的机会给他们。

然而要创造这样的机会也不容易。一方面,痕迹不能过于明显。这孩子现在已经比较敏感,明显的痕迹会让孩子觉得是老师对他的怜悯,挫伤孩子的自尊心,产生抵触情绪,形成反效果。另一方面,这个场面要让妈妈不至于低声下气,丢下太多家长的身份和尊严,又能够顺理成章地让家长体面地放下"我已经为你付出很多,你还不懂事"的高姿态,先弯下腰主动表现关心。总的来说,既要让孩子收到关心,还不能丢了双方的面子。

思来想去,下次的班级颁奖会是一个不错的机会。于是我认真谋划了一下细节,小希这次的模拟考成绩不错,在班级的前十名,给小希颁发成绩优秀奖理所当然。邀请小希的妈妈作为颁奖嘉宾到班上来颁发奖品,亲手把奖品颁发给孩子,然后作为家长代表讲几句鼓励孩子的话,既能体现孩子的成绩,让妈妈认识到孩子的努力,又能照顾到双方的自尊,为妈妈与孩子搭建良好的沟通平台。打电话邀请小希妈妈的同时,我暗示妈妈给孩子做点好吃的带来,表现一下对孩子的关心关爱……一切准备就绪。

周日晚,小希妈妈依约来到班级门口,手里拎着一大袋东西,沉甸甸的,因为用袋子包裹着,看不清里面是什么,估计是给孩子带的美食吧。

依照计划举行的颁奖班会十分顺利,孩子妈妈把我们事先准备好的小奖品——笔记本和笔颁发到孩子手上时,孩子的脸庞露出了喜悦的笑容,看母亲的目光也柔和了许多。小希妈妈不善表达,在台上述说对孩子的期望和鼓励也只是简短的几句,但是这简洁的话语却承载着母亲对孩子的无限关爱和期许,我一边倾听着母亲的表达,一边关注着小希的表情变化,看着孩子的眼神从领奖的兴奋激动慢慢转变为深沉感动,我猜想,孩子应该从妈妈的只言片语间感受到了厚重的爱意,意识到自己的不足了。

简单的颁奖仪式后,孩子妈妈拿出了那包美食,打开一看,原来是三大盒糕点。小希妈妈向班级的孩子们介绍,这是她忙了一个下午亲手做的芒果酥,做了两百多个,全班每个孩子都能分到几个。

这份心意让小希真切地感受到了妈妈的用心良苦,当小希捧着一盒盒点心送到同学们面前,美味的点心和同学们真诚的赞美让小希心中原本对妈妈的那点小小心结顿时解开,满脸堆着幸福的笑意。

"是的,我妈妈亲手做的,很好吃!""赶紧尝尝,很香的。我妈妈的手艺很好的,好吃吧?"我跟随着小希送点心的步伐一边拿着手机记录下班级里这个开心的场面,一边听着小希向同学们骄傲地介绍着妈妈做的美味点心,言语间无不透露着自豪和对妈妈的感激之情。

下课后,我把小希叫到门外,语重心长地给他讲述着母亲的不易,以及对他厚重的母爱和期待,要求他努力学习,考上理想大学之余,还要学会理解母亲、关心母亲,用实际行动报答母亲。一番真诚的交流感动了小希,小希红着眼检讨了自己的问题,决心用成绩回报母亲的付出。

帮助小希解开了这个让他们母子困扰的心结后,小希的精神状态有了很大的改变,学习效率也提高了,成绩稳步提升,最后在高考中以全班第一的成绩考取了韩山师范学院音乐表演专业。

感悟与反思

心理学中有这样的观点:孩子就像一面镜子,孩子的问题是家庭问题的折射。家庭在孩子的成长中有着不可替代的影响,家庭的矛盾甚至分裂很有可能在孩子心里产生无可挽救的损害。

心理学家塞奥多尔利兹认为,家庭内部没有形成良好的结构和角色分化,甚至是夫妻同床异梦、彼此疏远、满怀敌意,会导致孩子适应性障碍。由此,孩子的情绪可能出现两个极端,要么过度控制自己,形成抑郁情绪;要么就是发泄性失控,出现冲动情绪和行为,有时还会交替出现以上两种情况。明显,懂事的小希一直处于压抑的心理状态中,在外出培训追求自己的音乐梦想受挫和高三冲刺的双重压力之下,激化了与妈妈的矛盾。其实,孩子知道不是妈妈的问题,但是又找不到其他的宣泄渠道。这样的心理状态持续了近半年,这对于孩子的备考无疑影响巨大。作为班主任,如果没能及时帮孩子解开心结,影响的不仅仅是高考,还很有可能影响孩子一辈子,影响这个家庭的未来。因此,班主任在处理学生问题时,不能只是见招拆招,还要深入了解孩子问题的根源,巧妙地创造条件,有针对性地谋划方法帮助孩子,让孩子在温暖的阳光下认识到自己的错误,改变自己的错误想法。

2023 年 1 月 7 日

细心的"大总管"苑允

苑允长相并不出众,她身材瘦削,脸蛋圆圆的,佩戴着圆框眼镜,显得十分可爱。这个小女孩积极认真、细致严谨,一直是老师口中的好学生,也是原来班主任手上重点培养的班干部,但是我在任教传媒班的时候,却又总是发现她在班级管理上存在着这样那样的不足,难以挑起大梁。

在准备接手全本班前,我一直在谋划着班干队伍的组建,苑允是最早进入我视线范围的对象,但是我从原来的班主任处了解到,苑允在其优秀的品质后面,还隐藏着一些不足,比如说处理问题过于细致,大局观不够,全局意识有待提高等。基于班级管理的实效问题考虑,我又多少有点犹豫不决了,心里想着如何能既发挥孩子的性格特点,又能帮助孩子改变不足,提高管理能力呢?

经过反复思量,我把目光停留在生活委员这个职务上。这个岗位相当于班级的"大总管",管理着班级大大小小的生活性事务,既要关注教室里的各种教学用具的配备,管理好班级的饮水、各种劳动工具的购置,又要把握好班级班费的使用。这不仅需要细致认真的工作态度,还要懂得"持家理财",懂得从大局掌控班级的经费使用。我想这个岗位既能发挥苑允的优势,提高班级管理的实效性,又能提升孩子的大局观念和全局意识,能够帮助她提高自己的整体管理能力。

组建班干队伍,召开班干会议之后,我特意把苑允留了下来,跟她交代了这个岗位的职责和要求,明确了管理的细则任务,然后用征询的口吻向她征求意见:"这些工作都清楚了吧?你说说看自己还有什么想法或者建议的?"

或许是没想到班主任能放下身段征求她的意见,又或许是没有太多地深入考虑工作细节,孩子表现得有些拘束,没有提出太多的个人见解,只是向我表示会努力做好相关工作。我想,乖孩子就是乖孩子,只会按照老师的意图方向走,缺少了点自己的工作思路。

然而,随着工作的开展,我发现苑允在具体的工作中很有自己的一套办法。在班级的日常管理上,她能发挥她细致认真的特点,时时关注班级的劳动工具和教学用品的使用情况,及时补充白板水笔,更新破旧的劳动工具,更换时钟和鼠标的电池……总之把"大总管"的责任事务落实得妥妥当当。

同时,在我的指导和具体工作的锻炼下,她也逐渐地提高了自己的全局观。比如说,我提醒她践行了一套开支公开制度:每周把近期班会的开支向班级公布,哪天买饮用桶装水花费了多少,哪天买奖品用了多少,哪天组织班级活动购买零食用了多少,一条条、一项项都要在班务日志本上列得清清楚楚、明明白白,还要定期在班会课上宣读公布,总结花费金额和结余数目。又比如说在班干会议上,我要求她根据班委谋划的班级活动需要,规划班费的使用,提出预算方案。在这样具体的指导下,她慢慢学会从班级整体角度考虑问题,站在班级整体需求的角度安排工作。

在后期的班级管理中,我鼓励她大胆主动作为,放手让她处理问题,很快她的能力得到了较大的提升,很多时候不用我吩咐就已经提前做好准备工作。比如,在我们建立奖学机制后,每一次模拟考试成绩一出来,她就提前购买好了笔记本、签字笔等奖品,而且她还能在网上货比三家,优中选优,采购性价比最高的物品。又比如在组织毕业餐会时,她会提前找好酒店、订好菜品,为了节省开支,她没有在酒店拿饮料,而是跑到外面的批发店购置,安排班上的"壮丁"搬回来,为我们毕业餐会的顺利开展做足了准备。应该说,苑允在生活委员的岗位上,不但发挥了自身优势,还充分锻炼提升了大局观念和整体管理能力,做到了提前考虑、周全安排。

苑允在班干部的工作上花费了不少时间和精力,作为外宿生的她经常需要利用放学后的时间帮班级购买日常用品和活动的食物,需要在学习之余网购奖品、纪念品等。本来我还担心在高三最为关键的冲刺阶段,这样繁重的管理工作会影响到孩子的备考,不过经过观察,发现班干部的工作并不会影响孩子的成绩,相反,在班干岗位上得到的锻炼,以及思维能力的提升还有助于苑允学习成绩的提高。苑允在市二模、三模的成绩一直都稳定在班级的中游,保持在270分左右,到了高考时成绩还有了巨大进步,考到了340分,较平时成绩整整提高了70分,超过传媒类考生文化的本科线80分。只是后来在报考院校的时候,家人不愿意孩子离家太远,最终让孩子放弃了海口经济学院摄影专业的本科资格,选择就读了省内的大专,不过我相信,苑允会通过努力实现升本的目标。

值得一提的是,孩子特别懂得感恩,毕业后还专门买了果篮,回学校探望老师,给每一个教过她的老师送上甘甜的水果和美好的祝福,表达感恩之情。

感悟与反思

班干部对于学生的意义在于,学生不是为了在班级中争取某个位置,而是要在集体中找到自己正确的位置;班干部对于班主任的意义在于,班主任不是出于管理需要设置一些岗位来找人用,而是出于学生成长的需要创设岗位来育人。因此,我们作为班主任要时刻保持着育人意识,不能够仅仅为了自己班级管理工作的便利选人用人,要知道班干部不只是我们管理班级的"工具",更是我们要培育的花朵。我们应该是出于对孩子的培养目的来设置或者安排合适的岗位,使其于班级中或体现优势,或进行补缺。在全本班的管理过程中,我把苑允放在"大管家"生活委员的位置上,既发挥了她的性格优势,让她充分体验到成就感和存在感,又以岗位要求帮助她弥补不足、提升能力,从而达到育人的目的。

每一个人都有自己的优点和不足。作为班级的管理者,我们会发现,用人长处人人可用,用人短处则无人可用。班主任对班干部不能只有选拔与使用,而忽略了扶持与培养。班主任不但要根据学生的特点设置合适的岗位,还要注意培养班干部的自信心、责任感,帮助他们树立威信,提高他们的工作技能。我们要用放大镜去挖掘孩子们的优点,创造机会、搭建平台,让孩子们在良好的氛围中得到锻炼,提升综合素质,帮助他们成长成才。

2023 年 1 月 11 日

家访梓峰遇挫

乘着朦胧的月色，顶着秋夜的寒凉，借着周末月假的空闲，我带着大徐级长和原班主任黄老师驱车前往梓峰同学的家里家访。

梓峰原本是重点班的孩子，了解到传媒专业后，因为对摄影有着独特的喜好，毅然决然地选择了传媒的摄影专业，从重点班转到了传媒班。虽然孩子有了自己的方向和目标，但是孩子的家长却一直不太同意，反复劝说梓峰放弃传媒学习，这给孩子造成了很大的干扰。近期，梓峰学习提不起干劲，上课状态也时好时坏，还常常走神发呆，成绩也下滑得比较严重。

我们找他多次谈心后了解到，问题的根源在家长这里，在选择专业这里。我们多次通过微信和电话与家长沟通，或许是通讯联系方式的局限，或许是家长对传媒专业感到陌生，一直都没能与家长达成支持孩子的共识。眼看着梓峰的学习状态一步步下滑，趁着周末的时间，我们直接到孩子家里跟家长面谈，把情况说清楚。

从学校到镇里，再到村中，一路奔驰。周边的稻田早已沉没在漆黑的夜色中，只有昏暗的车灯指引着前行的方向，偶然传来的几声鸟叫和此起彼伏的虫鸣像是提醒着我们此行颇不容易。

几经沟通与周折，我们好不容易才找到梓峰的家。孩子的爸爸把我们迎入家中，狭小的客厅里早已坐着好几个人，在座的除了梓峰的父母，还有爷爷、奶奶以及舅舅等好几个亲戚，唯独不见梓峰。看来孩子的妈妈早已做好准备，拉好了队伍。询问之下，知道梓峰近日因为选择传媒的事，跟妈妈闹矛盾，今天放假也不愿回家。家里人都对梓峰的态度颇有微词，看来今晚要帮梓峰说服他的家人殊为不易呀！

一番寒暄后，我们聊到了正题。梓峰的妈妈较为强势，一边向我们"控诉"着梓峰的不懂事，不体谅家庭的不易；一边表现出对传媒专业发展的不看好。字里行间看得出抵触情绪比较大。原来，梓峰的母亲在广州打工，是家里主要的收入来源，父亲只是在镇里打零工，收入并不稳定。家里的忧虑主要是梓峰专业学习的经济投入。同时，梓峰的母亲也跟家里亲戚沟通过，大多都因为不了解传媒，道听途说，觉得传媒专业没有发展空间。尤其是要投入一笔费用外出学习专业术科，家里人普遍不认可，更倾向于让孩子学习文化课。即便他们知道，以梓峰的文化成绩要考上本科基本是不可能的。

我们向家长介绍了传媒专业，增进家长对传媒专业的认识，帮助家长客观地了解传媒的发展方向和发展前景，让家长明白在自媒体发展迅速的现代社会，传媒专业大有可为。也许是先入为主的思想作祟，也许是亲戚朋友的说辞，也许是近期与孩子的矛盾激化，梓峰妈妈始终对传媒专业抱有很大成见,无论我们怎么介绍传媒专业容易考上本科,怎么列举往年成功师兄师姐的范例,她始终不太认可。

于是我们换了一个方向,从孩子的心理角度切入,与家长谈起梓峰近期的学习状态,引导家长体谅孩子:"难得孩子满怀希望找到了自己的奋斗方向,有了自己的追求,家长如果这个时候泼冷水,不支持,会在很大程度上挫伤孩子的积极性,打击孩子的拼搏意志。"

提到这个方面,孩子的妈妈明显蔫了下去,其实她也明白,孩子有理想是需要鼓励和支持的。但家长一味地以外出培训的费用为借口推脱,加上亲戚们七嘴八舌的搭话,多次言语交锋后,我们的说服工作陷入了僵局。两个多小时的沟通,似乎没有起到什么实质性的作用,我们也只能偃旗息鼓,让家人再好好考虑考虑,就先行告别离开。

虽说一晚的深谈没有取得决定性的作用,但是也并非毫无收获。家人中一些开明的成员通过我们的介绍,还是深入地了解了很多相关情况。梓峰爸爸就是其中之一。爸爸送我们离开的时候,偷偷地向我们表达了对孩子选择的支持,认可了我们对于传媒专业发展方向的判断,表示会回去跟孩子妈妈好好商量商量。

回来的途中,我一直在反省着、谋划着接下来该如何帮助梓峰实现他的理想。其实,我也是理解家长的。本就不富裕的家庭在这个时候要拿出一笔费用给孩子参加专业学习,确实也不容易。另外孩子与母亲的沟通有问题,不能好好商量,赢得母亲的理解,还一味对抗、一味地犟,放了假连家都不回,导致母子关系恶化,使得问题火上浇油,难上加难了。还好梓峰爸爸是支持梓峰的选择的,看来我们一方面需要加深与梓峰爸爸的沟通,让梓峰爸爸多做做家庭的工作,另一方面也需要做做梓峰本人的工作,提醒孩子转变态度,赢得妈妈的支持。

回校后,我及时找到梓峰。梓峰表示他非常坚定地要选择自己的理想,并且对母亲的不支持表示不理解。我循循善诱,一方面跟他分析父母的不易,让孩子体谅父母,另一方面也批评孩子在处理家庭问题上的不妥,引导他转变对待母亲的态度,赢得母亲的支持,要求孩子用实际的学习行动来打动父母。如果一味地抵触,甚至放弃学业,只会让母亲看不到成功的希望,更加坚定了母亲不支持你选择的决心,只有努力学习,让家人看到成功的希望,才有可能改变他们的态度。孩子显然被我的教育说服了,在接下来的学习中,他勤奋努力,认真听讲,具有良好基础的他很快就追到了班级前列;在生活中,他也加强了与家人的沟通,逐渐融化了与母亲的"坚冰",曾经对孩子倍感失望、从不过问孩子学习的妈妈,也主动来电询问孩子的学习状况了……

最终,坚定自己信念和选择的梓峰赢得了家人的支持,踏上了专业学习的奋斗之路。选择了自己理想道路的梓峰,明显找到了明确的奋斗方向,在专业学习中发挥了他摄影爱好的优势,在专业单考中,取得了自己理想的大学——四川传媒学院摄影专业的本科资格证。

感悟与反思

　　班主任的工作离不开家长的支持。在梓峰选择传媒这件事中，我没有及时发现梓峰与家长的矛盾状况，没有及早介入缓解这对母子间的矛盾，导致矛盾激化时才家访做工作，最后事倍功半，没有起到很好的效果。然而，反过来看，幸好我能亡羊补牢，为时未晚。如果继续放任梓峰与母亲抗争，只管好自己班里的事，不管学生家里的事，很有可能梓峰就此放弃，或者就此放纵，那么孩子的本科梦想也就很难实现了。

　　其实，处于青春叛逆期的高中生，大多都会与家长有着或多或少的小矛盾，有时候矛盾激化起来，双方在处理问题上都会失去理智。就像梓峰不回家，就像梓峰妈妈无论如何不答应梓峰的选择，这些都是矛盾激化导致的冲动之举，并不是母子之间没有关爱。"硬碰硬"的对立只会让这个家庭遭受更大的损失。这时候如果班主任能弯下身，充当他们沟通桥梁的角色，就有可能让事情出现转机，让双方找到沟通的窗口。所以，班主任工作不但要"用上心"，还要"弯下身"。

2022 年 2 月 13 日

抓住努力"尾巴"的芷晴

"芷晴,你什么时候能回学校冲刺文化课?"我焦急地催促着。

"老师,我还有几家院校没考完。"

"你想等考完了才回来吗?那可不行,同学们都是回来一边学习文化课一边考专业的,你等全部考完再回来,都三月中旬了,就算你考上了专业,文化课也来不及补了。你先回来学着,要考试的时候再请假去考,别拖着浪费时间!"

芷晴在电话那头不再回话了。我急忙再敦促道:"你回来班级学几天,现在班里大家都在拼命,如果回来三天以后你还能放下心回去躺着等考试的话,我批假条给你回去!"

"那好吧,周日晚上我就回去。"听着我着急而又严肃的话语,芷晴带着几分不情愿应承了下来。

我知道她这话言不由衷,就是奔着敷衍我来的。不过我也有信心,她回来就再也不敢随便回去了,毕竟现在班级的学习氛围那么浓厚,比她吊儿郎当多得多的孩子都已经在拼了命地学习,她回来肯定再也放纵不下去了,肯定会跟着班级的节奏学了。

传媒生在高三的第二学期还有一批专业院校的单考要参加,因为近些年疫情的原因,单考都采取线上考试的方式,加上该学的知识早已在春节前学完,根本不需要长期待在家里候考,待在家里无非就是找借口偷懒睡觉而已。而且线上考试的过程也就两三个小时,一般稍微勤奋一点的孩子都会选择回学校学习文化课,等到了考试的那天再请半天假回去考试,像芷晴这样赖在家里不回来的也就那几个"大神",而且现在基本被我劝回来了,就剩下芷晴了。

芷晴就是班级里"大神"级别的人物,还是唯一的"女大神",也是最难搞的"大神"之一。高一我就知道她的存在,她在年级里可是出了名的:上课睡觉、不交作业、玩手机、谈恋爱……一个中学生能违反的纪律她基本犯了个遍,检讨、罚扫地、约谈家长甚至停课反省,啥常规教育的招式都用过,原来的班主任和老师们都拿她没办法。用她评价当年的自己的话说,"就一个字,污"。一个女孩子能用"污"这个字来评价自己当年的行为,其程度也可见一斑。我是一直没有教她,只是对她的"大名"如雷贯耳。直至高二组建传媒班的时候她选择了传媒专业后,我才接触到她。那时候我是传媒班的语文老师,同时我也在管着年级的艺体生。

记得发动组建传媒班的那个晚上,芷晴带着她的母亲到学校参加家长会。在我们向家长和同学们介绍了传媒专业后,她对传媒专业有了兴趣,跟我们邀请来的专业老师深入沟通了起来。而她的母亲则拉着我和班主任到一边,谈起她的女儿:"我是拿她没办法,一直都不怎么肯用心学习，文化课成绩都差成什么样了，看看这一次选择这个方向以后，会不会有什么改变。"

我和原班主任黄老师一边安抚着家长，一边给家长信心："没问题的，孩子找到自己的奋斗目标，就会有所改变的，而且我们非常重视这个传媒班，安排年级最好的老师在这个班任教，肯定能够帮助她的，您放心交给我们吧。"其实我们心里对这个孩子能否学得出来也是没底的，但是出于对孩子的鼓励，也是为了给家长信心，当时我只能对孩子家长说："这孩子，一看就知道聪明机灵得很，就是没有把心思放在学习上，什么时候醒悟过来了，很快就能赶上的。"然而成班以后，学习环境虽有所改变，但芷晴并没有太大的进步，依旧是班级里拖沓不上进的代表人物，上课基本打瞌睡，作业基本交不上来，成绩基本班级垫底。

芷晴原来是选择播音方向的，但是因为人长得漂亮，又有较好的表演天赋，在机构老师的建议下转学了表演专业。记得高三外出机构集训的时候，我们到机构探视孩子们，看到芷晴在老师的指导下认真地练习着舞蹈表演项目，那反复多次的动作，严谨肃穆的表情，在举手投足之间，倒是让我看到了她的一丝改变，也看到了一点希望。

随着省联考结束，孩子们陆陆续续回到学校学习文化课。尤其是春节过后，大多数传媒生都回学校了，只有在考院校单考的时候才请个假回家考试。而芷晴是一直没有回来的那一个，每一次她的借口都是要备考单考，考完再回来。我接手传媒班的孩子组建了全本班，整顿好整个班的班风后，再一次要求她回来。这一次我不再允许她有任何的推脱了，因为其他的孩子都已经回来了，班级的学习氛围也已经被我改造得像模像样了，而且剩余的时间也只有九十天了，再不回来"黄花菜都凉了"。

如我所料，芷晴回班级后，震惊于班级的变化，也吃惊于其他"大神"们的改变，用她自己的话说："×××都拼命了，我还好意思偷懒吗？"看来班级氛围的影响作用还是不错的。虽然主观上有了学习的动力，客观上有了良好的学习氛围，但是多年来养成的不良学习习惯还是让芷晴没能及时融入班级的勤学氛围中，或者说勤学的程度远远比不上其他同学。上课她依然有打瞌睡的现象，尽管她已经很努力地想控制自己，睡觉的时长也较之前有了减少；作业依然很难完成，尽管她也很努力地听课；同时，她也在不断查询着单考院校的资格证，当各大院校陆续出了成绩，而自己还没有拿到证的时候，她也会与闺蜜躲在厕所角落痛哭流涕、伤心难过，看得出，这一次她是真的用心去拼了。

作为班主任，清楚她的学习历程，我不能苛求她很快就跟上班级整体的步伐，更不能放弃她。我能做的只有不断地安慰，给予她更多的包容和鼓励："还有几家嘛，别急，还有机会……""这节课没睡了哦，表扬哈！""文化课学习已经有进步了，继续努力！"在我的不断鼓励下，她渐渐平复下了躁动的心，慢慢地跟上了班级的学习节奏，作为高中三年出了名的"学渣"，能做到如此用心，也算是巨大的进步了，现在欠缺的可能就是那一张宝贵的资格证了。相信有了明确的目标和成功的希望，能够让她彻底转变过来。

在一次次查询失望之后，在距离高考一个多月的最后时刻，她终于拿到了本科院校资格证，虽然不是她梦寐以求的四川传媒学院的资格证，但是燕京理工学院也不错了。很明显，在最后的一个月时间里，芷晴的学习状态和拼搏意识明显提升，上课打瞌睡的现象虽还偶有发生，但看得出那确实是她已经撑不住了的不得已行为，因为老师同学的提醒能迅速帮她调整过来。更重要的是，她开始懂得聪明地规划自己的学习，懂得放弃自己的弱势科目——数学,把学习火力集中到能够有效提高的政史地等科目上来。

芷晴的学习态度有了翻天覆地的变化。尤其是晚修的时候,她会拿着自己的试卷、笔记追着政史地老师询问问题。最让我吃惊的是,她问老师的问题居然还挺深入的。有一次,我看到她问历史老师单元章节的思维结构图,通过整个章节的整体把握帮助自己实现知识点和重难点的记忆。这一点倒是很多同学都没能领悟到的,看来芷晴是真的抓住了勤奋的尾巴。

芷晴是我一直担心过不了文化本科线的那几个孩子之一。因为高中阶段学习态度的长时间缺失,3年来基本没怎么认真听过课,芷晴的成绩一向是班级倒数的。但是,这孩子是真的聪明,也幸亏她醒悟得及时,同时在最后阶段有着清晰的复习思维,在最后6月的高考中考出了336分的成绩,超出了传媒类高考本科文化分数线76分。这对于她来说真的是非常不错的成绩,最终她也顺利地被燕京理工学院录取。据说,高考后还没去上大学,她就利用她传媒表演的专业知识在网络直播平台上当起了主播,每个月收入好几千。相信在她完成了转变,又找到了自己喜欢的专业方向之后,她的未来前景会是一片光明。

感悟与反思

不放弃任何一个孩子是我们当班主任的原则。一直以来,芷晴都不是老师心目中有希望的孩子,再加上其任性率直的个性特点和频频违纪的行为,所有人包括她的家长都没有在她考上本科这个目标上报以多大的希望。如果我们没有坚持把她拉回课堂,不断地给予她鼓励,给她犯错改过的机会,而是把她丢在一边,置之不理、任其发展,很有可能她的人生道路将会完全不同。

氛围的引导比苦口婆心的说教有效得多。以芷晴的学习情况,估计从小到大被长辈、老师们约谈的次数不少,苦口婆心的说教在她的脑子里早已是陈词滥调,再关怀的语言、再动情的话语也很难改变她的。对付这样的"顽固分子",常规的教育方式很难起到良好效果,必须另辟蹊径。在对她的教育中,我没有过多地跟她谈心讲道理,而是先搞定了其他的"大神",营造好了班级的学习氛围,再以浓厚的学习氛围引导带动她,起到了事半功倍的效果。

知道要努力了,什么时候开始都不晚。芷晴的案例很好地演绎了这样的一句话。从芷晴的成长过程可以看出,从小家里对她的管教就非常不到位,导致她有了不好的学习态度,养成了不良的学习习惯,但是当她找到了奋斗目标,并明确了奋斗方向的时候,短短的一个多月就能逆袭成功,实现梦想。

有效的学习方法是成功的基础。芷晴的努力仅仅是那么一两个月的事,但是芷晴的学习方法是很成功的。既然在有限的时间里无法把每一个知识细节扣得很准,那就从大的方向把握知识架构,抓住重点难点深化学习,最终取得了很好的效果。另外,在最后的阶段里,她基本放弃了弱项数学的学习,把有限的时间和精力集中到能够快速补上的政史地的学习中来。看得出这孩子是真聪明,知道自己的优缺点,懂得扬长避短。

2023年1月2日

小曦的转变

小曦的转变既让我感到欣慰又让我感到惊讶。让我感到欣慰是没想到他能够在最后这个阶段及时转变过来,赶上了高考奋斗的最后机会,实现了他考上本科的目标。说让我感到惊讶呢,是因为确实没有想到是这样的缘由让他转变过来的。

小曦是班级里"大神级"的边缘人物,论成绩论学习态度,他妥妥的"大神",上课睡觉、不交作业那是常事,学习成绩长期"半死不活"。但是论纪律问题,他又绝对是"大神"群里的乖乖,基本上不迟到、不早退、不搞事,最大的纪律问题就是偷偷藏着手机不上交,躲着玩。

小曦最大的问题是"空心病"。所谓空心病,是北京大学的心理学副教授徐凯文在2016年提出的新的心理学概念,指的是"学生缺乏价值观,不知道自己要什么,不知道自己为什么活"的心理现象。原本这个心理现象大多出现在大学生身上,伴随着社会发展和青少年对困难趋避心理现象的严重,"空心病"的情况逐渐呈现低龄化趋势,在高中生群体甚至初中生身上也表现得比较明显。这些孩子普遍对待事物持有"无所谓""都行"之类的态度,对待学习、生活和理想奋斗缺乏明确的目标意识。小曦属于高中生阶段"空心病"的重症患者了。用他自己的话说,从读高一开始,他就不想读高中,不知道自己读书的目的是什么。

我是高三第二学期才接手的班主任,接手的时候距离高考就只剩下105天,小曦的情况更多的是从他原来的班主任处听来的。备考的时间紧、任务重,班级管理千头万绪,我也没能腾出手来接触小曦的家长,所幸到了高三冲刺阶段,小曦也没什么太多的问题,但是那种无欲无求的佛系学习态度,倒是令我颇为头疼,我怀疑他"空心病"的病根是在家庭教育。

从原班主任那里我了解到,小曦是妥妥的"官三代"。小曦的祖辈、父辈都是我们当地的官员,官居要职,他从小就娇生惯养,且缺少锻炼。据说在家的时候啥家务活也不用干,父母让孩子做点家务,扫个地什么的,还被老人家批评,说孩子不用做这样的事,读好书就行。小曦是家里的独子,家庭环境不错,从小要什么有什么,伸手可得,也从来用不着付出什么。这样的家庭教育环境下成长起来的孩子,也难怪会有"空心病"了。

另一方面,小曦不能说是性格孤僻,但是在班级里确实没有什么朋友。从来没看到他跟哪个同学走得比较近,经常都看到他在校园里独来独往。记得高二的时候,传媒班组织班级户外集体活动,同学们在农庄里或煮饭煮菜,或齐聚唱歌,或围坐烧烤,就小曦一个人孤零零地拿着手机躲在没人的角落里玩,玩久了没意思就一个人到处闲逛,似乎班级里的所有热闹都与他无关似的。我曾走近小曦劝他跟同学们一起玩，他只是淡淡地回应："没什么意思。"

本以为小曦就要这样混到高中毕业，让我意外的是，一向无欲无求的小曦，最近居然向我表达了要努力向大学目标奋进的态度。我在意外之余，只是更多地给他赞许和鼓励，并没有怎么放在心上。因为我猜他可能只是心血来潮，随口那么一说，不能落到实处，更难以坚持下去。随后我特意留心了小曦一段时间，经过观察我发现，孩子确实有不小的变化，上课不再睡觉了，作业也认真完成，虽然仍旧是独来独往、我行我素，但是也有了不少晚修到办公室向老师请教问题之类的表现。

我非常好奇于他转变的原因，到底是什么刺激了这个在学习上一直无欲无求的孩子？是班级的学习氛围感染了他？是同学们的奋进刺激了他？是到了最后冲刺阶段他自己觉悟了？还是其他什么原因让他有了翻天覆地的变化？在一个合适的机会，我把孩子叫到门口走廊，跟他谈谈心，看看能否找出其中的缘由。

"这段时间学习感觉怎么样？"

"还行吧。"小曦一如既往地随意回应着我。

"我感觉你最近学习状态不错，是有了奋斗目标吗？考的那几间院校有资格证了吗？"我把猜想的方向放在了学习目标的明确方面。

"我没所谓的，考哪间都行。"小曦的回答依旧云淡风轻。

"拿到哪个院校的资格证了？"我继续追问。

"华南农业大学珠江学院的。"

"还是拿到证了嘛，有了本科资格证，就等于一只脚已经迈进大学了，那要努力哦。"我继续给予他鼓励，心里还是向着既定的猜想方向试探。

"嗯，我是要努力一点。我老爸答应我了，考到了本科就给我买一辆车。"

原来如此！孩子的变化原来更多是源于物质的刺激。不管他是出于什么原因，能够努力学习对于我这个班主任来说总不是什么坏事，但是我还是从个人努力和未来发展的方向给他做了一些引导，希望他能够建立更为正确的奋斗观念。

小曦是个聪明的孩子，况且选择的传媒专业对于文化课的要求并不高。在他的努力下，学习成绩又有了明显的提升，最后在6月高考中考出了304分的文化成绩，超出了传媒类本科分数线46分，成功被华南农业大学的摄影专业录取。高考后，小曦立即参加了驾校的学习，专注于考取驾驶执照，继续为他的"奖品"奋斗。

感悟与反思

家庭教育对于孩子"三观"的养成和理想目标的建立太重要了。小曦在高中阶段长期处于"空心病"状态，没有自己的学习目标，没有自己奋斗的方向，甚至一度想放弃学业，其根源皆在于此。可以想象，小曦从小到大在家里应该没有太多自主权，从生活到学习方向，都是在家人的安排之下，习惯了被家人安排。既然自己没有了明确的努力方向，他也就索性躺平了。家庭教育的缺失，是学校教育和社会教育无法弥补回来的。

物质的刺激不会长久。物质刺激的引导方式更多会出现在孩子的幼小阶段,我们经常会看到年轻的父母用玩具来刺激儿童。但是对于已经到了高中阶段,即将进入大学的青年人,这样的方式并不可取。如果仅仅靠物质的刺激来调动孩子,而不是从根本思想上去调动孩子的主观能动性,孩子的奋斗意志是不会长久的。因为物质刺激的新鲜感只能保留很短的时限,并不能给予孩子正确的奋斗意识。可以想象,当汽车这样的"顶级玩具"的刺激用过以后,家长还能用什么刺激孩子努力呢?毕竟他未来的路还很长,而将来的路只能他自己去找,自己去走。

2023 年 1 月 3 日

重新认识俊佳

"宿舍的卫生是我们自己搞好,还是花钱请保洁阿姨清理?不愿意搞的,就宿舍8个人凑30块钱交上来,我请保洁阿姨清理。你们谁愿意搞的我也可以出钱给劳务费,30块一间的哦。"在高三毕业前,我布置着最后的卫生工作。同学们即将毕业,宿舍需要清理干净留给下一届的学生。每年最后的清理工作都是比较麻烦的事情,很多孩子赶着回家,经常都是收拾好自己的行李就匆匆忙忙走了,丢下宿舍的一大堆垃圾没有清理。因此,每一年高三毕业生离校前,宿舍的清理工作都需要班主任提前布置好,有同学愿意承担的,就同学们自己搞好卫生,没人愿意承担的宿舍,就宿舍成员凑钱请保洁阿姨清理,费用也不贵,就30块钱的事。

我本以为全本班这批一向懒惰成性的"公子哥儿"肯定是交30块钱上来,轻轻松松地离开。毕竟这帮家伙的家境不错,都是不差钱的主,况且清理宿舍这30块钱可不好赚,挺辛苦。我在班级里询问一下,其实也就是走个流程,告知一下大家而已,没对他们搞卫生抱太大期望。

没想到有一个声音冒了出来:"我承包3间宿舍。"

我抬眼望去,居然是俊佳。

俊佳这个孩子长得牛高马大,却是个孩子王:调皮、单纯又有点羞怯。记得高一未分科分班的时候我就短暂地教过他一个学期。说他调皮,他是班里不爱学习那几个孩子中的一员,在学校里大的问题没有,小捣蛋可不少,经常在上课的时候插嘴搭话,又喜欢抬杠,总给你点不太安分的感觉。据同学间的小道消息说这家伙酒量不错,假期经常混迹于酒吧,号称是"力索(酒吧名)小王子"。说他单纯,因为他说话做事直爽、简单、大大咧咧,从不考虑会不会得罪人,真的能给你一种童言无忌,纯真大孩子般的感觉。但他又带着点与高中男孩不太相符的羞怯,每当提问他或者找他聊天谈心的时候,总会表现出脸红、躲闪,扭头不敢直视这类羞涩的举动。但他确实是孩子王,课间休息的时候,总有一批初中生跑到高一教室找他玩,还经常带点零食、奶茶什么的讨好他,他也乐于跟初中的"小朋友"打成一片,完全没有高中生应有的成熟和气质。

成立传媒班后,他是第一批进入班级的。因为基础较差、成绩不好,不是重点培养的本科对象。虽有点小调皮,却排不进"大神"行列,一直也没成为老师们教育批评的"重点关注人物"。平时各方面表现都中规中矩的他,没想到这个时候却冒出来了。作为班主任的我当然乐于有人承担,但是我又担心搞得不好要重新返工。毕竟这么大一间宿舍,要是宿舍的几个人齐心协力一起清理还不怎么难,他一个人承包3间,真有点难以置信。

经过再三确认,得到肯定的答复后,我对他的勇气表示了赞许和鼓励。其实,我是想着他也就再一次表现一下他的"调皮"而已,不会认真落实清洁工作的,毕竟我从没有看到他在班级劳动中表现积极,平时也没看出他是个吃苦耐劳的孩子,反而偶尔会发现他在班级集体劳动的时候偷懒溜去打球。我想就算他去搞,可能也会半路撂挑子,我已经做好最后自己掏钱请清洁工的心理准备了。

但是,俊佳这次还真不是说来玩玩的,他是认真的。2021年是第一年新高考,实行选科考试,孩子们选择的科目不同,结束高考的时间也不同,选考地理和化学的孩子上午就完成了高考,选考生物的孩子却要考到傍晚六点才结束,正因为如此,学生高考完离校的时间无法统一,所以宿舍的清理工作变得更难以把控。俊佳是考地理和政治的,下午四点就结束了自己的高考。较早完成考试科目的孩子早早就收拾好行李,让家长来接回去了。俊佳收拾好自己的行李以后就一边目送着一个个拖着行李箱离开的同学,一边等待着清理工作的开始,因为只有所有人都收拾好搬走以后,他才能着手开始他的清理任务。

3间男生宿舍的卫生清理工作是真不简单,他一个人干下来也真心不容易。从六点多同学们全部搬走行李开始,他又是清扫,又是冲水拖地,又是清理垃圾,足足干了接近2个小时才弄干净一间宿舍。晚上7点53分,我正在学校大门口陆续送行最后一批离校的孩子时,俊佳给我发来微信:"105搞好了,已经冲水拖地了。"同时附上了宿舍的照片,我看了看图片,果真弄得干净整洁,让我颇有点惊喜。

"不错!等我过来见证历史时刻。"我赶紧在微信上回复他,并且给予他表扬和鼓励。

当我走到宿舍的时候,他已经在清理102宿舍了。再到他的劳动成果105宿舍看了一圈,破旧的学生宿舍居然被他弄得窗明几净、一尘不染,我不禁当面赞叹了他几句:"可以哈,搞得挺干净的,平时没看出来呀。"

他腼腆着笑了一下,自豪地应了一句:"肯定的啦。"就埋头继续着他102宿舍的清洁劳动工作。

这时,我其实还是不太相信他能把3间宿舍都弄完,于是试探着问他:"这么辛苦,要不搞完这间别搞了,到我办公室喝喝水去?"

"不用,我很快搞定的。"孩子很坚定。

我突然记起来他可能还没吃晚饭,关切地问候着:"你吃饭了没?先去吃点东西吧。"

"我搞完再回家吃饭。"

真没想到,这家伙还真有点拼命三郎式的工作劲头。其实,我知道他不是冲着那几十块钱去的,他的家庭环境不算差,班级里学传媒的孩子不少,但是买得起单反相机的却不多,他是其中一个,而且他还买了无人机玩航拍。我猜想那几十块辛苦钱都不够他去玩半个晚上的,真心没想到他会不吃不喝地坚定完成这个辛苦的工作。

我又劝了他两次,他都坚持要把卫生搞完,面对着孩子的执拗,我只好笑笑走开,先去忙其他工作了。直至晚上9点多,俊佳把3间宿舍都清理干净了,在微信上发图片向我汇报。我放下办公室手头上的工作,再次赶到男生宿舍,先是关心了一下孩子是否劳累,然后检查了一遍宿舍,发现确实按照标准完成了任务。看着他满脸的汗珠、湿透的衣衫、疲惫的身影,我心中感叹:俊佳这次可真让我刮目相看了,变得如此有干劲、有担当。

完事后,我给俊佳发了100元红包的劳务费,孩子主动提出多给了10块钱。看不出来这孩子还挺老实的,其实我是心疼孩子的辛苦,特意多奖励给他的,他在微信里不住地感谢。

6月9日这天,班里的每一个孩子都是我送出学校大门的。俊佳是班级里最后一个离开学校的,离开的时候他拖着行李箱,拿着水桶,顶着初夏的明月星空,迎着初暑的阵阵热浪,步伐似乎缓慢了许多。回头之间,眼神里似乎还透着一丝依依不舍。是呀,这里记录了孩子3年的高中生活,承载着孩子最美好的青春岁月。

感悟与反思

孩子是一本你永远读不完的书。高一开始就接触的俊佳,从他的调皮、羞涩,到他的贪玩、善饮,作为班主任的我自以为对他有了很深的认识和了解,却未曾想到在离校之际,才认识了他认真肯干的另外一面。孩子的亮点其实真的需要家长和我们这些教育者们深入去挖掘发现的。

永远不要用过去的眼光判定眼前的孩子。每一个人都在生活中成长,甚至孩子一天的成长都会让你有惊喜。俊佳在我这个老师的眼中,一直都不是踏实肯干的孩子,过去的俊佳学习不踏实,劳动会偷懒,纪律上也是小问题不断。按照过往的认识,我从未想过他能够一个人扛下这样的重活,并且按质按量地完成,然而他却做到了。不知是高三的拼搏在他的脑海里留下了烙印,还是对高中生活的不舍让他愿意付出汗水,亦或是孩子的成长成熟被我这个班主任疏漏了,没发现。

关爱和感恩是教育的正负两极,缺少哪一头都不可能让教育这个电池发光发热。在班级的管理中,我这个班主任犹如这57个孩子的家长,无时无刻不关爱着他们。相应的,孩子们也会给予母校和老师无限的感恩。在俊佳的清理工作过程中,作为老师的我更在乎的不是他的工作效果,而是他的劳累,他有没有吃饭,要不要喝水。这样的关爱相信孩子能够感受得到,因而孩子也会对学校、对老师表现出感恩和依恋。俊佳后来回校拿毕业证的时候还偷偷往我抽屉里塞了包烟,没有太多的动情话语,只是微信里一个捂着脸的表情,但我知道这孩子重感情,知道感恩。

2023年1月6日

重均的遗憾

重均是我 2021 年带的全本班所有孩子中最让我感到遗憾的一个。原本重均是班级里最有希望考到传媒类名校的。在各大传媒院校的单考中，重均先后拿到了上海戏剧学院表演专业（戏剧影视）全国第四、北京联合大学省内排名第一、天津大学表演专业全国第一、武汉大学舞蹈表演专业排名 52 位的优异成绩，四所国内顶级大学他都拿到了资格证，就等着文化课成绩过线就能被录取。而当年，传媒类单考录取的文化分数非常低，260 分就能过线，遗憾的是，重均居然只考了 255 分，以 5 分之差与国内名牌大学失之交臂。

其实，重均的遗憾不是偶然。认识重均是在高一分科分班之后，他进了年级的音乐舞蹈班。因为那时学校没有成立传媒班，瞄准了传媒专业的重均只能先被安排到较为类似的音乐舞蹈班就读。进入班级后，我就发现重均这个孩子非常不着调，上课基本就没有抬起过头，天天就伏在桌子上睡觉，上课迟到、不交作业什么的基本都是常态了。作为音乐舞蹈班的语文老师，我也尝试过跟他聊聊，希望能够激起他的学习动力，但是收效甚微。当时的音乐舞蹈班班主任对这个孩子意见不小，经常向年级组反映情况，而且他又不是学音乐舞蹈专业的，音乐舞蹈生上专业课的时候，他也没法上课。因此不到一个多星期后他就被调整到普通文化班去了。据说在文化班他的状态依旧，被老师们称为"一摊烂泥"般的存在。

高二在我们动员组建传媒班后，重均就顺理成章地转到了传媒班。虽然有了自己专业学习的归属感，但是文化课的学习状态仍然一蹶不振，依旧是不听课、睡觉、玩手机、不交作业，依旧是没有理想、不想奋斗的状态，我们多次邀请他的家长到学校沟通教育之后，家长也很无奈，表示只希望让他熬完三年高中，对他的学习和未来不抱什么期待了。其实，这孩子除了不学习，也没什么其他严重违纪的情况。我们作为教育者也只能做着基本的批评教育和说服引导工作了。

让我重新认识重均是在学校的诗歌朗诵比赛中。当时，市里组织参加诗歌诵读大赛，比赛以拍摄视频的形式参加。学校把这个任务交给了传媒班，我从传媒班中选取了播音类专业的学生参与《沁园春·长沙》的朗诵表演拍摄。在拍摄过程中，重均是表现能力最好的，因此单人朗诵的镜头都给了他。那时候，我觉得这孩子也并非一无是处，在表演方面还是有点天赋的。

高三集训期间，重均没有选择班里大多数孩子去的机构进行培训，而是自己一个人跑到了其他机构学习，因此学校在跟进探视孩子们外出学习的情况时，对他稍有疏漏。有一次，我们到广州探视学生，时间较为充裕，在我的建议下，学校的探视队伍也到了他的机构去看他。当时据机构老师反映,重均的专业科学习还是很认真的,学习态度也不错。其实,那时候基于对他以往两年在校学习状态的既有认识,我对机构的反馈信息还是持保留意见,觉得是机构在做"老好人"而已,对重均考上本科也压根不抱什么希望。

专业统考结束后,重均算是比较早回到学校学习文化课的。人虽然回来了,但是文化课的学习仍然不在状态,估计是他对于自己的奋斗目标也没有太明确的方向,在市里的二模考试中,文化课750分满分的卷子只考了个114.5分,这分数简直差得不成样子。

直至四月中,当他陆陆续续查到自己单考的成绩后,才有了改变。那时,我已接手全本班,成了他的班主任,与重均的接触更多了。突然有几天发现重均的情绪有点不太"正常",上课表现出努力的样子,但是总是"神游"于上课节奏之外;找他聊天谈心,总是欲言又止的样子,眼神里有点避开我的意思,又有点小激动的感觉,但是更多的是迷茫和忧虑,这完全不是一个"正常"的重均的状态,是发生了什么事吗?为解开这个谜团,我格外留意他,并向班干和同学们打听了一下。原来重均这两天查到了他的上海戏剧学院的单考成绩,考了个全国第四,据说前面3名的都是在线的二三线演员。

我嘀咕着,这家伙,查到成绩居然不上报,还瞒着我。难怪会表现出这样的情绪状态,看来是看到了希望,遇见了成功的曙光,但是文化课的基础又太差,上课听不懂。获得了成绩有点激动,又担心我给他压力,所以瞒而不报,想自己努力拼一把。

找到了问题的根源,我还要了解清楚情况才能给他"下药"。于是我赶紧联系机构的专业老师,并且上网查询了相关资料,搞清楚了上海戏剧学院的录取机制和重均考上的概率,然后召集班级的科任老师商量对策。最终,我们商定了一个初步方案:基于重均的基础太差,高中三年基本没学习过,在班上跟着大家上课根本不可能听得懂,因此,我们决定让孩子不在班上上课,每一节课安排一位科任老师对他进行一对一的辅导补习,为他专门设置练习题,从基础抓起,争取最后阶段帮这个孩子一把。商定之后,我又联系家长到学校来,把学校的安排告知家长,也请家长共同做工作,调动孩子的学习积极性,一起帮助孩子实现理想目标。

一切准备就绪之后,我才把重均找来做他的思想工作,给他下这服"猛药"。在与他沟通的过程中,他向我透露,就在我帮他谋划的这几天,他又陆陆续续拿到了北京联合大学、天津大学、武汉大学的本科专业资格证,而且成绩都非常拔尖。我的天!这家伙在专业上的成绩都能"上天"了!

我鼓励他道:"既然拿到这样的好成绩, 一只脚都已经跨进了名牌大学的校门了,就赶紧努力学习文化课吧,把握住这样的机会呀!"

孩子一脸的懊悔和茫然:"我也想学,我努力好几天不睡觉认真听课,但是真的听不懂,现在后悔原来不学习了。"

我继续给予他希望:"现在知道了还不晚,你现在那100来分的文化分可以说在文化课方面是病入膏肓了。但是高考拼他个200来分还是很容易的,只要你过了本科资格线,凭借着你的专业课高分,被录取的概率还是很大的,就看你有没有决心拼一拼了。"

"我当然有!"重均斩钉截铁地回答我。

"那好,我给你安排一服猛药,你要坚持……"当我把安排告诉他,他的眼里泛起了激动的神色,流露出见到希望之曙光的欣喜之情。

在最后冲刺的一个多月里，重均的学习态度有了翻天覆地的变化。他每天上课就抱着各种学习资料穿梭于各个办公室之间，按照给他安排的专属课程表找老师补习，老师们布置给他的降了难度的练习，他也基本能够完成，晚自习的时候也会拿着各科的习题追着老师询问……

短短的一个多月，能否创造出奇迹，谁也不敢说。但是努力总比不努力机会大，何况即便不能考上，能改变一下孩子的学习态度也是好的。重均也在用他的努力去履行他"拼搏"的誓言，去闯一闯这个不可能完成的"神话"。即便是在高考每一科的间隙，别的同学都在走廊说说笑笑、放松自我的时候，他也能抱着复习资料躲在球场的角落背诵记忆。我想：他是真的知道要努力了，希望这一切都不算太晚。

然而上天是公平的，并没有眷顾这个只努力了一个月的孩子，而遗漏那些为大学拼搏了整个高中3年，甚至奋斗了整个中小学阶段12年学习生涯的孩子。重均最终还是以5分之差落榜。

落榜之后，遗憾于他的努力太晚，可惜于他优秀的专业天赋，同时也出于一个班主任的职责和真心，在他的家长的恳求下，我积极帮他联系复读学校，向复读学校申请减免了他大部分的复读学费，多次鼓励他不要放弃、继续努力，一心期盼着孩子能够在这一次的失败中吸取教训，重回赛道，走出他自己的路来。

后记：重均2021年在高考中的遗憾并没从根本上改变他自己的学习态度，参加复读的他，也没有在2022年的高考中考上理想的大学。从复读学校的老师口中我得知，重均在复读学校的学习过程中"旧病复发"，重新回到了原来懒散不羁的状态，更为甚者，他的专业学习也不认真了。2022年我再次管理传媒班，其间带领班主任和级长两次去广州的机构探望学生时，也关注了一下在机构学习的重均。从机构反馈的情况看，这孩子已经没有了拼搏的劲头，专业课基本逃课没上，即便是院校单考也是随意应付。我想找他出来沟通一下，可是他或是以要准备院校单考，或是以在亲戚家距离很远为借口，避而不见。我想可能是孩子怕我批评他，又或者是因为自己的懒散感到无颜相见。

感悟与反思

时不我待，机不可失。重均的案例清楚地告诉我们，人生没有任何时段是可以拿来荒废的，如果他高中阶段能够稍微努力一点，如果他高三艺考回来就能够投入学习，如果他能够提早哪怕半个月开始努力，也许就不会有那5分之差，也许人生的发展轨迹就会完全不同。然而，错过了全本班的良好学习氛围，错过了那么多优秀老师给他专门辅导的机会，错过了咬牙拼搏的那股劲头，本就自律性很差的他也就很难再鼓起劲来拼一回了。

瞄准目标，坚持不懈才有成功的可能。其实以重均的天赋，即便遭遇了第一次高考的失败，只要坚持努力，延续良好的学习状态和拼搏的精神，相信最后也会赢得一个"迟来的幸福"，第二年的高考他也能够取得较好的回报。遗憾的是，重均缺乏持之以恒的坚定信念。在缺少了严格的监管和督促的情况下，他败给了放纵和懒怠，最终走向了失败的深渊。

主动的拼搏意志远比客观的优厚条件重要得多。重均遇到的人生机遇不可谓不好，突出的表演天赋，家长的全力支持，老师的无私辅导，专属的补习课程，弥补的复读安排……这一切都在为他实现理想目标铺垫了平坦的大道。然而，主观上缺乏奋斗意志的他却一次次错过了机会。也许，重均在未来的某一个时候会意识到努力拼搏的重要性，也许将来的重均会在其他的"赛道"上知耻而后勇，走出自己的辉煌，只希望他放纵得不要太久，醒悟得不要太晚。

2023 年 1 月 8 日

强者芷瑶

芷瑶是班级里仅有的几个没有考上本科的孩子，但是这孩子一直在乐观地坚持着自己的努力，从没有放弃过，那份乐观和坚持让人欣慰、让人动容，也让人赞赏。

芷瑶是最后才选择传媒并调到我们班的。孩子学习很努力，各方面的表现丝毫不比其他同学差。记得刚选择传媒时，她还是13班的孩子，我代表学校去探视传媒生的时候，她就专门跟我聊了一下她的语文学习，让我印象非常深刻。

完成术科的学习回到学校后，芷瑶就分到了我们全本班，一边参加传媒院校的单考，一边学习文化课。长相标致、性格活泼的芷瑶在我心目中一直是传媒院校最为喜欢的类型，加上孩子学习态度端正、乐观积极，很有自己的想法，因此她也从来不是我担心的对象。

然而在4月，传媒单考院校陆续放榜出来后，芷瑶却一直没有消息。几次过问孩子都说没有考到院校的资格证，直到最后一所院校放榜后，也没能在学校的公布网页上找到自己的名字。孩子的内心也逐渐在一次次查成绩之后变得焦虑起来。

知道芷瑶落榜的消息，我没敢第一时间直接找她询问相关情况，担心触动她心底的伤痕，让她难以面对。3天后，我才把芷瑶叫出来，好好地跟她谈了谈心，听听她的心声，也鼓励她努力学习文化课，争取考出好成绩。虽然我知道这样的谈话和鼓励比较苍白无力，也无法真正鼓动起孩子的斗志，但是我想着在孩子最无助的时候，老师的关心和鼓励无疑能给孩子送去一丝的温暖，也是帮助孩子走出阴霾的唯一办法。

面对着老师的关心安抚，孩子轻咬着下嘴唇，耐心地倾听，并没有表现出太多的消极情绪，反而勇敢地向老师表示会在接下来的学习中努力争取更好的成绩。其实我知道，面对大学本科梦想的破灭，孩子有太多的失望和不甘，表面上的坚强只是一种不太成熟的掩饰，内心的难过还是能够在举手投足间找到一些痕迹的。然而，在高三最后2个月的关键时期，过多地深入谈心，过多地勾起她的难过情绪，对孩子自身没有什么好处，还难免会影响到班级的整体备考，所以安抚性的谈话也就只能是轻描淡写。我暗暗对自己说，如果在接下来的学习中发现孩子学习积极性不高、投入度不够，也只能是睁一只眼闭一只眼了。甚至我想就算孩子就此放弃，选择回家打工，也是可以理解的。

没曾想，在接下来的日子里，孩子却努力兑现着自己的承诺，严格遵守着班级各项要求，同样早晚6点40回到班级，同样完成老师布置的各项作业，同样每天晚自习拿着题目到办公室找老师辅导……一切都是拼搏的状态。这一点，对于一个已没有了拼搏本科希望的孩子来说，实在是太难能可贵了。

高考那天，在兄弟学校考场的运动场边，我逐个给孩子们佩戴上班级的奋斗徽章。轮到芷瑶的时候，我特意拍了拍她的肩膀，摸了摸孩子的脑袋，用略显亲昵的动作鼓励着这个不容易的学生。我笑着勉励孩子，认真面对考试，努力考出好成绩，到了毕业那天，我会再给孩子一个拥抱。芷瑶高兴地回应着。

拍毕业照那天，孩子们都盛装回校。芷瑶穿着洁白的长裙，头上戴着可爱的头箍，打扮得漂漂亮亮的。虽然本科生合照的时候，她是满眼羡慕，伶伶仃仃站在一旁，但丝毫没有影响她的情绪，勇敢乐观的芷瑶满怀着热情参加着班级的毕业欢庆活动，还不忘开玩笑地向我索取那个在入考前答应她的拥抱……从她的身上，我看到了勇于面对挫折的坚韧和永不放弃的勇气。

有一句励志格言是这么说的："失败只有一种，那就是在没有成功之前放弃。"芷瑶无疑是生活中的强者，学习上的勇士。她能在挫折中保持着对未来的追求，在失败中保持着对理想的热情，相信即便没有考上本科大学，她也会在专科院校的奋斗中赢得属于自己的美好未来。

后记：上大学后的第一个寒假，芷瑶和同学们回校探望老师，闲聊间了解到芷瑶已是所在大专院校的重点培养学生，曾代表学校出席重要的展示活动，也是大学老师青睐的升本对象。相信乐观热情、坚定目标的芷瑶，会在将来的学习生活中拼出自己的一片万里晴空。

感悟与反思

人生中难免会遇到挫折。对于高中的孩子来说，拼搏高考应该是他们人生中遇到的第一个重要关卡，也是他们人生中第一次为自己的未来拼搏的尝试。从这样的"拼杀"中冲出来，考上理想大学的学生可以说是战役中的胜利者，但不一定能成为生活的强者。而在高考的失败者中，能很快振作起来，从挫折中站起继续奋进的孩子一定会成为生活中的英雄。

2022届高三的某位体育生，因为术科成绩距离他的理想目标差了10分，虽然同样上了本科线，却从此一蹶不振、颓废崩塌、辍学在家、放弃追求，任由老师如何劝慰，甚至校长上门家访做思想工作，都无法让他站起来拼搏。相比之下，身体柔弱却意志坚强，考场遇挫却乐观面对的小女孩芷瑶，无疑是真正的强者。

2023年2月15日

被耽误的遵蓉

遵蓉是最后才选择传媒方向的孩子。那是高三第一学期,在向多方了解后,遵蓉抱着拼一拼本科的念头,在距离传媒高考还有一个多月的时候选择了传媒专业。一转入,孩子便奔赴广州机构开展传媒的专业培训,因为学习时间短,在传媒的省统考中并没有考出非常好的成绩,但这孩子学习认真、态度端正,成绩还是不错的,距离省统考本科线也就差一点。其实这个生源段的孩子,拼搏的主要方向并不是传媒的统考,而是统考后各院校的校考,孩子们都非常清楚这一点。因此,统考的失利并没有太多地影响遵蓉的学习心态。

统考结束后,传媒生回到学校一边学习文化课,一边备考艺术院校的校考。遵蓉是回校学习最认真的那一批。我接手全本班后,把遵蓉作为班级的学习标兵提升为副班长。遵蓉在班级的学习干劲和自律性得到了更深化的促进,在我的心目中,遵蓉考几个传媒院校的本科资格证是没有问题的。

然而,遵蓉家长的选择决定了孩子的未来。孩子的家长非常反对孩子到广东省外读大学,要求孩子只能选择省内的院校,而且不能报考学费较贵的。然而在 2020 年,广东省内的传媒校考院校非常少,适合遵蓉这个分数层级的院校也就华农珠江学院、白云学院、湛江科技学院这几家。因此,其他同学报考省内外院校多达十几二十家,而遵蓉只报了几家,重点瞄准的目标就只有白云学院一家。艺考校考这种事,本来就多少有点大海捞针的意思,多报几家就多几个机会,而遵蓉的报考仅局限在省内极为有限的几所院校,获取录取资格证的概率大大降低。虽然作为班主任的我多次劝导孩子多报广报,但是孩子受限于家长的地域观念,始终不敢"越雷池",最终勤奋认真的遵蓉也没能拿到传媒校考的资格证,而班级里学习能力、学习态度较之差距很大的同学都获得了两三张省外院校的录取资格证。

艺考结果出来的时候已经 4 月底,距离高考还有一个多月的时间,我非常担心艺考的结果会影响遵蓉后期的学习,更担心遵蓉会产生颓废的情绪影响整个班级的备考氛围。然而我观察了几天,遵蓉的情绪虽然有点低落,但是状态并没有明显的下滑。我抽空找孩子出来谈谈心,做做思想工作,鼓励孩子拼搏高考的文化课考试,发现孩子乐观豁达但又不失严谨认真,非常清楚自己的努力方向。我不由得感慨,这孩子真懂事!又不由得后悔当时没再找家长尽力规劝。

高考中,遵蓉考到了 345 分,超过了本科分数线 85 分之多,如果能有个资格证,这孩子肯定能被传媒类本科院校录取。最终,孩子被阳江职业技术学院的数字媒体技术专业录取。能够考上一个公办大专的热门专业，应该说是孩子不幸中的万幸，我也只能默默祝福孩子的发展。

感悟与反思

  遵蓉的案例让我反思良多。首先是家长的观念出现了问题。回头看来，孩子是被家长的地域观念耽误了。家庭教育在孩子的成长中是最为重要的，家长需要尊重孩子的选择和孩子的自我发展。遵蓉的家长对于新兴的传媒专业毫无认识，并不清楚传媒这个方向省外的院校更有专业优势，一味凭着地域观念限制孩子的选择，最终耽误了孩子的发展。家长用自己的20年前的经验指导孩子现在的选择，决定了孩子未来几十年的发展，这样的逻辑明显是不合理的。然而作为老师，我们的劝导又显得如此苍白无力。

  其实从某个角度来看，孩子的教育发展的决定因素在家长而不在学校，家长的认知直接决定了孩子的选择和未来。有智者说："认知决定行为，行为决定结果。"是的，人的认知是最后结果的根源所在，然而人的认知又是最难改变的。在此案例中，遵蓉家长的认知受到狭隘的"地域思想"局限，认为广东省经济发达，不愿让孩子到省外高校学习，明显影响了孩子未来的发展。这一认知也直接影响了孩子的成长，虽说未必一定是不好的结果，但必定限制了孩子将来的成长路径。

2022年11月21日

明星菁怡

"上面的女孩是谁？菁怡？长得好漂亮哦，还考到了四川电影电视学院表演专业！好厉害呀！"

"她以后会不会成为大明星？"

教学楼一楼楼梯口的宣传海报换了新的版面，许多同学驻足围观，其中有好几个女孩子对着画报上菁怡的美照议论着。画面上的菁怡手捧书籍，肤如凝脂、领如蝤蛴、齿如瓠犀、螓首蛾眉、巧笑倩兮、美目盼兮，活脱脱一副明星相，不管将来能否真的成为"大明星"，至少登上楼梯口海报的菁怡成了今年学校里大家羡慕的"大明星"。

每一年，学校都会将上一年优秀毕业生的美照制作成海报，配上励志的口号标语，张贴在教学楼各个楼层的楼梯口处，用来鼓励下一届的孩子们，今年也不例外。众多海报中，一楼楼梯口的海报是最引人瞩目的，学校也会挑选形象最好，最为励志的代表人物张贴在这里。不知从何时起，高三的学子们逐渐把能够登上一楼宣传海报当成了一种荣耀，一种激励。今年的主角是菁怡，她考上的四川电影电视学院虽称不上国内名牌大学，但却是传媒类专业院校中的顶尖存在，是学校里众多传媒生梦寐以求的目标。

其实，菁怡除了成为我们学校的大明星，还是所在四川电影电视学院大一新生中的大明星。她刚去大学就读没多久，学校就把她作为新生中的优秀代表，不断地宣传。新生军训的网络推文里，她的倩影是出现得最多的，记录新生学习的宣传短视频里，她是短片中靓丽的女主角……看得出四川电影电视学院也在着力培养着这个未来的大明星。

菁怡能够考上本科，走上校园"明星"的康庄大道，还真的颇为曲折，真的颇为幸运！一直以来，她都是普通文化班中普通的一员，在各项文艺活动中没有突出的表现，在学习上也不怎么显山露水。但是她精致姣好的五官，绰约多姿的身材倒是一直让传媒班的老师觉得她是块好料子。我们也曾经在高二组建传媒班的时候找她聊过，不知是她对传媒专业了解得不够，还是家人不支持她选择这条路，总之她一直没有转入传媒专业。

高三第一学期最后一次发动的时候，菁怡成了搭上报读传媒专业末班车的最后一名"乘客"。记得那时已是2021年的10月下旬了，传媒班上的孩子即将踏上外出集训的征途，我们考虑到传媒专业的专业知识不多、难度不大，最后集训之前再发动一批学生参加也还来得及，于是就在高三的普通文化班里进行了又一轮的发动工作。当时她的班主任给她做了不少思想工作，并说服她的家长到学校来了解一下相关专业的情况。其实，根据班主任的反馈，菁怡自己是对传媒的学习感兴趣的，只是家长对于孩子学习的经济投入有疑虑，心疼那外出集训的两三万学习费用，才一直没下定决心。

那天晚自习时间,家长带着孩子在讲学厅听了专业老师的介绍后,一直徘徊在去与不去的犹豫中。推介会结束,大多数家长在做出决定后已经纷纷离去,只有菁怡和她的家长还在不断地向专业老师咨询着相关细节。菁怡乖巧地守候在家长身边,不时表达着自己对于专业学习的兴趣和努力学习的决心。经过了漫长的沟通和商讨,在菁怡的不断努力争取下,家长似乎下了很大的决心,终于同意了菁怡的请求,答应了让她去广州学习传媒。那一刻,她高兴地拉着另一位女同学又蹦又跳,就像个得到了宝贵玩具的孩子一样。站在一边与其他年级行政人员闲聊的我,看到了这一幕,也打心底为这个得到了家人支持,得到去追求自己理想机会的小女孩感到高兴。次日,菁怡就跟随着其他传媒班的孩子搭上了追求梦想的大巴车,到广州的机构集训去了。

集训期间,作为年级艺体生主管的我多次带领班主任到机构探视学生,了解他们的学习状况,期间也看到过菁怡努力训练舞蹈表演节目的场景。由于菁怡不是原传媒班的孩子,我没有教过她,对她以往的学习情况也不甚了解,因此并没有太多地关注她的状况,只是把她作为学校的学生顺带了解一下。据机构专业老师的介绍,菁怡的颜值条件不错,在机构的建议下选读了表演专业,而且专业学习还算认真,考上本科的概率是比较大的。

集训结束后,菁怡被分配到传媒班学习文化课。这个时候我也成了她的班主任。然而春节过后,菁怡一直没有回班里上课,我不禁为她着急起来,在微信里催促着她回校学习文化课。她向我说明了她自己的安排,上午在家里复习文化课,下午练习专业准备传媒院校的单考,并且向我保证回校后会用心学习文化课。看着孩子这么懂事地规划着自己的学习,我也只能一再提醒她抓紧时间,合理安排,尽快回到学校学习文化课。她乖巧地答应着。

到了三月,菁怡回到班级学习后,我这个班主任与她的接触才渐渐多了起来。经过一段时间的观察,我发现这个小女孩斯斯文文、非常听话,说话也是柔声细语,特别温柔可人,平时在班级里的表现也没有什么问题,妥妥的"乖乖女"一枚。而且,看到孩子的文化课学习在班级里不算差,在多次模拟考中都能位居班级的中上游,考过本科线看来是不成问题的,我也就渐渐地放下心来。

不知什么原因,2021年各大传媒院校的单考成绩迟迟未能放榜,班级里同学们都不禁焦虑起来,班级整体的学习专注度受到不小的影响,我这个班主任只能一边尽可能地安抚着同学们的情绪,一边提醒同学们不要放松文化课的学习,等出了成绩再努力就来不及了。直到5月,各大院校才陆陆续续放榜,菁怡是到了5月中旬才查到自己的专业单考成绩的,几乎是最晚的那一批了。孩子把成绩截图发给我的时候,别提有多开心了,我对她表示祝贺的同时,不忘提醒她努力学习文化课,把最后一关冲过去。其实,我也相信一向乖巧懂事的菁怡会安排好自己的学习,顺利实现自己的目标。

但是,生活总是一次次给努力的孩子不同的考验。就在高考前几天,菁怡发烧了。那时正是特殊时期,菁怡被要求回家治疗,必须退烧后在医院拿到检验证明才能回校。在临近高考的最关键时刻,菁怡的发烧给班级乃至学校带来了不少压力,我也为菁怡能否及时恢复,能否保持较好的备考状态,能否在高考中发挥出自己的正常水平捏了一把汗。那几天里,我不断在微信里关心着她的病情,关注着她的身体状态。直到6月4日,孩子才基本痊愈回校,此时距离高考仅剩下两天了。很明显这么短的时间,孩子是很难恢复到较好的备考状态的,结果菁怡也并没有在高考中发挥出她的最好水准,高考成绩仅为302分,距离平时的考试成绩差了50多分,但幸运的是这样的分数已经足以超过传媒院校的本科分数线了。最后,菁怡也顺利被四川电影电视学院表演专业录取。

后记:菁怡成为校园的明星后,多次被邀请回学校向师弟师妹们做经验介绍。师弟师妹看到明星学姐菁怡的归来总是一脸的兴奋,又是与她合影留念,又是加微信沟通。菁怡在很长的一段时间内,成了校园里师弟师妹们崇拜的偶像,而菁怡也发挥着她的偶像作用,用她当年决策选择的经历,用她努力拼搏的经验,引领着更多学子选择自己的艺术道路,追寻自己的人生梦想。

感悟与反思

自己的路需要自己去努力争取。菁怡的明星之路是在她反复向家长争取之后得来的。原本在文化班默默无闻的她,如果继续着原有的路径,相信最好也只能是考一个大专。然而她把握住了机遇,努力说服家长给予她支持。她用自己的努力争取到了最后的机会,成为学校最后一个报读传媒的学生,从而实现了自己的理想。

有了目标,还需要专注地奋斗,努力地付出,才会有回报。菁怡在专业培训中能够克服心理压力,努力追赶,要知道最后才报读传媒的她比起原来传媒班的孩子要少了近两年的专业学习,却能够赢得专业考官的认可,考到最好的专业院校,实属不易。在文化课备考中,她一直专注于学习,要知道长相甜美的菁怡有着众多的追求者,但她能够打破各种干扰,高效地安排好自己的时间,做好自己的学习规划,专注于枯燥的试题练习之中,也不简单。试想一下,如果前面的学习备考不够努力,没有打下坚实的成绩基础,在高考前又遇到了身体问题,能否考过分数线还真不好说。从这个角度看,菁怡是真的要感谢她自己的努力、自己的专注,而她也无愧于"明星"这一称号。

2023年1月9日

自信有主见的漪彤

漪彤是个有主见的孩子。

高一分班后我就教了漪彤,当时她是选择了音乐的。在音乐舞蹈班,她的成绩并不差,各方面表现优异。当然作为艺术生,孩子有着她的个性,做事非常有主见,而且不轻易听取别人的意见。当时她的班主任对她颇有看法,认为她比较固执,然而在我看来,这样有着自己见解和判断的孩子是很有培养价值的重点对象。

第一次见识到她的主见或者说是固执的特点是在高二下学期。音乐学得不错的她突然选择转学传媒。当时我正组织年级组动员学生学传媒,组建学校第一个传媒班。我们动员的对象主要是普通文化类班级的同学,因为他们的文化课基础较差,想通过文化课成绩考上本科,基本上机会渺茫。而传媒类专业是个新兴的艺术类别,且随着智能手机的普及以及短视频、自媒体的爆红,社会对相关人才的需求缺口非常大,因而高校招收相关专业的学生需求也很大,通过这个路径考本科大学要相对容易得多。学校前两届曾经小范围尝试过动员个别学生走这个路子,都能顺利考上本科,因此我们这一届着手筹建传媒班,以形成一定的数量优势,提高学校本科升学人数。

作为艺术类的班级,音乐班并不是我们动员的对象,因此我们并没有去音乐舞蹈班向学生推介,一来不希望扰乱学生的兴趣方向和奋斗目标,二来我校的音乐教学成绩一向不错,每年也能考出七八成的本科率来,没必要打乱音乐班的教学。然而,漪彤却是自己主动跑来传媒班的。她的到来让我颇为吃惊,无论从专业课学习,还是从文化课学习,以及从她在班级的存在感(她是音乐班的学习委员)来看,我都不太认同她的这个选择。我找孩子聊过,让她认真考虑一下,毕竟音乐专业已经学了一年多,专业基础不错,在专业上投入的金钱和精力都不少,放弃已有的基础换一个赛道无疑是人生的一次赌博。

然而不论是我的劝导还是班主任、专业老师的劝说都不起任何作用,她认定的事情必须做,不可更改。她当然也有她的理由,她自认为在播音主持专业上有天赋,同时她也是学校团委旗下的主持队的一员,在学校的大型晚会上登过台,表现不错。我们也尝试跟家长沟通,希望家长可以给她一些合理建议,家长表示不干涉孩子的决定,孩子从小就很有主见,尊重孩子的选择。

第二次见识漪彤的主见是在高三,当时,孩子们都确定了去某家培训机构学习专业课。这家机构有着多年专业的辅导经验,而且前几届师兄师姐都是在这家机构学习的,从已有的成绩看,机构还是比较靠谱的,每年都能保证百分之百的专业本科过线,因此无论是学校还是传媒班的同学们都比较愿意到这里去学习专业。然而漪彤却另辟蹊径,自己联系了一个私教,单飞到私教老师家去学习专业。

对于漪彤的这个决定我比较担心,语重心长地跟她谈了几次。见识过上一次她的"固执",这次我没有太多地劝说,只是引导她认真深入地考虑几个问题:一是选择的老师是否专业?是否全面?二是单个培训是否缺乏学习氛围?三是没有班集体的学习环境,自己能否管好自己,坚持努力?不出所料,孩子还是固执己见,对以上问题逐一解答,总之就是相信自己的选择,自己能够管好自己。

同样,班主任的劝说和机构老师向家长的建议也是一无所获,家长仍旧是那句:"让孩子自己选择,我们无条件支持。"最终漪彤还是坚定了自己的选择。在孩子们外出学习的过程中,因为她一个人单飞,我们无法兼顾,所以去探视传媒生的时候从来没有去探望过她,甚至很多时候学校都忽视了她的存在,而我也只是偶尔在微信上关心一下她的专业学习状态,每一次她都是自信满满地回复我,似乎对未来的考试信心十足。有一次孩子还给我发来了她的新闻播报的小视频,看着视频中的漪彤神态淡定自如,发音字正腔圆,恍若电视台的主持人在播报新闻一般,我也就渐渐放下心来。

高三下学期冲刺阶段,术科学习结束后,同学们纷纷回到学校一边学习文化,一边参加传媒院校的单考。这时因为年级合班,我也成了这个集合了传媒、音乐、舞蹈、体育各专业混杂成的全本班的班主任。因为漪彤一向乖巧认真,也非常有主见,我对她的干预和关注并不多,只是常规性地过问她报考的学校,考试的感觉等。每一次她都是自信满满。

然而,再有主见、再坚强的孩子毕竟还是孩子。到了四月底,同学们纷纷拿到传媒院校本科资格证的时候,漪彤却没有任何消息,据她说可是单考了十多间院校的,这都快5月了,大部分的院校都出成绩了,她还是没有收获。尤其是在她寄予厚望的浙江传媒学院落榜后,不禁开始有些焦虑起来。她少有地找我聊天,少有地流下了眼泪,谈心里的感受,谈心中的焦虑,甚至提及要复读,情绪变得不太稳定。我心里也为她着急,颇有点埋怨她前面的"固执"不听建议,但是我知道这时候是不能说的。我只能一面安慰她还有几家没出,还有机会,一面提醒她努力学习文化课,不要放弃,免得最后出来有本科资格证却把文化学习落下了。然而,客观的困境和主观的低落情绪,还是让她消沉了很长一段时间,甚至一度到心理老师处排解不良情绪,还一度请假回家平复心情。

刚进入5月,漪彤兴奋地告诉我她拿到本科资格证了,还是比较好的那两间院校,南京传媒学院和四川传媒学院。我打心底里为她感到高兴,借机鼓励她好好学习文化课,不要让已经跨入本科的那只脚又抽了回来。最终,漪彤还是通过她的努力,在6月的高考中取得了367分,说实话这个分数不算高,至少没能考出她应有的水平,但是足以被录取了。在两所传媒类名校中,她最终选择了四川传媒学院,被录音艺术专业录取。

感悟与反思

　　漪彤的主见不是与生俱来的，也不是一朝一夕练就的，可以看得出，孩子的家庭教育在独立自主方面做得十分到位。这些不是学校教育能教出来的，应该是家庭从小就让孩子自主选择锻炼出来的，这可不是任何家长都能做得到的。很多家长会认为孩子不懂，什么都替孩子决定，什么都干涉孩子的选择。我十分钦佩漪彤家长对孩子选择的支持和对孩子的尊重。在学校和专业人士多方的劝说下，能始终相信孩子的决定，支持孩子的选择是不容易做到的。从家庭教育学角度看，尊重并支持孩子才是帮助孩子成长成才的根本。从孩子的角度看，只有得到了家庭的支持，才能放开手脚拼搏，才能实现自己的理想。

　　相反，近期新一届高一选科选班中，就遇到一个女孩，她对美术学习非常有兴趣，也很有天赋，非常坚定自己的美术梦想。妈妈十分支持孩子的选择，但是父亲一味反对，坚持认为孩子什么都不懂，妈妈也什么都不懂，所有都只能听他的。即便孩子已经到美术班学习，仍一再要求学校必须让孩子转回文化班，否则就去教育局告学校。我当然不怕他去告，有妈妈支持孩子的聊天截图，去哪里告他都站不住脚。然而，从他在家庭中的专制态度，可以判断他们家的亲子关系非常差，孩子的未来也不会好到哪里去。据说他的大女儿就是在他的强硬干涉下，放弃了音乐学习的梦想，现在只能在大专院校学着自己并不感兴趣的专业。对这样不懂得尊重孩子、不支持孩子梦想的家长我也只能唏嘘，同时为孩子感到遗憾！

2022 年 12 月 8 日

健竣砸手机

"你说,怎么处理?身为班级的副班长不遵守纪律玩手机,你让同学们怎么看你?就剩下一个多月了,你的星海梦还拼不拼了?"我严厉地批评着健竣。

健竣这个孩子能拼到今天实属不易。高一时的健竣是个不学习的孩子,人生没有奋斗目标,整天沉迷于手机游戏,家长虽然是镇上的小学老师,也拿孩子没有办法,基本处于半放弃状态。

自从在学校接触了舞蹈专业以后,孩子仿佛找到了人生的目标,在舞蹈的学习上那叫一个刻苦。要知道高中之前完全没有接触过舞蹈的男孩子,到了十七八岁才开始拉韧带,抓基本功,那种身体上的折磨可不是一般的孩子能承受得下来的。但是健竣坚持了下来,每天天不亮就到舞蹈室练早功,周末也从不浪费时间,拼了命地练习。舞蹈的专业能力也越来越强,努力方向也越来越明确,目标直指星海音乐学院。

这可是广东最好的音乐学院,也是很多孩子梦寐以求的理想大学,是健竣以前想都不敢想的神往之地,如今通过自己的努力却已经能够触碰到它的大门。因为有了追求,孩子艺考回来后也特别的努力。但是原来的放纵让孩子的文化课基础比较差,加上多年来自由散漫的习惯,很多时候并不能很好地控制自己,时不时会偷偷地藏着手机不上交老师,趁着老师巡查宿舍结束后躲在宿舍里打游戏。这不,昨天晚上十一点多,我搞了个突然袭击,就抓到了他。

此时的他低着头站在我面前,一句话也不敢接,伸着脚尖在地上画着圈圈,似乎想把自己圈禁在这小小的地板方格里。

我继续着我的批评:"你小子努力,老师看得到。你说你要拼星海,老师知道你控制不住自己,专门安排了个副班长的职务给你,就是让你时时刻刻提醒自己要带个好头,帮你控制自己的。你倒好,不但不管好自己,居然还带着宿舍的同学一起对战……"

噼里啪啦给这孩子一顿臭骂后,我死死地盯着孩子的脸,足足一分钟没有说话。孩子也似乎意识到我在盯着他,抬头看了我一眼,赶紧躲开了视线。我想,这时我失望的眼神比起言语的批评更严厉,更让他感到压力!

孩子意识到自己错了,让老师失望了。沉吟良久之后,他用坚毅的眼神看着我说:"老师,我以后再也不会了,今晚我在全班做检讨,并且当场把手机给砸了!"

孩子的决心我是预料到的,但是信誓旦旦地要砸了手机,倒是出乎了我的意料:"你真的要砸了手机?我可没有让你砸手机哈,别到时你家长来找我赔手机就麻烦了。"

孩子斩钉截铁、坚定异常地回复我:"肯定要砸了,我要逼自己静下心来学习!"

我不太相信地说："那好！那我今晚专门为你开一场主题班会，看你怎么坚定你的信念！"

晚修时候，我回到班级。孩子们都在埋头学习，没有一个人抬头看走进班级的班主任，仿佛整个班级都沉浸在奋斗的海洋里，浑然不知书本以外的世界。规划好的班会，不能引而不发呀。于是我打断孩子们的学习进度，把没收的手机放在讲台上，让健竣上来。

显然，健竣是做了充分准备的。站在台上，健竣把自己违纪的事详细地复述了一遍，并且向全班同学诚恳地检讨："我作为班级的副班长，没有带好头，还为班级抹黑，对不起大家！我这个时候还打游戏，没有拼搏我的梦想，我对不起我自己！我辜负了班主任对我的信任和支持，我对不起老师！我今天真诚地检讨，希望大家以后监督我！"

随着他向班级鞠躬弯下腰杆，我意识到孩子真的想做出改变了。随后，孩子拿起桌上的手机，狠狠地砸向地面。"啪"的一声，手机落地，由于巨大的惯性还在地上滚了两圈。

呀，这孩子真砸了手机呀？站在班级门口看他表现的我赶紧上前问道："真砸了？我看看碎了没有？"

健竣捡起手机，把屏幕对着我展示。确实坏了，屏幕上的裂纹像蜘蛛网一样散开，布满了整个屏幕。孩子还不满意，拿着手机再次狠狠地砸向地板，然后顺着爆裂的手机外壳，直接把手机掰成两半，然后用坚定的步伐走向教室后面的垃圾桶，没有半分犹豫地把手机残骸丢到垃圾桶里。那洒脱的动作仿佛是向过去的自己告别，又像是丢弃那个不争气的自己。

打铁要趁热，我抓住这个机会，在班里一方面批评了健竣的违纪行为，另一方面也表扬了他敢作敢当、知错能改，勇于告别懒散的自己的行为，并且以此为例，进行了一次简短而有力的勤学思想教育。

在剩下的一个多月里，我再也没有发现过健竣玩手机的行为，他真的在这个坎上战胜了自己。之后健竣也在默默地为他的大学梦努力付出着、拼搏着。最后在高考中，健竣的文化课成绩比起原来有了巨大进步，超出了本科线 50 分之多，但是这个分数距离他的理想——星海音乐学院还有一些距离，最终被广东海洋大学录取，稍有遗憾。

感悟与反思

孩子的改变需要自身的努力，但是也少不了老师的引导和改变他的契机。健竣的游戏瘾根深蒂固、难以纠正，如果不是这次偶然的突击查寝，很有可能他还会沉浸在偷偷玩乐而不被老师发现的快感中，直至把自己的梦想沉没。思想教育不是简单的说教谈心，喋喋不休的说教很多时候只能把孩子推向逆反的深渊。纠正孩子的恶习更重要的是抓住机遇，抓住孩子的心。因此，作为班主任不要害怕孩子犯错，孩子犯错了才有改变的机会。如果孩子把自己隐藏在乖巧听话的外表下，我们根本都不知道他有问题。只有他犯了错，暴露了问题，我们才有帮他改变的可能。

2023 年 1 月 5 日

纠结的思琪

那时的思琪一直在纠结是否要到四川文化艺术学院就读本科。

思琪是班上的舞蹈生,孩子原来的文化课成绩比较差,各方面表现都算不上优秀。自从高三到机构集训舞蹈后,整个人的气质都变了,原来瘦瘦小小的身材变得匀称有致,原本苍白阴郁的面容变得阳光精致,活脱脱从一个低调朴素、毫无光彩的农家小妹变成了光彩照人、颜值优越的阳光女孩。我想应该是舞蹈的学习让她找到了存在感,找到了自信心。

以前在学校学习的时候,孩子的领悟能力不强,基础也不扎实,无论文化课还是舞蹈专业成绩都并不优秀,甚至可以说是靠后的那几个。但是到广州机构集训后,舞蹈专业的表现力被挖掘了出来,曾经在模拟考中考出非常好的成绩,而且专业的学习越来越好,整个人发生了巨大转变。

正当我这个班主任对孩子的高考充满期待的时候,孩子在舞蹈术科高考中发挥失常,完全没有考出应有的水平,成了舞蹈生中唯一没有考过本科线的。但是孩子还是没有放弃,在随后的校考中,孩子考到了四川文化艺术学院和海南经济学院两所本科院校的舞蹈专业本科资格证,文化高考也考过了舞蹈类的本科线。然而在报考的时候,家长却执意让孩子报大专,放弃千辛万苦考上的本科大学,原因是希望孩子在广东就读大学。

思琪的家长其实也并不是完全没有考虑过让孩子去本科大学,一来海南经济学院的学费较贵,家长不愿意投入,二来他们从网络渠道了解到四川文化艺术学院招收的是成人本科。其实孩子多次向四川文化的招生老师了解过,她这个专业是全日制本科,然而家长并不相信学校的回复,因此坚决让孩子报考大专,留在广东就读。

作为班主任,我非常心疼孩子三年的付出,也担心家长的武断决策断送了孩子的本科梦想,影响孩子未来的发展,不断地劝说家长多方深入了解后再决策。孩子非常纠结也非常懂事,她也不愿意放弃自己为之拼搏了三年的奋斗目标,但是又无法说服家长。为了争取家长的支持,高考结束后,孩子到麦当劳去打零工,就是为了赚取一些零花钱以减轻家长的负担,希望可以通过这样的方式赢得家长的认可。报考期间,我跟家长多次沟通,希望家长能够放开成见,支持孩子的本科大学梦想,然而最终,家长还是坚持自己的判断和选择。孩子只能放弃了本科的报考,选择了广东外语艺术职业学院,继续她挚爱的舞蹈表演专业。

感悟与反思

  在中国的家庭教育中,家长更多的是站在自己的立场考虑问题,用自己既有的认识去为孩子谋划未来,而不是把孩子作为独立的人予以尊重,将人生道路的选择权交给孩子,即便孩子已经年满18岁,有了自己对于人生的认识和判断。这里不是说家长不为孩子着想,而是说家长为孩子想得太多太长远了。家长用自己仅有的社会认知,在他们并不了解的方向上为孩子做出选择。当然,我们不能就此判断家长的选择一定是错的,但是是否应该把更多的选择权交给孩子,让孩子自己去决定他未来的路呢?就以思琪为例,孩子的家长并不了解舞蹈专业,对于高校的招生政策也并不完全清楚,更可悲的是基于自己的主观情绪,影响了客观信息的判断,对于从学校招生处了解回来的信息不予信任,完全依据自己过时的经验和网络上的不实信息判断。

  当然,家长很有可能还受到了一些亲戚朋友的建议的影响。通常家长在为孩子做出重大决定之前,会征询家族中一些有威望或者事业颇有成就,又或者是学历稍高的亲戚的建议。这些家里亲戚的建议大多会严重干扰家长的判断。比如,很多孩子在选择走艺体类道路的时候,家长就会被亲戚左右,不允许孩子学习艺术学科、走艺术道路。理由无非就是"要花钱""出来不好找工作"这类大人们在社会中遇到的现实问题,完全没有考虑孩子的发展天赋,更缺乏对社会发展和时代变化的预判。然而,可笑的是这些亲戚却从小学甚至幼儿园就开始把自己的孩子送到各种兴趣班学习舞蹈、乐器、体育、围棋什么的。我不禁疑问,他们怎么不考虑自己的孩子学这些"要花钱""出来不好找工作"呢?难道幼儿阶段学这些有用,专业的学习反而没用了?还是看待别人的孩子就可以客观判断,自己的孩子就报以主观的情绪了?

  这样的悲剧还在一届届学生中反复上演,真心希望家长能够给孩子更多的选择权,能够把已经成年的孩子真正当作一个成人看待,让他们选择自己喜欢的路径,发展他们自己的未来,走出他们自己的道路。

2022年11月23日

严谨认真的锦昊

锦昊性格耿直，做事严谨认真，对自己要求严格，一直都是班级的核心班干。原来在音乐舞蹈班的时候他就是班级的学习委员，合并到 3 班全本班后，我在选择班干部的时候毫不犹豫地选择了他，并且把他放在了纪律委员的重要岗位，负责班级的考勤和纪律管理。

事实证明，我的选择没有错，锦昊自上任那一天起就承担起了班级纪律管理的重任。要知道，刚刚接手班级的时候，班里的 56 名孩子来自 9 个不同的班级，临时拼凑起来的班级别说凝聚力和优秀的班风学风了，就连相互熟悉都需要过程。而留给我这个临时班主任的时间却只有 105 天。当然，在如此紧迫的时间内要融合好班级，要团结好同学，要管好班级的众多"大神"级别的"困难户"，要抓好班风学风，还要考出最好的成绩，仅靠我这个临时上阵的班主任是远远不够的，班干队伍的搭建和培养就显得非常重要了。在班干队伍的建设上，我首先非常清晰地给每一位班干明确了职责和任务，然后给他们足够的表现空间和权力，让他们放手去管，同时我还发扬民主，尊重班干的管理建议，鼓励他们创新管理办法，总之充分发挥他们的主动性和积极性。

其实在众多班干位置中，最为重要也最为难做的就是纪律委员。这是一个"得罪"人的岗位，不严格管理，班级良好的风气就难以形成；管得太严，班级里众多个性突出的"大神们"又容易"造反"。何况是在这高三最后冲刺的重要阶段，是在一个临时拼凑出来的班级，还要完成指标任务考出成绩，管好纪律和考勤无疑是最大也最先要解决的难题。但是我相信锦昊，从他严谨且一丝不苟的态度中我能够感受到他对于班级管理是有自己的想法的。上任前，我还专门找他谈过，把这个岗位的重要性跟他进行了一次深入的交流，当我把班级的考勤表交到他手里的时候，他一脸认真地回应我一定会把工作做好。从他坚定的眼神中，我可以看出他一定会铁面无私地管理好班级的纪律，不会辜负我的信任。

锦昊做事非常严谨认真。每天他都是最早回到班级的几个孩子之一，因为如果他晚到了就没有办法记下谁迟到了。他也是主动申请坐到班级后面的同学，因为他的职责是管好班级的课堂纪律，坐在后面容易记下不认真、上课打瞌睡的同学。他还会不时向班委和我提出班级管理的想法和措施，这时我总是无条件地予以支持，让他大胆地在班会课上宣告他的管理理念和具体措施，给予他最大管理权限去落实他的想法。

其实这样的职位对于他的学习也是有一定影响的。作为舞蹈生，他早已锁定了本科的目标。在班级的六个舞蹈生中，他是对自己要求最严格的，但是不知是天赋不占优势还是练舞受过伤后心理有了阴影，舞蹈技巧的难度总是上不去，很多时候术科老师也就把他放在了本科目标生的位置上，而不是重点培养的对象，给我的考星海音乐学院的对象生中总是没有他的名字,而我却总是追问道:"锦昊呢?"。

我知道他也一直跟自己较着劲。在文化课的学习上他比起其他几位舞蹈生都要努力,文化课成绩也一直名列前茅,我想他是想用文化课成绩弥补术科的不足。自从当了纪律委员后,座位在后面,听课的效果难免会差一点,但是他从未抱怨过,每次上课都看他挺直身板,抬起头,瞪着眼努力盯着黑板。上课的时候还要兼顾着其他同学,尤其是传媒班那帮大神的上课状态,不时在班务日志本上记下名字。这也或多或少干扰了他的学习状态。然而他的严谨认真确实帮助了班级的管理。全本班这个临时拼凑了全年级各个班"大神"的班级,居然在很短的时间内就形成了良好的学风班风,这让当时年级的领导和其他班的老师们颇为惊讶。因为他们是十分非常清楚这批"大神"在原来班级的上课状态的。

锦昊的严谨认真还表现在学习上。在专业技巧能力没有办法提高的情况下,锦昊报考了星海音乐学院的舞蹈理论专业的校考。要知道,在最后的高三冲刺紧张的文化课学习中,还得抽出时间备考舞蹈理论专业,这是很难做到的。孩子一边应付着日益繁重的文化课学习压力,一边利用课余时间看舞蹈理论书籍,坚持每天刷题。最终在单考中脱颖而出,以专业分 71.2 分的成绩,排在广东省第 33 名。这是个不错的成绩,但是距离他的目标还有距离,因为广东省仅仅招收 27 人,也就是说最后的文化课还得考出好成绩,才能超越前面的 6 个人,才可能被他梦想的大学录取。

记得在高三最后的一个多月里,当他查到自己星海音乐学院的单考资格证的时候,他已经不满足于学校的复习进度,主动到市里找复习辅导机构加课。于是在最后冲刺的那一大段时间里,他每周都有那么两三天的下午上完课就搭公交车赶往市区机构补习,晚上补习完回到家中再加班熬夜完成学校布置的练习和作业,即便如此班级的纪律管理也没有落下。

锦昊的班干管理工作没有过多影响他的学习,反而督促着锦昊更加勤奋、更加严谨地学习。凭借着他严谨的学习态度、积极的心态,最终不仅考上了自己理想的大学——星海音乐学院,还带领班级考出了神话般的整体成绩,应该说全本班最后实现 83.9% 的本科奇迹,锦昊在纪律管理上做出的贡献是巨大的。

感悟与反思

　　班干的岗位不仅仅是让孩子帮助班主任管理班级,同时也是提升孩子自我管理能力的一种重要手段。锦昊自身严谨认真的态度固然是他成功的最重要原因,但是锦昊担任纪律委员以来,一方面帮助了班级的管理,另一方面这一重要的管理岗位无疑也督促着锦昊更加严谨地对待自己的学习和生活。不是纪律委员,他也许就不会每天最早回到教室学习;不是纪律委员,他也许也不会每天强迫自己要比别人更认真地听课;不是纪律委员,他也许不会表现出比别人更积极上进的学习态度。因此,班主任在设置班干岗位的时候,不仅是在选择自己的帮手,也不只是在利用班干管理班级,更是借助班干岗位帮助孩子建立更好的学习习惯,形成更好的学习态度,只有这样,才能实现班级和个人的双赢。

2022 年 12 月 29 日

定国的受伤

看着定国包扎得像个猪蹄似的脚,我气得半死,走过去做样子要再踢他的伤处两脚。真是太不让人省心了!眼看还有两周就到星海艺术学院的单考了,这家伙居然跑去打球,还是三对三的激烈对抗,居然还就真的扭伤了脚。刚刚在周一的班会课上才强调了,距离高考仅剩下两个多月,要保重身体,不要生病受伤,尤其是喜欢打球的同学,投投篮就算了,不要打对抗,以免受伤了影响高考备考,结果第二天他就受伤了,而且伤势还不轻。

要知道,定国可是这批舞蹈生中技巧能力最强的,最有天赋的那个,舞蹈老师一直把他作为这一届的苗子培养,目标直指省内最好的艺术专业院校——星海音乐学院。一直以来,定国的训练都十分到位,很多高难度的动作都能做得出来,在培训期间也是机构的佼佼者,只要能正常发挥,按部就班地完成训练任务,我们都觉得他考上星海基本就是板上钉钉的事。在一月的省术科联考里,他可是考了217分的高分,按照这个成绩考个舞蹈专业的重点本科是很有希望的,但是我们更期待他能考上省内最好的艺术院校——星海音乐学院,这也是他的奋斗目标。

眼看着三年的付出、三年的努力、三年的培养心血就要收获的时候,居然出这么蛾子,真让人生气。定国也是一脸懊恼,但是这孩子天生乐观,一天到晚乐呵呵,憨憨的样子。出了这事也没太沮丧,还反过来安慰我:"运气真背!抢篮板的时候踩在了××的脚上了。不过不要紧,还有两周呢,看看到时能不能恢复。"

我回头一想,也没其他好办法了,心里对他的星海之路已经蒙上了一层厚厚的阴影,只能叮嘱他赶紧去看跌打医生,看看能恢复几成功力,转头叮嘱跟他打球并弄伤了他的同学扶着他点,别再加重伤势。随后的几天里,定国拖着肿胀的"猪蹄",步履蹒跚地走在教室、饭堂、宿舍三点一线之间,每天放学后都请假到外面找跌打医生敷药,我也一直关注着孩子的伤情,不时过问叮嘱。眼看即将到考试的日子了,定国脚上裹着的纱布越来越薄,走路也渐渐正常起来,但是据他自己描述,还是难以发力,要做有难度的技巧动作那更是不可能的。

即将出发去广州应考的前一晚,我特意把定国叫出来问了伤情,孩子一脸无奈:"走路没什么问题了,就是做不了难度动作,到时打封闭上场看看能不能发挥出来。"

看着他情绪低落,我安慰他道:"你是大后天才考试吧?还有两三天呢,好好养养,实在不行就别上难度了,弄得严重了以后留下后患更麻烦,毕竟身体是一辈子的事。"

他难过地点点头,可以看出,他的眼神里透着悔恨和不甘。但是又有什么办法呢?做大事不注意细节是很难成功的。其实,就算他现在完全恢复了,整整两周没有训练,也不可能把身体调整到最佳状态,估计也难发挥出最好的水平,在高手如林的舞蹈艺考中,表现稍有不足,差的就不是一星半点了。

果不其然,打了封闭上场考试的定国没能发挥出应有的水平,用他自己的话说,虽然感觉不到脚疼,但是脚上的感觉差远了,好像根本不听使唤。成绩出来后,与定国同去考试的 4 个舞蹈生,3 个都拿到了星海的录取资格证,排名还都比较靠前,其中技巧类难度还不如他的健竣都考了全国 109 名,很有希望被录取。相信定国如果能正常发挥,不会比这个排名差。

既成事实,我也只能鼓励孩子好好学习文化课,毕竟省联考还有不错的分数,省内最好的星海去不了,也要争取考上个舞蹈类的重点大学。孩子也接受了现实,在后面的冲刺阶段努力学习文化课,最终在 6 月的高考中,文化课考了 324 分,顺利被广东海洋大学的艺术学院舞蹈编导专业录取,也算是去了个不错的学校。健竣虽然术科考得不错,但是文化课分数比定国少了十多分,也没能被星海录取,最终也去了广东海洋大学。

> **感悟与反思**
>
> "细节决定成败"这句至理名言在定国的身上得到了真实的诠释。在奋斗的历程中,要实现的每一个成功,都不能忽略每一个细节。打球这么一个看似跟高考毫无关系的事,却浇灭了定国为之付出三年努力的梦想。想想这最有实力、也最有希望考上星海音乐学院的孩子没有倒在"战场"上,却被这无关紧要的插曲埋葬了理想,不禁令人唏嘘。
>
> "不听老人言,吃亏在眼前"这句俗语在这个孩子的身上也得到了验证。明明刚刚讲完的要求,刚刚提醒了的事,就是不听,就是要抱着侥幸心理。其实,不仅仅在这件事上,哪个孩子不是这样呢?就拿溺水来说,每年都有不少孩子在夏天私自到自然水域玩水溺亡。哪个遭遇了不幸的孩子没有接受过防溺水的教育呢?又有多少孩子听进耳朵里,记在心头上了呢?父母、老师多次教育提醒的事情,往往都被孩子视为耳边风,真的遇到了不幸,剩下的也就只有懊恼和悔恨了。
>
> 2022 年 12 月 30 日

坚定奔向星海的钰颖

"我的目标是星海音乐学院!"在班级目标板上,钰颖的目标牌上明确而又坚定地书写着她的奋斗方向。钰颖一直在为这个目标奋斗,然而对于一个学习舞蹈的女孩子来说,要考上星海音乐学院确实不是一件容易的事情。熟悉舞蹈专业的人都知道,舞蹈专业男孩子考上本科甚至是考上重点大学的概率要比女孩子大得多。倒不是说这个专业有什么性别歧视,而是学习舞蹈的男孩子实在太少,因此录取的时候相关院校对于男孩会有一些倾斜。

钰颖是班上仅有的两个学舞蹈的女孩子之一,或许有人会觉得奇怪,舞蹈这个专业不是女孩子学得比较多吗?为什么反而女孩子少呢?其实,刚开始报读舞蹈的女孩子也不少,只是在训练过程中,很多孩子无法忍受训练的苦,因此近20个孩子练到高三时只剩下了6个,其中4个男孩,2个女孩。同时,因为是进入高中才学习舞蹈,基本上所有的舞蹈生都是从零基础开始的,要考上本科难度不小,因此专业老师在组织选材的时候更倾向于相对录取难度没那么大的男孩子。

钰颖一向学习认真,在原来的音乐舞蹈班是班上最听话也最勤奋的孩子之一,文化课成绩名列班级前茅。当然,作为我们这样的三流学校还是艺术班的孩子,即便在班级前列也算不上成绩很好,只是相对好一点而已。钰颖也是十分清楚自己的位置,因此一直以来她并没有把班级的同学作为比较对象,她有着自己更高的追求。星海,作为省内最好的艺术学院,是多少艺术生梦寐以求的奋斗目标,然而对于钰颖来说,这个奋斗目标却不容易。

舞蹈是最难考的艺术科目,无论从选材到训练,从天赋要求到体能积累,都让不少孩子望而却步。钰颖坚持了下来,还是舞蹈生中最努力的,作为舞蹈生中的骨干,每天她带领着舞蹈生们坚持每天早上6点前到舞蹈室练早功,每天下午放学后到舞蹈室练晚功,春夏秋冬,无论寒暑,坚持不懈。然而先天的天赋不占优势,专业老师一直未能把她当作星海的重点培养对象。每次向舞蹈老师询问重点对象时,总听到"钰颖,考个本科没问题,考星海就需要点运气了,毕竟是女孩子,竞争太大"之类的话语。

到了高三外出集训,我多次到广州探望了解孩子们的集训情况,每次都听到"钰颖很努力,很勤奋,但是考星海有点难"的话语。是的,她很努力,从没有缺勤旷课的情况;她也很勤奋,总是练得瘫倒在地,精疲力尽也不愿回去休息,因为她知道自己面临的困难有多大,她面对的对手有多强。然而,她从未放弃过自己的理想,从未降低过自己的目标。

记得第二次机构模拟考,钰颖感冒未痊愈,加上陷入了恋爱的泥潭,训练质量和训练态度都有点跟不上,当时她考得非常不理想,甚至连本科线都不到。我和舞蹈老师到广州探视的时候,舞蹈老师给了她不少压力,一顿批评下来,令她情绪较为低落,垂头丧气。但是我从她倔强的眼神中可以看出,她不甘心这样的成绩,她会努力拼回来的。

然而,并不是每一份努力都能换来好成绩,在省术科联考中,钰颖并没有发挥出最好水平,仅仅以182分的术科总分勉强过了本科资格线。这样的成绩别说考上星海,如果文化课稍微差点,能不能录上本科都不好说。本以为,钰颖会就此降低自己的目标方向,却没承想,她对自己追求的目标是如此的坚定,仍然瞄着星海音乐学院努力。联考没考好,她就果断把备考目标锁定在单考上。

结束舞蹈专业集训,在学校冲刺文化课学习的阶段,她一边努力学习着文化课,一边坚持舞蹈理论专业的自学和训练。要知道,在高三的第二学期,文化课学习的负担有多重,压力有多大,很多同学连文化课学习的压力都难以承受,更不要说还要继续兼顾舞蹈理论的学习了。但是钰颖坚持了下来,不但在星海艺术学院的单考中进入了复试,还在最后的复试中以专业笔试77分,舞蹈基础65分,综合总分67.5分,排名60名的成绩拿到了资格证。

知道孩子拿到了星海的资格证,我打心里替她高兴,但是这排名60名的成绩让她的星海之路显得渺茫,因为她报考的这个专业星海只招收20人,这意味着她的文化课成绩要比别人考得好很多,要比别人努力得多才有机会被录取。于是乎,在高三最后两个月的拼搏中,我看到钰颖几乎每天都是最早回到教室的,也看到了每晚11点熄灯后她还借助台灯学习的身影,更看到她把学习和恋爱处理得非常得当。

上天是公平的。虽然不是每一份努力都能换来成功,但是每一次成功都来自努力。钰颖在6月的高考中,文化课考到了401分的高分,这个分数排在班级第3,已经接近文化类的本科分数线了。钰颖顺利考上了她梦寐以求的星海音乐学院,可以想象得到,在查出成绩的那一刻她有多兴奋,有多激动。

感悟与反思

> 奋斗需要目标,并且保持着为之努力付出的坚持。钰颖的艰难不在于不占优势的天赋,不在于竞争对手的强大,而在于接二连三出现的挫折。人生总会遇到挫折,但是,一个十七八岁的孩子,在模拟考、省联考中接二连三地遇到挫折,还能保持着原定的目标不动摇,努力克服一切困难向着目标前进,却实属不易,这也许就是所谓的不忘初心、牢记使命的坚定吧。这也印证了那句话:"只要你向着自己的梦想风雨兼程,目标肯定能实现,再不济也是一个大器晚成"。
>
> 2022年12月31日

憨实寡言的雄哥

雄哥个性憨实，不善表达，跟他说什么都是憨憨地点点头，最多也就应一句"嗯，好的"，很少有一句完整的表述，一眼看去就不像个聪明机灵的孩子。作为舞蹈生，他算是一个"异类"。

舞蹈这个专业需要有强烈的表现欲和表现力，说实在的雄哥的性格真不适合搞舞蹈，当时也不知道舞蹈老师是怎么把他忽悠到这个专业来的，是考上本科的诱惑？还是对舞蹈这个专业的真爱？

雄哥高二第二学期才转到舞蹈专业，当时，一大批舞蹈生或因受不了舞蹈的严酷训练主动退出，或因为身体条件不适合知难而退，20多人的舞蹈兴趣班剩下没几人了。也许是因为雄哥的坚定选择打动了舞蹈老师，让他进来试试，或许是年级组给舞蹈老师的压力不小，让舞蹈老师破格收进来先对付着，又或者是舞蹈老师看着雄哥是个男生，可以碰碰运气，反正就在大家纷纷退出舞蹈训练的时候，雄哥反而进入了舞蹈班。

雄哥刚加入的时候，留下的另外几个孩子已经把身体拉伸得比较柔软了，一字马、横叉、竖叉、平衡个个都练得像模像样了，而雄哥还啥也不会，真难以理解当时的他面对着多大的压力，再加上其他同学纷纷退却的不良氛围，他的"逆行"需要多大的勇气啊。要知道，舞蹈这个专业零基础从高一开始学已经颇为困难，他又晚了一年，无疑是输在起跑线两百米开外的存在。但他就是这么坚持了下来。从进入舞蹈班后，雄哥就是默默付出、沉默寡言，训练一丝不苟、严谨认真，但从来都不显山露水。可能是因为他的认真让老师心疼，又因为他的天赋不足使他经常成为调侃的对象，以至于每次舞蹈老师都拿他作为对象激励其他的孩子："你们用心一点！你看人家雄哥这个基础，都练得……"

记得高二结束前的汇报表演暨期末考试上，其他几个同学的舞蹈动作已经做得行云流水，技巧动作已经颇为到位的时候，他下横叉还保持着120度的钝角，其他的动作更是生涩难看，舞蹈老师向观看汇报表演的领导不断解释："这个是高二才刚刚进来的，肢体还很生硬。"

高三外出集训，一直关注舞蹈生的我也多次随舞蹈老师到广州的机构探视。每一次去雄哥都是最不起眼的那个，也是我们最为担心考不上本科的那个。据机构专业老师介绍，孩子学得晚，身体柔软度一直难以打开，动作难度没法上。虽然人家没直说，话里话外的意思就是这个要考本科得看运气了。雄哥其实是知道自己的情况的，不知是不善表达还是内心坚定，从来没有听他说过放弃的言语，也从没有在他的举止间看到一丝动摇的痕迹，有的只是那默默无闻、埋头苦练的坚持。

因为表现不突出，又不善于沟通表达，他总是被我们忽略的那一个。直至那一次机构的模拟考，第一场的基本功和技巧考试，他一如既往地表现普通，虽然较之前的自己有了很大进步，虽然从中可以看出他的艰辛和努力，但是没有扎实的基本功表现，也没有炫目的技巧展示，拿到的分数也就勉勉强强，根本进不了评委的重点关注范围。但是到了第二场剧目表演的时候，却着实让我刮目相看了。他的舞蹈是现代舞《老爸》。伴随着一曲音律低沉、旋律舒缓、情感内敛的《老爸》，雄哥赤裸着上身，露出健实的肌肉，仿佛要用最朴实、最内敛的表现方式，表达最难以启齿的父子感情。随着节奏的变化，雄哥翩翩起舞，动作朴实无华、扎实有力，没有炫耀夸张的技术动作，没有张扬的表情展现。但不得不说这个主题真是太适合雄哥的特点了，完全掩盖了雄哥技巧不足、表现力不够的缺点，却把他力度表现充分的优点无限放大。雄哥表情沉重木讷，没有太多的情绪变化，充分体现了父子之间那种含蓄深沉的爱，从他的舞姿和动作表现中，我似乎真切地感受到了父子间那种无需细腻度的情感表达，不用过多言语倾诉的深沉关爱。

表演结束后，我不禁与舞蹈老师默契地互相点了点头，孩子进步不小，他的本科大学梦想有希望了。我们给了雄哥更多的鼓励和赞许，雄哥还是一如既往地点点头，"嗯"了几声，表情似乎没有多少欣喜，但眼神却透露着坚定。

省联考结束后，雄哥的专业分数达到189分，超过了本科分数线，甚至高出了我们一直比较看好的另外两位同学。虽然这个分数不高，但却实实在在是这个起步比别人都晚、天赋不高、能力不强的孩子用辛勤汗水换来的成果。

回到学校冲刺文化课的阶段，我成为他的班主任。在班上，他继续着沉默寡言、默默付出、埋头苦干的作风，没有因为其他学舞蹈的同学纷纷报考星海音乐学院而产生好高骛远的想法，也没有因为班级众多"大神"的干扰而有丝毫的松懈，仿佛是角落中最不起眼的摆设一样，从没有什么出众的表现，却也从没放弃过他的本科追求。既定的目标似乎在他的心里扎下了根、埋下了种，世间的一切精彩对他似乎没有任何吸引力，他只顾着风雨兼程。

上天不会落下任何一个努力的孩子，也不会让任何付出艰辛的孩子失望。雄哥在6月的高考中考到了363分，顺利被韶关学院录取，实现了自己的本科梦想。这个原本基础不好、天赋不足、起步最晚、毫无希望考上本科的孩子，凭借着自己的努力和踏实的个性，实现了原本不可能完成的目标。

感悟与反思

懂得扬长避短是聪明的选择。在最需要表现力的专业，最不擅长表达的雄哥选择了深沉的舞曲，用最朴实的动作、最木讷的表情实现了最好的收获。天无绝人之路，办法总比困难多。无论从天资还是从学习时间上看，雄哥选择舞蹈这个路子都是死局，然而他却从中找到了唯一可以冲出生天的那条缝隙。其中少一点坚定，少一点坚持，少一点付出都是不可能实现的。比起那些遇到困难就早早退却转向，看似明智的孩子，雄哥的选择更胜一筹。

汪国真说过："既然选择了远方，便只顾风雨兼程。"雄哥的学习经历很好地诠释了这句话。既然确定了舞蹈专业，他便埋头苦干，管他什么天赋不好，管他什么起步太晚，管别人如何追求更高更远,他只顾向着自己的本科目标前进。很多时候,努力不需要太多的言语表达,不需要什么灼灼誓言,更不需要多少豪言壮语,认定方向"干就完了"。雄哥的坚持和默默努力是实现逆转的最大基础。

2023年1月1日

幸运的毛毛

"毛毛也过线了？太让人惊讶了！简直是奇迹呀。"高考放榜的那一天，老师们聚集在一起等候孩子们发来高考成绩，当毛毛把他的成绩截图发过来的时候，老师们纷纷惊叹起来。

确实，毛毛能考上本科真的出乎大多数人的意料。作为体育生中文化课基础最差的孩子，老师们对于他能考上本科一直不抱多大的希望。要知道，在以往的模拟考中，毛毛几乎都是班级里成绩垫底的存在：市二模毛毛的6科总分才169.5分，排名班级倒数第五；市三模，毛毛的总分189分，排名班级倒数第一。虽说他的体育术科成绩是班级里6个孩子中最高的，在计算总分的时候稍微占点优势，但就这样的文化课成绩，谁敢想象他能够考上体育类的文化课本科线？

要知道，体育类可是艺体各个类别中对文化课要求最高的，比起舞蹈、传媒类的艺术生，那一年他们的文化分数线要高出100分左右，比起美术、音乐，也要高出60～70分。正因如此，对于我们这样的三等甚至四等的高中学校来说，每一年体育术科专业过线后，大多数孩子都倒在了文化课上。在此之前，学校每年十多个练体育，走体育高考方向的孩子，都只有一两个能顺利考上本科大学，更何况是毛毛这样的文化基础。也难怪老师们发出这样的惊叹，将他的成功归结于运气好，然而我却认为毛毛的成功不是偶然。

毛毛是成立全本班后归到我这个临时班主任麾下的。刚进入班级的时候，我就发现6个体育生中，毛毛是文化课学习最不认真的，他的性格开朗，心态特别好，每天都大大咧咧、嘻嘻哈哈的样子，高三备考的压力和沉郁在他的身上完全看不到痕迹。即便每次模拟考试都稳定地排在班级末尾，也没见他伤心难过、焦虑忧心。据原来普通班的班主任，也是我们班生物老师李老师介绍，这孩子人品不错，纪律表现也好，就是基础太差，思维跟不上，上课也不是很认真，作业练习也不能完成。介绍完了李老师还不忘给我这个接手的班主任解解压，告诉我这个孩子就尽人事、听天命吧，不要有太大的压力。

毛毛的缺点明显，优势也突出。他的优势在于乐观积极，心态好，不容易产生不良情绪而影响学习动力。在接手毛毛后，我把他提拔为班级的体育委员，用班干的责任和榜样要求来给他加压助力，同时把他安排在班级学习最好的几个同学旁边，方便他随时请教问题。其实，毛毛的学习成绩虽然靠后，但是学习态度比起原来在普通班的时候，已经有了很大的进步，上课非常认真，即便听不懂也会记下来，下课或者晚修的时候找老师询问，练习和作业也尽自己最大努力去完成。慢慢地，我从各科老师口中听到了对毛毛进步表现的表扬赞赏之词。尤其是生物李老师，对于孩子生物学科思维的提升和做题能力的进步赞不绝口。

作为班主任，我在班级大门的门牌上印着我们班的理念："一个也不能少"，我是这么说的，也是这么做的。对于毛毛这样成绩长期垫底的孩子，我从来没有产生过放弃的念头，一视同仁地给予他辅导，帮他分析成绩，给他学习方法和考试技巧的指导。班级良好的学习氛围同时也给了毛毛努力追上的良好条件，虽然在模拟考试中，毛毛始终没有考出让人放心的成绩，但是学习态度和拼劲却一直保持得非常好。

同时，毛毛的成功离不开家长的支持和鼓励。孩子的成绩基础，家长非常清楚，但是每次与毛毛的母亲交流的时候，她都表现出对孩子的信任和信心，并恳求老师多关注毛毛，多辅导毛毛。记得最后冲刺的那段时间，毛毛的母亲只要有空，就会隔三岔五地或提着水果，或拎着牛奶，或拿着汤水跑到学校，爬上7楼，送到教室门口。虽然没有长篇大论的说教，没有专业的学习指导，但是母亲在窗口边张望的身影，一句句简单的叮咛，也在激发着毛毛的斗志。

正因为有着良好的心态、积极的拼搏意志和家人的支持信任，最后两个月毛毛的成绩有了飞速的提升。虽然没有统一性的考试，缺乏对比数据，毛毛的进步没能在分数上直观地体现出来，不过我这个班主任还是能够从日常的学习表现中看出一些端倪。我对他考上本科的目标报以了更多的期待，在平常的交流中不断给予他鼓励。

毛毛的乐观积极在高考中体现了巨大优势。面对着决定人生命运的大考，巨大的压力让很多孩子在高考前出现了焦虑、惶恐的情绪，有晚上睡不好的，有身体出现应激反应的，还有直接承受不住压力生病发烧的。然而毛毛始终保持良好的备考心态，每天总是笑眯眯、乐呵呵的样子。高考走出考场，同学间相互询问考试情况的时候，他总是一副信心满满的样子，从不会因为哪一科哪一题的答案对不上而忧心忡忡，就算清晰地知道自己做错了，也是洒脱的一句："由它吧。"

乐观的人总是幸运的。最终毛毛在高考中考到了355分的文化总分，超过了347分的本科录取资格线，是6个体育专业的孩子中最高的。加上他优异的体育术科成绩，他以合成总分508分的分数被公办本科院校肇庆学院录取，实现奇迹般的逆袭。

感悟与反思

保持良好的心态是成功的基石，幸运的天平总是会倒向乐观积极的人。悲观的人面对困境，总是一幅悲天悯人、困难重重的样子，到了"战场"上往往很难发挥出自己的水平；而乐观的人面对再多的苦难，总能够做到坦然面对、积极改变，最后往往能够超常发挥，书写"神话"。因此，我们在踏实努力、全力拼搏的时候要学会保持良好的心态，要相信只要方向正确，只要努力拼搏，最后的成功都是水到渠成的。

坚持不放弃，总会有成功的机会。按照毛毛的文化课基础，在任何人看来都是难以实现本科目标的，然而他能够坚持自己的目标不动摇，拼尽全力去努力实现，总有成功的机会。其实即便是失败了，我们也能无悔于这灿烂的青春，这宝贵的机会。

不抛弃任何一个孩子是教育者应有的准则。不要因为孩子眼前的表现判定孩子的未来发展,他们的潜力是无限的。当前的不足或者缺点很多时候是以往的教育方式、成长环境或者自身态度出了问题,给他机会并帮他改进,营造良好的环境给他,或许他就能给你惊喜,创造奇迹。

2023 年 1 月 10 日

性别歧视的"遗骸"

性别歧视指在性别上存在的偏见,是指一种性别成员对另一种性别成员的不平等对待。在我们教育工作中,遇到最明显的性别歧视表现就是家长对家里男孩和女孩的区别对待,尤其是在高中阶段,孩子面临选科的时候,家长对于家里女孩的选择有许多掣肘、许多限制。当然这样的区别对待正随着时代发展在逐渐减弱,但是仍有不少"遗骸"残留,影响着孩子的发展。

在近20年的任教生涯中,我遇到过不少这样的案例,无一不是女孩子想选择自己要走的道路,而家长以经济压力大,投入不值得的理由予以拒绝,逼迫女孩子选择自己不喜欢的学习方向。有的女孩子执拗坚持自己的选择,但是家长在生活、学习压力等方面不断掣肘,最终导致孩子没能考上理想的大学。

记得我任教的第一届美术班中,就有两个这样的案例。小月是班级的副班长,长期成绩位列班级前茅,各方面的表现都非常优异,按照正常的方向去发展,考上本科赢得将来更好的发展是必然的。然而进入高三后,孩子的成绩不断下滑,无论是术科的学习还是文化课的学习都不在状态。一次周末放假回来的晚修,找孩子聊天的过程中,我了解到家长不支持孩子选择美术方向,家长甚至表明态度,即便小月考上了本科大学也不会给她学费去读书。家长这样的态度无疑给了小月非常大的压力,失去了家长的支持,小月也没有办法再静下心去拼搏自己的学业。

在向我倾诉时,孩子哭得稀里哗啦,泪水中既有对家长不理解的埋怨,也有对命运不公的哀怨。面对这样的家长,我这个当时还经验不足但是满腔热情的班主任当即为孩子打抱不平,打电话去跟家长沟通,为孩子争取,然而无论我如何苦口婆心,如何引导说服都无法改变家长的决定。在家长的眼里,女孩子没必要学那么多,何况家里还有弟弟,要把资金投入到弟弟的学习上。作为老师,我除了用无力的言语安慰孩子,鼓励孩子继续努力拼搏,也别无他法。虽然最终小月坚持完成了高三的学习,还考上了一所不错的公办本科大学——三峡大学,终究孩子的家里还是没有让孩子去读书,而是让孩子早早地出来打工赚钱。

无独有偶,班级另外一个女孩"阿蛋"也遇到了同样的问题。她家里在镇上开着工厂,经济上肯定没有问题,但就是不愿意女孩子多读书,艺术成绩和文化课成绩同样优秀的阿蛋,最后高考也考上了公办的本科院校——韶关学院,同样没能去大学继续深造。如果说小月是出于家里经济考量,让孩子把读书的机会留给弟弟的话,阿蛋的家长完全没有这方面的忧虑,据说阿蛋毕业后没多久,家里就给她20万去做生意,还给她配了一辆20多万的豪华轿车。

也许有人会说那是近 20 年前的事,70 后那批家长因为知识文化水平不高,因而才有此无知和固执。其实不然,这样的案例仍在持续上演发生。2014 届美术班的建平也遭遇了这样的事。当时孩子对美术学习很有兴趣,非常坚定自己的选择方向,面对家长的劝阻用自己的方式对抗着。孩子在整个学习过程中都承受着压力,时常就这样的问题向老师倾诉,但是她一直坚定着自己的选择,并且在学习中努力用自己的美术成绩证明着自己的正确。据孩子说,有一次放月假,孩子回到家中,父母把孩子锁在家里,威胁孩子放弃美术,并且丢了两万元在茶几上,告诉孩子如果放弃美术,就帮孩子向学校请假,拿这两万块钱带孩子去台湾旅游。如果坚持美术,不会给她一分钱去参加美术专业培训。究其原因就是家长认为学习美术会花费较多,即便考上了大学还要大笔投入,与其把钱花在女儿身上,不如留给那个不成器的弟弟。

建平没有屈服于家长的要挟,倔强地坚持着自己的方向,到了回校上课的时间,家长也没放建平离开,直至老师打电话催问孩子为什么没回校上学,家长才让她出门。然而没过多久建平还是放弃了,据说是因为那个不成器的弟弟因为飙车发生了严重车祸离世了,整个家庭陷入了崩溃。面对着爸妈的伤心绝望,孝顺的建平不忍心再在这件事上跟父母对抗,选择了放弃自己的未来以抚慰伤心的父母。最终,转向文化学习的建平没能坚持完学业,早早走上了社会。

这样的悲剧持续上演,2018 年,我所带的美术特长班又出现了类似的事情,勤奋乖巧的依霞成为这次的"受害者"。依霞是班上最勤奋的孩子,这个女孩子懂事、肯拼搏,每天最早到教室学习,最晚离开,周末主动留在学校画画、学习,是班上的学习标兵。按学习的趋势来说这个孩子考上本科大学的可能性非常大,然而家长却不认同孩子的美术学习道路,在高三外出集训的过程中,硬是不给孩子学习的费用。哪怕学校方面向相关培训机构求情,把孩子的学习费用减免了大半;哪怕机构承诺剩余的培训费用可以让孩子在大学阶段到机构做助教,以勤工俭学的方式抵偿;哪怕作为班主任的我愿意资助孩子拼搏大学,家长就是不同意。不但不在学费上予以孩子支持,甚至在孩子不用缴交学费的情况下停了孩子的生活费来源,到广州机构强硬地把孩子接回来。这样的遭遇给依霞带来巨大的心理伤害,孩子虽然回到学校仍在努力拼搏,但是始终难以达到应有的高度。即便孩子后来去复读,家长也只允许依霞学文化课,最终孩子也只能考取大专院校。

这样的案例在我的执教生涯中比比皆是,除了美术生,在音乐、传媒、播音等专业都出现了不少这样的案例,即便在 2023 年的今天,就在我管理的这一届学生中,仍旧出现了这样的案例。也许有的人认为这是家长对于艺术专业的不理解、不认可,并非性别歧视问题,然而我们回顾总结起来,发现出现这样情况的对象都是女孩子,其原因都是家里不愿意对女孩的教育予以投入,而同样的情况如果出现在男孩身上,只要男孩们坚持一下、争取一下,最终基本都能赢得家长的支持,至少家长会给予拼搏的机会。

感悟与反思

　　性别歧视的"遗骸"有待根除。中国社会由来已久的性别歧视给女孩子带来了深重的影响，虽说现在这样的情况已大有改观，然而在广东省这个区域内，性别歧视仍然影响着一代又一代的女孩。其实我们回过头来看，这样的偏爱对家里的男孩也有着巨大的负面影响，大多数在家里受到优惠待遇的男孩并没有取得更好的发展，很多男孩因为在家里有着巨大的心理优势，反而让他在成长中缺乏拼搏意识。不少家中的姐姐有努力的心没有拼搏的机会，而弟弟却有着拼搏的条件，却最终不成器。

　　家长需要尊重孩子的成长空间，尤其是女孩子的个性发展。无论是男孩还是女孩，每一个孩子都有自己的成长需求，也应该有自己的个性发展空间。家长应该尊重孩子的成长选择，而不是用自己既定的、过时的认知限制孩子的选择和发展，更不能把孩子作为弥补自己遗憾的工具，逼迫孩子在她自己不喜欢的道路上前行。

　　不忘教育之初心。家长教育培养孩子是为了孩子能够健康成长，延续家族的发展，而这就需要在教育孩子的过程中与孩子保持良好的亲子关系。然而良好的亲子关系是建立在家长与孩子相互尊重的基础上。我们接触的案例中，大多数在学业路线上干扰阻碍孩子选择的家长，都与自己孩子的亲子关系比较紧张。甚至有的家长以断绝关系威胁女孩放弃自己的选择，导致亲子关系僵硬，相互间形成无法理解、无法沟通的尴尬境地。这种情况下，家长也不可能寄希望于孩子长大后会感恩父母、理解父母了。家长的固执甚至会影响孩子将来的生活观、家庭观和对下一代的教育观。

2023 年 5 月 11 日

梓晴曲折的求学路

"老师,你可以帮帮梓晴吗?"在与小粤的微信沟通中,小粤突然问道。

"怎么回事?"我关切道。

"梓晴可能读不了大学了。"

"为什么?梓晴不是考到了××理工学院吗?那个大学挺好的呀,这么艰难才考到的本科,为什么不去呢?"我深感疑惑,急切地提出疑问。

"学费要三万六,梓晴家里的情况特殊,一下子拿不出这么多。"小粤的语气颇为遗憾。

"不是可以助学贷款吗?现在的大学应该都可以先去报到,然后申请贷款的呀?"我给出自己的建议。

"××理工那边通知说这两天就要交付第一学期的学费,否则就直接退档了。迟一点,梓晴家里可能就能凑到钱了,催得这样急好像很不合理呀。"小粤打抱不平地说着。

"确实不符合政策呀,你们可以把这样不合规的情况反映到省考试院,应该会解决的。同时要注意核实一下是不是××理工的官方通知,不要被骗了。"我给出处理建议,引导孩子们去解决。

"好的,我们去试试。"作为梓晴最好的闺蜜,小粤非常担心梓晴的前途未来。这几天,梓晴烦心于读大学的困难,在打暑期工期间就没有回家,而是在小粤家里住着,一边避开烦心的家事,一边找闺蜜小粤倾诉。小粤也束手无策,也许是平时我跟孩子们相处得比较好,也许是平常我表现出了对孩子们的关爱让他们更加信任我这个科任老师,她想到了向我这个语文老师求助。

"有什么情况,你们再跟我沟通吧。能帮得上忙我一定帮的。"我稳定着孩子们焦急的情绪,给予孩子们希望。

过了两天,孩子没有给我什么消息。这两天我一直关注着这件事,于是在微信上向梓晴询问了情况。原来梓晴担心拖累家人,自己也产生了放弃的念头,正处于纠结困惑中。她觉得自己不管不顾地强行去读大学,给家里人带来生活压力,是很自私的行为。但是,同时也有好消息,根据我的建议孩子们向省招生办反映了情况,招生办否决了××理工近日不缴纳学费就退档的不合理操作,为梓晴保留了学位。

我不断地劝说着她:"眼前的困难只是暂时的,办法总比困难多。我们生活在这个最好的时代,国家有很多政策帮助困难的孩子读书,不会让学生读不起书的。现在最关键的是你要有决心,现在才七月下旬,距离开学报到还有一个多月的时间,家里人一起想想办法应该可以解决的,不要轻易放弃。"

孩子暂时听从了我的劝说,给了我正面的回应,表示会努力争取读大学的。我的担心也随之减轻了一些,但是忧虑并没有解除。我知道,我只是给了她一点希望的曙光,让事情的决策得以拖延了,但问题还没有得到真正的解决。

梓晴这个孩子是我任教的2022届传媒班的孩子里最听话乖巧的一个。她学习努力,待人诚恳,人长得也漂亮,在传媒播音主持这个专业上很有优势,好不容易通过自己的努力拼到了本科,却因为眼前这样小小的困难放弃了美好的未来,我这个当老师的心里很不好受,深深地为她感到遗憾。在这之后,我特别关注学校和教育局发出来的助学贷款、资助贫困生的相关通知文件,一有相关消息就立即转发给梓晴,希望能在政策扶持方面帮到这孩子,帮她实现她的大学梦想。

然而,梓晴是真的太懂事了。与我前面忧虑的一样,事情到了8月又起了波澜。8月1日凌晨1点时,孩子在微信上给我发来了长长的一段文字:

亲爱的夏老师:

　　大晚上给您发信息打扰啦,因为白天实在没勇气发给您,真的很抱歉让您再一次失望,我对老师们真的报以歉意,因为您们真的很用心教我们,特别对我们几个女孩子特别关心,有几次看见您和班主任都满头大汗地跑上来辅导,并且带着咳嗽几个星期来认真上课,说实话真的被你们感动到偷偷流泪,我们也不负众望考上了本科,本该开开心心地上大学的,但是我家出现了意外,今晚打开心扉跟您说一下我家的情况吧,我是离异家庭的,我爸在这两年在生意上也出现了意外,在资金上都被冻结了,我妈妈也没有工作在照顾妹妹,本来是想找一下奶奶的其他儿女帮忙的,却没有去。因为反正他们也不同意我去上学,他们比较支持我后妈的儿子,经常在奶奶面前煽风点火什么的,我在爸妈面前争取了好久上学机会,学费仅有一半,我也不想逼家人了,也不想成为他们的负担,所以我是上不了大学啦,这个遗憾我用一辈子去慢慢补偿吧,你不用担心哦,我会去释怀的,以后我有一番成就也会回学校看你哦,我永远是您的孩子,感谢您,感谢所有老师和学校的培养!言尽而意未尽~

看完这段文字后,我唏嘘不已,久久不能平复,再也无法入睡,摸黑走出阳台,发出一声叹息。我想此时这个遭受了打击的小女孩可能正痛苦地躲在被窝里哭泣着,也可能是对着窗外的漆黑夜色无助地哀怨着,凌乱的秀发、红肿的双眼、失望的眼神、抽搐的身躯,或许都无法表达她内心的绝望,虽然信息里面表达了她会释怀的坚强,但我知道那只是孩子不想让老师担心的善良表达。是的,换了任何人面对自己拼搏回来的成果却无法采摘,成功就在眼前却无法实现,会是多么的痛苦折磨,多么的撕心裂肺。我没有回复她的信息,平时自诩最擅长做学生思想工作、善于表达的我在这个时候真的不知道应该怎么回复她、劝导她,只是一支烟接一支烟吞吐着,寄希望于这每一口吸进去的抑郁,能换做释怀吐出来。

经过一日的郁闷,到了下午事情发生转机,梓晴发来微信,告知我她今天去办了贷款,

可能又有一丝希望了。我心中一阵欣慰,立即回复信息鼓励孩子:

> 别着急,国家是不会让孩子没书读的,有困难跟我说,我先借一点给你都没问题。毕竟读书是一辈子的事。眼前的困难对你一辈子的人生来说是微不足道的,克服过去了,人生才有彻底改变的希望。

孩子对我连声道谢,并且给了我一个新的称谓"夏爸爸"。对于这样的称呼我感到一阵温暖,同时又泛起了一丝的羞愧。这是一个学生对于老师最大的赞许和信任,而我却没有给她多大的帮助,只是在言语上不断地鼓励她,引导她克服眼前的困难,展望美好的未来而已。在接下来的日子里,我不时关心着梓晴的就读之路。当知道 8 月中,她交了一半学费,我为之欣喜;当知道她已经买好 9 月 7 日的机票准备去外地上学了,我打心底里替她高兴……作为闺蜜的小粤也发来信息报喜,并附上激动流泪的小表情。

然而,老天总是要让这懂事孩子的求学之路经受更多的曲折和磨难。就在出发前的一晚,已身在珠海准备第二天搭乘飞机到外地就读的梓晴发来信息,我还在关心着孩子是否有家人陪同前去这些细节问题的时候,她告知我学校在催促她交齐学费,要统计入档案,而她还差 8000 元不够。突然学校又来这么一档子事,让我颇有点措手不及。事已至此,我只能先安抚好孩子:

> 你先过去向学校反映情况,看看学校怎么处理。如果必须立即交齐你就告诉我,我先帮你出吧。

梓晴与学校招生处再三确认,必须当晚付清所有学费。对于××理工这种不近人情的做法,我也是无话可说了。但当务之急还是要帮助她渡过这眼前的难关。8000 块钱说多不多,说少也不少,如果有时间安排一下,我肯定是可以拿得出来,但匆忙间还真不一定能凑得齐。

我查了一下自己的银行账户,钱都压在了理财里,工资账户里只有两三千流动资金,远远不够。于是,我又回到家里翻箱倒柜,找出了近些年存起的一些"私房钱",再伸手向妻子借了一些,好不容易凑够了 8000 元。时间已是晚上 10 点,我赶忙让梓晴通知家长过来取一下,但是孩子的爸爸正在值夜班,无法离开。孩子又联系了她的表哥,让他帮忙来取,然后转账过去。当我把这皱巴巴的、颇为残旧的 8000 元递到梓晴表哥手上的时候,感觉到沉甸甸、暖洋洋的,仿佛送出去的不是 80 张百元大钞,而是一个孩子的希望,一个孩子未来的前景和美好的生活。虽然对于一个普通人民教师的我,8000 元钱也不是一个小数目,已经超过我一个月的工资了,但是能够帮助一个孩子实现她的理想,让她看到美好未来的曙光,我想也是值得的。

孩子是懂事的,也是懂得感恩的,每逢节日孩子都会发来信息问候她的"夏爸爸",天气变化的时候,孩子还会发来信息提醒她的"夏爸爸"注意身体,告诫我少抽点烟。

2022 年年底,学校因为特殊原因提早放寒假。梓晴一回来就联系我,要来探望我,并且煞有介事地告诉我她父亲年底会把钱还给我。然而到了年底,她父亲也没有提及还钱的事,可能是家长的经济也困难,前段时间听梓晴提过,他父亲今年做生意亏了钱。梓晴这懂事的孩子有点过意不去,向我提出先还我三千,说是她自己存下来的,剩下的五千过完年开学的时候再还给我。其实,对拿着一份固定的工资的我来说,并不急着那几千块钱。我也知道孩子很困难,上学的时候都是利用课余时间一边打工赚钱,一边应对大学的学习。谁都知道现在读大学花销大,而且当下的经济又不景气,一个学期她能存下三千块钱实属不易。她说她开学能还我,我没有过问,但我估摸着她这个寒假又在哪里起早贪黑地打着假期工,赚辛苦钱呢。一个十八九岁的小女孩,在经济状况好一点的家庭里,可能都还在享受着假期的休闲,谋划着去哪里逛街,去哪里旅游,而梓晴却已经承担起了与其年龄不相符的生活压力,真心不易。

对于这么个乖巧懂事的孩子,我从来没有担心过还钱的事。我交代她先别着急,钱先留着用,好好学习,别太在意还钱的事。现在正是长身体的时候,该吃吃,该喝喝,别太节俭,只要不乱花钱就行了,要懂得保护好自己,钱不是一切。孩子不断地表达着歉意,并且表示存够了钱一定一次性还给我。

我的心里感到一阵欣慰,对孩子的未来充满了期待和祝福。

感悟与反思

人生需要用长远的目光去规划。古语有云:"人无远虑必有近忧。"眼前的困难只是暂时的,无论是心理上的压力,还是经济上的困境,其实只要不放弃,咬咬牙熬过去,便是一片晴空。梓晴的家长很明显没有意识到这一点,险些耽误了孩子的一生,而梓晴自己也曾多次产生放弃的念头,理由是自己的坚持显得自私,不顾及家人的困难。我们设想一下,如果她选择了放弃,将来很有可能只能在社会的最底层挣扎,于芸芸众生中困顿求生,无论于其自身,还是于其家庭都是更大的损失。其实,越是艰难的家庭越需要支持孩子闯出一条路来,孩子只有闯出来了,将来才有希望,才有机会帮着撑起家里的一片天,才有机会改变家庭的命运。

德为人师,行为世范。师者,除了传道授业解惑,还要在德行上以身示范,身教往往重于言传。梓晴追寻梦想的过程中,她自己是克服了重重困难,做到了她能做到的一切。最后的这一步,是这个十八九岁的小女孩仅靠自己无法完成的。作为她的老师,在此危难之际,不可能不伸出援助之手。其实在帮助孩子的同时,也是在向孩子传递着人间的真爱,教授着她真善美的人生观、价值观。

用合理的方式争取自己的权益。社会中存在着各种不公的现象和违规的操作,我们作为教育者,除了教会孩子们文化知识,还要适时引导孩子们学会用正当合理的方式争取自己的权益。梓晴在她的大学之路上,遭遇了违规的操作,一度让其想委曲求全,产生了放弃自己理想追求的想法。如果我们听之任之,遭受了不公的梓晴难免会对社会的公正产生偏见,对社会现象产生仇恨。引导孩子通过合理合法的渠道去争取自己的权益,让不公和违规行为在朗朗乾坤下无所遁形,不仅仅是在保护自己的利益,也是维护社会公正的需要。

助人是一种幸福。在自己力所能及的范围内尽量帮助别人,当看到别人成功的同时,于我们自身又何尝不是一种幸福呢?梓晴在接受到老师的帮助,感受到老师的关爱,渡过了这个暂时的难关后，很有可能会走出一条完全不同的人生道路，这无论是对于她自己还是对于她的家庭来说，无疑都是一次改变命运的机会。无论将来她能到达怎样的高度，我相信老师对她的这份帮助和关爱会影响她一辈子，会成为她将来为人处世的一种参考标准。

感恩教育是教育中不可或缺的一部分。我们助人不是图将来的回报，但是要在助人的同时传递感恩教育的理念，让孩子在接受帮助的同时知道并懂得感恩。梓晴是知道感恩的孩子，一声声"夏爸爸"的亲昵称呼，一次次节日的问候，一句句对老师的关怀，无不体现着感恩教育的成果。

2023 年 1 月 12 日

告别余晖，迎接黎明

晖明这个孩子给我留下了深刻的印象。第一次给我留下印象是10月的一天放学，迎着黄昏的余晖，孩子站在校门口的路边，手里捧着复习资料在投入地背诵记忆，虽然学校这几年来都不时会有勤学的正面形象，但这个黄昏下背诵的身影让我感受到了别样的美！孩子很有礼貌，看到老师主动问好，我也上去关心了几句。

其实刚到8班时，这个孩子的表现并不让我满意，好几次古诗词背诵默写都没能完成任务。而且据其他老师反映，这个孩子很有个性，性格比较偏执，而且成绩并不突出，因此一直以来并没有得到太多关注，只是觉得这个孩子在班级宣誓的时候声音特别大，特别有激情，能够调动班级的氛围。然而相处下来的几个画面，让我发现这是个非常有情、非常用心也非常暖心的孩子。

画面一，传媒同学外出学习的那天中午，正是午休时间，匆匆赶回来送别孩子们的我本以为只有传媒的孩子在忙着收拾行李，装载登车，没想到在里面看到了晖明同学的身影。我正纳闷着，难道他中午没回家，提前回来学习了？转眼就看到他抱着一箱奶茶、果汁走向即将远行的大巴车，把一杯杯暖心的饮料送到同学们手上，不善言辞的他并没有做太多动人的举止，也没有说过多煽情的话语，但这一杯杯奶茶、果汁无疑会让冬日远行的同学们多了一丝暖意，让离乡奋斗的孩子们在彷徨苦涩中多了一丝清香甘甜。这让到场送别的我，顿时感受到这孩子的用情！

画面二，那是11月的一个深夜，加班到11点多的我走出办公室。临晚到达的冷空气让我拉了拉身上的大衣，凛冽的北风让人急切地想钻进被窝里，此时的校园已是一片宁静。然而走到校门时，晖明单薄的身影映入我的眼帘，孩子蜷缩着身子，借着大门口的路灯，拿着手上的复习资料，专注地背诵记忆着什么。这个外宿的孩子居然这个点还没回去，还在这学习？他说不想这么早回去，回去静不下心学习，想在这多学一会儿。我提醒他天气寒冷别感冒了，劝他早点回去，关心地提醒了几句就走了，出门口时随手给他拍了一张照片。绕过路口，过了红绿灯，走到马路对面，转头看去，晖明还在昏暗的路灯下，迎着嗖嗖的北风，一边哆嗦着踱步一边专注地背着书，稚弱的身形却流露出拼搏的坚定，这孩子学习真够努力的！

画面三，拆班的时候，晖明因为成绩不突出被分配到了普通班。在拆班那天后，我被调整到其他班代课，因为身上杂事太多，后来我也很少关注8班的孩子了。那天回到办公室，看到了一张小小的卡片，封面上写着"给我可爱的夏冬鸣老师"。我嘀咕着既不是教师节又不是什么节日，哪个孩子这个时候送来卡片？打开一看落款，是晖明送来的。再认真看看卡片里的内容，都是对我这个只教了他两个多月的临时老师的喜爱和感恩之言。其实从其中粤语的表达和故作轻松的言语，我还是能看得出他对于班级的不舍，对于8班的留恋。确实，作为班级里最努力的孩子之一，被安排到普通班，心里不甘也是可以理解的，我也多次关心过问这个孩子的安排，甚至动过心思帮他安排到重点班去，但是考虑到他的基础不好，在重点班学习压力过大，有可能耽误了孩子，也就作罢了。听说不仅是给我写了小卡片，晖明给很多科任老师都写了，估计每一个老师都有一张吧，真是个用心的孩子！

后来，在校园内也有几次看到晖明，孩子还是一如既往的谦虚有礼，每次都主动向老师问好，后来从他班老师的口中得知，孩子性格偏执得让人心疼，作业和练习卷子上的班别仍然写着8班的名号，近两次的模拟考也没能考出较好的成绩。有一晚我把8班拆分到普通班的孩子们聚起来了解一下学习情况，他也没到，据说是请假了没回来晚修。再后来在巡查班级时于走廊上碰到他,他也会时不时跟我汇报一下近期的学习情况,最近的一次当我听到他说考了全班第二时,我高兴地摸了摸他的头,鼓励他继续努力,不要放弃!

感悟与反思

　　评价一个孩子真的不能只看成绩,现行的高考评价体系,虽是现行制度下最公平的人才选拔方式,然而也确实还有很多值得考量和改进的地方。像晖明这样的孩子,乖巧重情、勤学奋进,真的不应该只用成绩去衡量评价。衷心祝福这个用情、用心、用力的孩子,在未来的日子里能振作起来,告别余晖,迎接黎明!

2021年12月5日

流泪的小琪

这个学期以来，小琪的成绩不断下滑，上课的状态也越来越差，基本上每天都在打瞌睡。即便老师走下讲台去叫醒她，可没多久她又趴了下去，看她每天这么垂着头睡觉，我担心的不只是她的成绩，还担心她的颈椎、她的身体，甚至还有她的心理。

其实小琪原来不是这样的。作为舞蹈班里身材条件比较出众的女孩子，在高一的时候学习态度还是很不错的，成绩也一直稳居班级的中上游。按照正常发展，如果小琪能够坚持训练，保持着良好的学习状态，从舞蹈专业这条捷径考上本科大学还是大有希望的。不知什么原因，这个学期回来以后，整个人像变了个样，舞蹈的专业课停止了训练，文化课课堂上又长期打瞌睡，作业和练习要么不交，即使交上来也是马马虎虎，应付了事。

我曾就这个孩子的问题向班主任了解过情况。班主任介绍说是孩子的家庭发生了比较大的变故，影响了孩子的学习，现在别说是努力学习考大学了，心理不出现大问题就不错了。我的心中一阵怅然，可惜了这个乖巧的女孩，原来娇柔苗条的身材现在已经胖了一圈，姣好的脸庞上总是带着几分愁容，眼神中完全没有了花季少女的纯真甜美，取而代之的是迷茫混沌的灰暗。听说是家庭问题，我这个语文老师也不好过多地询问，担心在不清楚家庭背景的情况下挑起孩子的伤心事，因此一直没有单独找她聊过，只是在上课的时候给予她更多的关注，更加频繁地走到她的课桌旁敲敲她的桌子，拍拍她的脑袋，提醒她不要打瞌睡，认真听课。

这一天晚修，小琪又在打瞌睡了。而且看这情况，已经睡了不短的时间，我终于忍不住把小琪喊到我办公室，准备好好跟她聊聊，看看能不能引导她走出阴霾。小琪怯生生地跟着我的脚步走到办公室门口，却不敢迈入办公室大门，更不敢应我的邀请坐下来。看来，小琪还是挺怕我的。其实，我在班上同学们的印象中还是挺亲切的。孩子们都喜欢上我的课，下了课也愿意跟我开几句玩笑。当孩子们有什么进步或者优异表现的时候，我也会拿点零食、水果什么的去犒劳他们，班上的其他同学对我可没有那么拘束，小琪算是一个例外。

我和声细语地把她劝坐下来，给她倒了杯茶水，然后坐在她侧前方，用轻松温和的语调跟她聊起来："小琪，这个学期怎么了？身材都变样了哦。"

小琪可能预想着我会比较严肃地跟她聊学习问题，没想到我却带点开玩笑的意思跟她聊起了身材，不禁抬起眼，用颇有点意外的眼神看了我一眼，没有回答。

我知道要打开她的心扉不容易，需要一点方法，就带点幽默感继续询问："是恋爱了出现感情的问题还是家庭的问题？怎么搞得自己整个一忧郁林妹妹的样子？"我很清楚她没有感情问题，却故作不知地追问，就是为了用激将法激她说话回应我，只要撬开她的口，让她有了回应，我就有机会把话题继续深入下去。

"我哪有恋爱？"果然如我所料，她一脸委屈地看着我辩解道，"是家庭的问题。"

小琪终于开口了，接下来就好办了。在我一句句的诱导询问下，她逐渐说出了家里的情况，倾诉了自己的委屈，说着说着就流下了眼泪。而我这个倾听者听到小琪这样的家庭环境，也是一阵唏嘘不已。然而除了给无助的她递过去一张张纸巾，再说上几句我自己都觉得无力的安慰话语，也没有什么能帮得上她的了。

原来，小琪的家庭发生了变故，爸爸经常家暴妈妈。这个学期初，妈妈受不住爸爸的打骂，选择了离家出走。妈妈离家后，爸爸有时候会酗酒，有时还会动手打她。清醒的时候，爸爸会拉着她跟她说妈妈的不是，让她负责劝妈妈回来。但当小琪按照爸爸的要求，跟妈妈打电话的时候，妈妈又会向小琪数落爸爸的缺点，非常坚定地拒绝回来，并且表明了离婚的意愿。就这样，小琪夹在两个最亲的大人中间，左右不是。既体谅妈妈的难处，又希望妈妈回来；既反感爸爸的粗暴，又期待家庭的完整……她被家庭矛盾的熔炉煎烤着，几近崩溃。小琪说家里还有个读小学的弟弟，她在煎熬于父母的矛盾之余，还要照顾弟弟。

了解了情况后，我也就能够感同身受地理解小琪的堕落变化了。我想，如果换了是我，可能比现在的小琪还要消极。确实，一个十六七岁的女孩，虽说是家里的老大，但毕竟还是个孩子，要她夹在父母中间，努力挽回一个即将破碎的家庭，还要照顾幼小的弟弟，是何其艰难，何其困惑。

我一个科任老师，面对别人的家事，也不好评论什么，只能在安慰她之余从学习的角度鼓励她了："小琪，家庭这个情况确实有点难为你，但是你想想，如果你也垮了，你爸妈不是更看不到家庭未来的希望？大人的事情留给大人去处理吧。你能做的就只能是把学习搞好，把专业练好，努力争取考上本科大学，让爸妈从你身上找到期待，看到未来，也算给弟弟做一个好的榜样呀！"我讲得是理直气壮，其实我也知道我的话语没有多大的说服力，但也许多多少少能给孩子带去一点安慰吧。

小琪哭泣着，听了我的话，一边抹着眼泪，一边点着头，似乎有些被我的话语打动，心情也稍稍平复了一些。此时，晚修的下课铃响起，小琪擦干眼泪，向我致谢而去，忧郁的眼神里多了一丝感激。

这次聊天后，小琪的学习状态似乎好了几天。但是没不久，又陷入了打瞌睡的沉沦之中，也许是我的强心剂过了时效，也许是周末回去后又感受到了家庭的压抑，也许是她已经向生活的困难举手投降了……我没有急着追问，我想再聊可能也只是治标不治本之举，也许需要找个合适的机会，跟她的家长好好沟通一下，才能够挽回这个孩子。

感悟与反思

　　当今社会复杂的婚姻状况已经直接影响到了学校里的孩子。学校里每个班级都有不少孩子的家庭出现了问题，而且呈明显增多的趋势，有的是家庭争吵，有的是父母离异，有的是出轨家变……紧张动荡的家庭婚姻关系不仅仅给大人的感情带来伤害，更是给孩子的成长带来了不可逆的负面影响。面对家庭婚姻带给孩子的问题，学校和老师其实是深感无奈、束手无策的，所谓"清官难断家务事"，更何况是老师？我们除了更多地关注关心这类孩子，也只能是为孩子徒感惋惜了。

　　父母不应该把家庭的矛盾施加给孩子。孩子毕竟是未成年人，根本无法承受复杂的家庭矛盾带来的压力。他们不具备处理家庭矛盾的生活经验，不具备承受家庭分裂的心理基础，更没有挽救家庭破碎的能力。案例中，小琪的爸爸把家庭矛盾的气撒在孩子身上，把挽回妈妈的责任压在小琪身上，妈妈又把小琪视为倾诉的对象，把小琪置于夹缝之中煎熬，这无疑是把小琪往阴暗的"心理深渊"里推，最终使小琪成了家庭矛盾的"牺牲品"。

2024 年 2 月 4 日

事件处理篇

从容面对　治标求本

　　学校管理过程中最担心的就是突发事件,然而突发事件又是学校管理过程中不可避免的一部分。如何迅速高效地处理突发事件?如何做好与家长、学生的沟通?如何利用社会资源解决突发事件?如何在处理突发事件的同时做好教育引导?本篇的十二个案例一一为你展现。

　　笔者历经班主任、级长、主任、副校长、校长等岗位,积累了一定的处理突发事件的实践经验。在本篇中,笔者叙述了自身经历的十二个突发事件案例,用平实的笔法和朴实的语言,叙述了包括心理问题、早恋现象、偷盗问题、打架事件、学生出走、师生矛盾、转科动员、家庭矛盾等方面的教育故事,真实再现了突发事件的情形,体现了学校管理人员在沟通技巧、应对心态、处理方式、应急措施、家校社联动、弥补善后等方法应急处理的"治标"之法,力求于字里行间与读者交流探讨迅速高效地处理突发事件的技巧和理念。

　　另外,笔者从学生、教师、家长、学校、社会等视角反思突发事件的处理细节,分析其中蕴含的心理学和教育学原理,寻求矛盾产生的原因,提出前瞻性规划,进行规律性思考,深入探究突发事件的根源以及避免突发事件发生的可能性,寻求预防和解决突发事件的办法,体现"求本"之思。

学生违纪处理案例之感

案例一：赌博处理

"你们几个站好了，给我老实交代多久了？"我有点生气地训斥着眼前这几个刺头。有天我趁着晚上有空，偷偷进入男生宿舍，没想到他们都聚在401宿舍里围成一圈，我凑近一看居然在打扑克，桌面上还散乱地堆着一叠五角、一元不等的零钱，肯定是在赌博。最让我生气的是，我站在旁边两三分钟了，这帮小子居然还没发现，直到我伸手抓走了那叠钱，他们才惊呼着站起躲避。

"我们就是玩玩，很小的，才刚开始玩。"等了半天，见事情没法圆了，才有个孩子嘟嘟囔囔地回应。

"你们跟我下去，到办公室把事情经过写下来。"我怒气冲冲地转身就走，几个小毛头屁颠屁颠地跟在后面，在办公室里老老实实地交代清楚了事情经过。

原来寒假结束，这帮小子多少都有些红包钱，受到乡下不良风气的影响，回来以后就打起扑克小赌了一把。这天是第二天玩，数额也不大，就是三五元钱的数。数是不大，事可不小，必须好好教育，给予处罚。一番严肃教育之后，孩子们很快就意识到了错误，写好了检讨书，也甘愿依据学校的管理制度受罚。

第二天我约了几个孩子的家长过来协助教育。没想到学生还好教育，家长反而麻烦。刚开始家长们还是比较听从老师的引导，也时不时顺着老师的意思批评几句自己的儿子，但得知学校要给参与赌博的孩子停学处罚，带头的那个孩子要回家教育一周，其他参与的孩子回家教育三天，带头组织的那孩子的家长不干了："老师，停学就不要了吧，又不是什么大事。"

我不禁有些吃惊："中学生在学校组织赌博还不是大事？"

家长颇有点不以为意地说："这点钱算什么，您到我们村里去看看，春节这段时间，哪家不赌的？我们在家里打麻将都五块起步的啦，人不够的时候也叫儿子上台凑角，随便出入都几百块啦，这点小钱就不算赌博了，玩玩而已。"

见此情形，其他家长也跟着起哄申述。

学校当然不会以数额的大小来判定，赌博的性质在学校管理中就是严重的违纪行为，必须要严肃处理的，无论家长怎么狡辩，我们还是坚持按照学校的规章制度让家长把孩子带回去了，同时也对学生进一步深入教育，引导他们不能养成赌博的恶习。

案例二：吸烟处理

"你过来，刚才在厕所吸烟了？"一个学生从我身边走过，身上一股子烟味直冲鼻腔。

"没有呀，我都不会吸烟的！"这小子不承认。

"还不承认？你把口袋翻出来，我看看是什么？"经验丰富的我一眼瞥见校服裤子的口袋里鼓起一个盒子状，猜到十有八九烟还在身上。

见到无法掩盖，小家伙老实交代了。我把他带到办公室，让他写好检讨书，严厉地批评教育后，小家伙意识到了自己的错误，诚恳地表示会改正。按照学校政教处的规定，还要邀请家长过来共同教育，没想到家长的到来反而影响了教育效果。

家长来到学校，被邀请到政教处办公室共同教育学生，父亲已清楚孩子在校违纪情况，因此没有过多的啰嗦，劈头盖脸对着儿子就是一顿臭骂，不过细听下来骂的倒不是孩子吸烟的事，责怪的是给自己添了麻烦要到学校来，耽误自己的时间，影响了自己工作。

等他骂完一段，我向家长了解起孩子在家的表现："孩子在家，你们有发现他吸烟吗？看情况孩子应该有一定时间的烟龄了。"

还不等家长回应，小家伙在一边轻蔑地嘟囔着："切！在家他自己都递烟给我的。"

我吃了一惊，转头看着孩子父亲。孩子父亲尴尬地"嘿嘿"笑了几声，母亲在旁边埋怨起来："都叫你平时不要给孩子烟了，讲都不听，家里是卖烟的，那么多烟不抽坏孩子的身体才怪……"

我一阵无语，真不知应该怎么教育这孩子了。

案例三：恋爱处理

"你们两个在这里搂搂抱抱像什么样？给我出来！"晚修过后，值日巡查的我在生物园旁边的小树林里抓到两个早恋的孩子。

孩子们战战兢兢地从小树林里晃出来，乖乖地站在一边听从我的教育。我一边了解他们的情况，一边给他们做引导，让他们好好学习，不要因为早恋影响学业，将来考取大学以后再谈恋爱。

两个孩子还是挺尊重老师的，向我认了错，也如实地向我讲清楚了两人的关系情况。原来男孩上学期就开始追求女孩子了，假期的时候两人开始了恋爱关系，因为女孩的爸妈在外地工作，假期缺少家人监管，男孩子还把女孩子带回家里住了一个多星期。

听到这个信息，我着实有点吃惊，询问道："你家长不在家的吗？"

"在呀，我爸妈都不说我什么。"男孩不太在意地回答。

我转头问女孩子："你爸妈知道吗？"

女孩子有点不好意思地回应："我没有直接跟他们说，不过他们应该知道我没在家住，也没怎么管我。"

这问题可不小了，必须要把双方家长邀请过来共同教育孩子了。女孩家长还好，比较严厉地批评了女孩，当然说话就比较伤人了，又是说女孩子不要脸，又是说女孩子吃亏了，直接把女孩给骂哭了,整得老师还要好一顿安慰,但整体上还算是配合学校老师的教育。男孩家长却是另一副神情,言语之间表现出不在乎,似乎还有一点自豪的感觉,认为自己儿子挺有本事呢。

做完学生的思想教育,回过头来,我们对着家长费了好一番心思来引导,给家长陈述早恋对孩子的不良影响。但估计效果也是有限的。

感悟与反思

以上三个案例是我近二十年来参与处理众多学生违纪事件中的真实案例,遗憾的是这并不是特例,类似的案例还有很多,这里笔者只是选择其中颇具代表性的故事予以回忆陈述而已。学校或许是社会上规章制度最多的机构,学生作为未成年人需要各项规章制度去引导规范行为,学校也需要依据各项规章制度去育人。因此,学校少不了要根据规章制度教育处理违纪学生。作为学校管理人员,又担任十多年的班主任,处理违纪学生已是家常便饭,我们非常明确学校规章制度的制订不是为了惩罚学生,而是依此教育学生,规范行为。然而,有的家长对学校的规章制度并不理解,甚至不认同,觉得孩子只需要管教,不必用规章制度去限制。其实学校最需要制度的管理,所谓"没有规矩就不成方圆"。

家长才是孩子的第一任老师。第一颗扣子扣歪了,后面的扣子就不可能扣得对。孩子都是模仿着家长的言行举止成长的,家长是孩子成长的模范榜样。家长对孩子的影响是任何学校教育都无法替代的,以此类推,家庭教育对孩子造成的伤害也是任何学校教育无法弥补的。上面的案例中无论是赌博、吸烟还是早恋的问题,其重要的引导都在于家长,以至于孩子根本意识不到这些是错误,不得不让人唏嘘感慨。

孩子是一张白纸来到这世界的,首先在这张白纸上涂抹"底色"的是家长,这个"底色"就是孩子的人生观、价值观和世界观,以及由三观派生出来的做人底线、文明礼貌、学习习惯等,这些都是影响孩子一辈子的指向性原则。老师们只能是在"底色"的基础上传道授业解惑,在铺满了"底色"的纸上书写精彩,描绘未来而已,是无法替代父母的"底色"教育的。而且教师这个行业对人员的素质要求比较高,大多教师都具备较高的学历,受过专业的训练和培养,有着专业的教育知识和教育理念,怀着高尚的教育情怀,孩子在学校教育的过程中走偏走歪的可能性极低。反观家长这个"岗位"则不然,没有标准,没有培训,没有任何的素养前提,甚至没有任何要求,家长的教育才是最容易带偏孩子的所在,因此笔者认为,社会更应该关注的是教育过程中的家庭教育环节,家长更需要接受专业化的培养教育。

2024 年 1 月 28 日

逮到小偷

"班主任,我被人偷了一本画册。"

"前几天,我藏在衣箱里的二十多块钱也被人偷了。"

"被偷了钱就还能理解,上两周我的洗发水还有人偷了呢。"好几个男孩子跑到我这个刚毕业出来,第一次当班主任的"菜鸟"面前申诉。

那个时候可没有监控设备,对于我这个毫无经验的班主任来说,这可是个棘手的大问题,怎样把小偷给查出来呢?我心中不免有些紧张,处理起来颇有点慌乱。一方面我向学生逐个了解情况:什么时候发现不见的?当时有谁在场?谁会知道你把钱放在那里?是班里出了内贼还是其他班溜进来偷的?另一方面我向主管领导反映了情况,请教处理的方法。

在掌握了一定的情况,并得到领导的指引后,我开展了一系列调查行动。又是听取同学们的意见和建议,又是找同学们怀疑的对象聊天,又是到宿舍里去翻找"赃物",一番折腾下来毫无收获。没有抓到任何证据,查失窃的事变得毫无头绪。但有一点引起我注意的是:在高一的时候,我还未接手这个班之前,班级就已经偶尔发生失窃的问题,只是到了高二以后更加频繁了。而经过这一次彻查,有很长的一段时间没有同学再反映有失窃的情况了。基于此我猜测是班级内部的问题。但是到底是谁?是一个人还是团伙作案呢?却是难以判断。只能等班里的小贼再次"犯案"了。

进入了高二下学期,失窃事件果然再一次出现了。这一次还是贵重物品了:小玲偷偷带了一台数码相机回学校,不到一周就失窃了。与前几次失窃不同的是,这一次的失窃是在教室内,而且小玲把数码相机藏在了教室的课桌柜里,拿回来一周,我这个班主任都没有发现,如今却被人拿走了。这更加坚定了我对"内鬼"的判断。

我算了一算,距离放月假还有一周多,小贼转移赃物的可能性不大,还有时间。为了不打草惊蛇,让小贼放松警惕性,我没有直接去查失窃,反而先在班级里批评了小玲。我已在班上多次要求同学们不要把贵重物品带回学校以免丢失,没想到小玲居然把新买的数码相机带回来炫耀。我故作生气地表示,再三提醒下还拿贵重物品回来,这个数码相机是不会再查的。另一方面我却找了几个信得过的同学在私下里密切关注留意。

果不其然,没两天就有同学发现小劲的行为举止比较诡异,经常中午不休息跑到高一年级的美术教室去,虽然说小劲的弟弟在高一美术班,但是中午时间弟弟都不在,自己却经常跑到高一的美术画室去,确实有点不太正常。于是我们把范围缩小,重点关注高一美术画室,以防被他转移了"赃物",并指引那几个暗查的同学趁着没人的时候,翻找一下小劲弟弟的画室储物柜。没想到这一次他们真的找到了丢失的数码相机。几个同学纷纷跑过来绘声绘色地给我描述查找的过程,那兴奋劲好像是发现了新大陆一般。

我找到小劲继续深入细查追问。虽然小劲没有完全承认以往所有的失窃案都是其所为,估计担心"案底"太厚,处罚会太严重,但是大多数还是承认下来了。过往的大多数赃物都是从班级里偷来后,先寄放在弟弟那里,然后再趁着放假转移出去,能卖的卖掉,不能卖的就拿回家使用掉了。最可恨的是,每一次调查,小劲都表现得淡定自如,主动过来了解情况,还不时从关心班级的角度给老师出谋划策,提议老师去翻查宿舍行李。这小子那一波操作下来,着实把我这个缺乏经验的班主任给迷惑住了。

查出这结果确实让我有些惊讶,同时也颇感遗憾。小劲是个学习勤奋的孩子,性格内向,不怎么说话,成绩优异却又挺热心班级事务,是老师心目中的好学生,也是班里的本科重点培养对象。因而我一直都把调查重点放在班级里那些不爱学习,偶尔溜出去打游戏的"捣蛋鬼"们身上。没想到这事居然是认真乖巧,老师眼中的好学生小劲所为。

把情况上报年级领导后,年级领导的处理让我犹豫起来。按照领导的决策,偷盗的孩子必须开除劝退,不能留下。这样的处理明显超出了我的预期,校规里对于这种情况是可以弹性处理的,并没有这么严格要求,这样的处理是否对孩子的成长形成过大的打击?我找到领导为小劲求情。领导的解释是:这个学生被同学们查出来,在班上一定会被大家排挤,很难再在班级里立足。基于规章制度,以最顶格处理既能震慑其他人,端正校风,又能让小劲留下深刻教训,有利于他个人以后的成长。虽然我并不完全认同领导的决策,但也觉得领导的说法还是有道理的,况且我一个刚上任的年轻班主任,经验不足,争取的底气也不够,也就照此执行了。

小劲的家长对于他的偷盗行为很是惊讶和痛心,也积极配合学校的教育,但是对于退学这事确实极不愿意,在我面前那是千哀万求,老泪纵横,不断哭诉着家庭的不易和对孩子未来的担忧。我也曾一度被家长打动,找年级主管领导求情。据说,家长还找了某些上层领导给学校施压,年级领导顶住了压力,但处理上也稍稍轻了一点,愿意给小劲开转学证明,让小劲能到其他学校完成学业。小劲最终还是转学离校了。

后来我也曾关注过小劲的情况:转学到其他学校后,小劲有了很大改变,没有再犯错误,而且凭借在学校打下的扎实的美术专业基础,以优异的成绩考上了广州美术学院,这可是美术类专业院校顶尖的存在。我在为小劲感到欣慰的同时颇有点遗憾于班级少了一个重点本科。

这个案件是二十年前的事了,那时我刚刚毕业就被任命为情况最复杂的美术班的班主任,而且是中途接手。据说高一时的班主任是被气走的,班级里的孩子颇为调皮,违纪现象非常多。记得拿到班级名单的时候,级长给我圈画出来的"后进生""问题生"多达三分之一,而优秀生只有那么可怜的三五个。二十年过去,回忆这个班级的管理过程,处理过很多棘手的问题,扭转了很多"调皮蛋"的人生道路,但最让我印象深刻的就是小劲的事了。也许是遗憾于没有在小劲的高中历程中陪伴他的转变和成长,也许是遗憾于没有为本分老实、老泪纵横的小劲父母争取到小劲留校学习的机会吧。

感悟与反思

　　除了学业成绩，我们更应该关注孩子的品德素养。小劲一直是班级里的优秀生，学习自觉勤奋，也许正因如此，从小以来无论是家长还是原来的老师都在他身上的关注不多，对他思想品德和恶劣习惯的了解不够，错失了教育他的机会，最终出现了严重的违纪。庆幸的是在高中阶段发现了，处理了，对于他本人来说应该也是一次刻骨铭心的受教育过程，这对于他整个人生来说未必是一件坏事。

　　班主任在处理班级失窃事件的时候需要把握技巧，掌握分寸。彻查失窃的过程我还是颇为自得的，不断总结经验，谋划办法，终于把深藏不露的小劲给"挖"了出来，然而处理的时候我就有些反思了。这个事件如果放在当下，让现在已经积累了十多年经验的我来处理，也许不会选择第一时间上报学校领导，也许会在深入的教育之后给小劲一次改过的机会。毕竟这是个十六七岁的孩子，应该给他这个机会。

　　青少年的偷盗行为很有可能是心理问题。从小劲家长身上看来，家长对教育孩子的认识没有太大的偏差，小劲的家境情况也不是十分贫困，按理不应该出现这样的情况，当时我便对这个问题心怀疑问。多年以后，当心理问题被全社会，尤其是被教育界所关注时，我在反思这个案例的时候不禁猜测小劲是否有心理问题。在犯罪心理学上，盗窃属于物欲型动机犯罪。青少年如果从小没有树立正确的价值观，在对金钱的认识上偏激、极端、夸大，加上没有良好的控制能力，心存侥幸心理就很容易陷入偷盗的"深渊"，尤其是在多次犯罪得逞后，尝到了犯罪的"甜头"，满足了个体的不良需要，从而也养成了犯罪恶习。当一次又一次的盗窃成为习惯，心理矫正就非常困难了。因此纠正盗窃心理，最关键的就是在起始阶段，当孩子一开始表现出有贪小便宜，对占有别人的物品有错误认识的时候，我们就必须要及时关注和纠正了。

2024 年 1 月 30 日

失而复得的手机

我激情澎湃地站在讲台上,本应赶赶进度完成这一篇课文的教学任务的,却用了大半节课的时间煽情地给孩子们讲述同学之情的纯真和缘分。不为别的,只因为刚才有个孩子跑来我面前哭诉,上体育课的时候,放在抽屉里的手机被偷了。

此时正值高一分科分班之际,一切都已准备就绪,下午放学前,现在班级的孩子们就要拆散,重新分到各个班去。如要一个个查问、筛选再破案,显然时间不够,而且以往的一些经历告诉我,把班级的"内鬼"查出来无论对于这个孩子的成长还是班风的建设都会产生不利的影响。再看看桌面的日历,今天正是周五,分完班后学生就集体放假了,拿了手机的"小贼"很有可能趁着放假把手机转移出去。如果不能在分班前解决这个问题,手机找回来的概率就很低了。虽然我不是这个班的班主任,作为级长的我完全可以把这个事丢给班主任自行处理,但是出于时间紧迫,也为了挽救那个一时动了贪念的孩子,我还是决定亲自出手。思虑再三,就想着利用上午这节课,尝试着以情感人,看看能不能把这个问题妥善解决。

我站在孩子们中间,慷慨激扬地表述了一番同学之情的难得:"同学们,同窗之情可能是你们人生中最纯真,最有缘分的情感之一,为什么这么说呢?将来你们到了社会,认识的人或者建立的感情大多数都是带着一定功利性的,都是想从对方那里或者对方想从你这里获得点什么的,而今天你们在这里,坐在同一间教室学习,住在同一间宿舍生活却没有任何的功利心。这是最纯洁的情谊,是人生中最值得珍惜的。相信将来,这份情谊会成为你们人生道路上最温暖的回忆,也会给你们未来的旅途提供很多的帮助。"

看到同学们有的频频点头表示认可,有的低头沉思颇有感触之后,我话锋一转,一脸严肃地讲了今天早上体育课,有同学丢失手机的事:"可惜的是,今天上午第三节的体育课,有同学的手机放在抽屉里丢失了,从种种迹象来看,这肯定是班级内部的同学所为,这样的行为,对于这段真挚的情感无疑会造成无法弥补的伤害。"

随后,我讲了多年前当班主任时,逮出班级"内鬼"小劲的故事(详情参看《逮到小偷》一文),以小劲惨遭开除的结果继续引导:"我们不是没有办法查出来,我们也可以选择报警让派出所的干警来查,但是这一次我不想查,我不想查出来影响了你们同学之间纯真的感情,不想查出来让你在学校里承受别人的歧视和偏见,再也抬不起头做人,更不想查出来毁了你的学业和未来……"

一番于情颇有感染力,于理颇有说服力,于法颇具恐吓力的言语之后,我表示了体谅并给出了解决办法:"我清楚拿了手机的孩子是出于一时的贪念,也了解现在让他/她站出来承认是很难为情的。我们一起给他/她一个改过的机会吧。现在是上午的最后一节课了,我们11点40分下课。所有同学下课以后离开教室,不许留在教室,拿了手机的同学12点10分之前把手机放回到讲台的抽屉里,我们12点15分回来看看,如果手机放回来了,我们就当这个事没有发生,如果没拿回来,我们就启动调查了,那时候后果可就严重了。大家觉得怎么样?"同学们纷纷答应了。

下课后,同学们都按照要求离开教室。在饭堂吃完午饭,我带着丢失手机的孩子12点15分回到教室的时候,教室里仍旧空无一人。打开讲台上的抽屉,黑色的手机安安稳稳地躺在抽屉里,丢手机的孩子一顿感谢之后,兴高采烈地回宿舍去了,我也深感欣慰。

这个案例发生在10年前,至今我也没有搞清楚是哪个同学拿了手机。那时智能手机刚刚兴起,价格比较昂贵,大多数的家长还没有给孩子配上功能多样的智能手机。新鲜的"玩具"对于这个阶段的孩子们确实很有吸引力。而当时学校里只有校门等几个关键点位安装了监控,教室和走廊是没有安装监控的,我们这些缺乏刑侦经验的老师要想查出来估计也不太容易。其实,在此之前我没有用这种方式解决偷盗事件的成功先例,只是当年小劲的案例对我确有触动,出于教育为先、保护孩子、给予孩子改过机会的目的,我采用了这种保守的方式处理。没想到事情能够得到如此完美的解决,也算是一种尝试,一种创新。

感悟与反思

每个人都会犯错,犯了错改过来就是好的。中学生作为未成年人,对于错误或许已经有了一定的认识,但是对于其后果却不一定有清晰的了解。一次错误就"一棍子打死",这样的做法是不利于孩子成长的。在这个案例中,我没有把事件扩大化处理,没有通过侦查手段查出"罪魁祸首",而是把改过的机会留给孩子自己,让他/她可以在保持自己的形象和尊严的前提下,把手机放回来,无疑是对犯错孩子的一种包容和保护。而这个孩子能够自己改正错误,证明他/她还是一个好孩子,还是有着美好未来的。

学校以教育为主,惩戒只是教育的其中一种手段。很多班主任会在班级管理过程中,拿着校规校纪、班规班法、违纪处理办法等冷冰冰的制度给班上第一次违纪的同学予以严厉打击,希望以此树立自己"公正严明"的形象,实际上却会给孩子的成长造成一定的负面影响。当然,这里不是说班主任不应该严格执行规章制度,相反,学校的规章制度必须严格执行,只是老师们应该本着"以生为本"的理念,本着教育引导的目的,在严厉处罚之前先从心理上分析学生为什么犯错,指导学生如何认识、如何改正不良行为,达到育人的目的。在这个案例中,我先从同学之情切入,再以真实的案例予以警示,最后留给孩子改过的空间,既实现了解决偷盗事件、让手机失而复得的初衷,又达到了教育引导的目的,给予了犯错的孩子成长机会,无疑是一次成功的教育过程,我也相信这个犯错的孩子在这次事件中会深受教育,不敢再犯同样的错误了。总之,笔者认为老师应该是具有温情的教育者,而不是冷酷的只判定对错的"执法者"。

引导孩子去改正错误，需要讲究方式方法。很多时候，老师或者家长总是埋怨孩子不听话，没办法教，其实不是孩子没法教，是教育引导的方式方法出了问题。根据马斯洛需求层次理论，人的最高层次需求是尊重。而在现实的教育中，无论家长还是教师在教育引导的过程中对孩子的尊重是不够的，当孩子在受教育或者受批评的过程中觉得自己的尊严得不到尊重之时，孩子大概率是会选择抗拒和抵触的。在这个案例中，我在给予孩子改过机会的时候，不是以一种执法者的角度去要求孩子承担责任，也不是以施与者的角度去"施舍"机会，而是以理解人的角度去看待孩子的错误，以保留尊严的办法去引导孩子自己改过，最终才能实现良好的育人效果。

2024年2月2日

独挡"金利帮"

"金利帮"这个称号是2008年前后学校暗地里给金利镇来校读书的孩子们起的外号。十几年过去了,虽然现在金利镇的孩子已经大有改观,整体的风气也有了质的改变,但对于上了点年纪的老师们来说,那几年金利镇上来读高中的孩子还是让他们印象深刻,对于这些孩子的违纪行为也颇为心有余悸。

那些年也许是受到港台"古惑仔"系列影视作品的影响,在青少年群体中形成了比较不好的风气,孩子们容易拉帮结派,火气也比较大,动不动就喜欢动手撩架,还容易形成团体斗殴。其中"金利帮"在本地各学校都是一股不小的势力。

究其原因,最为重要的应该是受金利镇当地的社会风气影响。当时,金利镇正处于经济快速发展期间,大量引进的企业工厂带来了大批的外地打工人,当地的治安状况也随之下滑,本地人与外地人经常因为小矛盾产生纠纷,而处理的办法也相对粗暴,就是拉队伍干架。以至于当地的孩子在这样的社会氛围下耳濡目染,受到了错误的引导。甚至金利镇的家长担心孩子离家到城区读高中会受到欺负,也交代孩子要积极参与小团体,该动手的时候也要上去,否则将来自己被欺负没人帮忙。基于这样的社会背景,那几年金利镇的孩子一到新学校读书就会拉拢自己人,形成帮派小团体。其他镇的孩子受此风气影响,也在不自觉中靠拢起来组建帮派。同学之间稍有矛盾,就容易形成团体间的打斗。学校的整体校风学风也因此大受影响。

2008年因为生源政策的改变,学校招收的生源质量大幅下降,分到我们学校的都是成绩在最底层的高中学生,较前几届的学生,素质差距较大。那时的我刚刚担任高一年级级长,负责年级的学生管理工作,是面对学生问题的直接责任人,所有的学生违纪都是由我去调解处理,因此我饱受其害。更悲催的是,因为高二、高三两届学生的生源质量还不错,为了确保这两届考出好成绩,学校把所有的得力骨干都抽调了上去,剩下分配到高一年级的老师用不太准确的表达来说都是"老弱病残",以至于我们跟主管副校长商量班主任人选和备课组长人选的时候都挑不出人来。同时学校骨干管理层都安排在另外两个年级,这个年级只有主管副校长和我们两个级长在扛着,那时的艰难可想而知。上面的两届孩子成绩好、纪律好,我们这批孩子成绩不堪入眼,还调皮捣蛋,管理力量又严重不足,我们年级成了大会小会被批评的主要对象。而出问题最多的就是这个"金利帮"。

"金利帮"的孩子仗着自己人多势众,又民风彪悍,经常在学校里趾高气扬,作威作福。在饭堂排队插队的是他们,打球抢场地的是他们,就连上楼梯不小心被碰一下,即便别人道歉了还要拍人家几下……此类"恶行"不胜枚举。那时候还没有校园欺凌一说,按现在的标准,当年的那帮小子还真可以归于这一类,被列为校园"扫黑除恶"的重点打击对象。

这帮小子对同学作威作福就算了,才刚来学校一个月居然就敢聚众跟学校叫板了。这不,因为要与兄弟学校错峰放学以缓解城区的交通问题,推迟了半天放国庆假期,他们居然中午就召集了五六十人准备到校长办公室申诉请愿。我收消息还是比较及时的,立马发通知给各班班主任。哪知道十分钟不到他们就已经聚集好了,而我的班主任们都还没有到位,我只能叫上门口值守的一个保安先行到办公楼楼梯口守着。

不一会,乌压压就过来一大群学生,领头的几个人一眼望去就是我们年级那几个"金利帮"的头头,见我拦在楼梯口,跟在后面的一些小子有些胆怯,开始放慢步伐。但是带头的几个还是很有"胆量"的,直接就走了上来,后面的那些"跟班"见有人带头也就涌了过来。那几天我正好重感冒,声音沙哑得话都说不出,也不知道当时哪里来的勇气,一个人带着一个保安就敢横在楼梯口,操着沙哑的声音呵斥着他们。

"你们干什么!"沙哑的声音嘶喊出来,连我都觉得多了几分威严,也唬住了准备往楼上走的那帮家伙。

"级长,我们要求中午就放假。"带头的喊了起来。

"就是,就是,其他学校都是上午就放假了,为什么我们要到下午?""我们就比其他学校的差吗?""什么破学校放假都比别人晚!"后面的看到有人敢跟级长叫板,立马在后面七嘴八舌地叫嚣起来。

这群家伙的"斗争经验"还真丰富,配合得那叫一个默契,估计在初中的时候没少搞出这种场面。站在前面的除了起个头,大都不怎么说话,站在后面的叽叽喳喳叫个不停。估计他们认为反正人多嘴杂,谁说的我也听不清楚,即便被抓出来的时候大不了来个死不承认,我也拿他们没办法。

他们有他们的"张良计",我有我的"过墙梯",面对这样的情况我也是有对策的。我扯着嗓子喊道:"有意见可以提,但是一大批在这喊,听不清楚你们说什么,而且领导那里也进不去这么多人,你们找五个代表出来,我带你们到会议室去向领导反映意见。其他人回教室去,待会就上课了,待在这不去上课的全部按照旷课处理。"

这么一说,他们顿时有点傻眼了,本来他们是仗着人多嘴杂,随便乱说都不用负责任的,给我这么一安排,他们的人数优势立马就没有了。并且我预计班主任们应该也快到了,只需要再拖一阵子,那时候一批老师对着几个学生,整个局势就会颠倒过来。

"金利帮"的这群家伙大多数都是跟风凑场子的,一听要站出来到会议室反映意见,大多数都往后退了,而且作为年级级长,平时就严格管着他们,在他们面前还是有一定的威严和影响力的,见他们畏畏缩缩,没人愿意站出来,我决定再"将他们一军",抬手指着领头的那几个熟面孔:"你,你,还有你,还有往后面缩的小军和阿展,平时就你们意见多,就你们几个吧。其他人有没有意见?有意见可以跟他们换一换。"

其他人一看我准确抓了带头的出来,纷纷说道:"没意见,没意见,就他们几个去吧。"然后就一哄而散。有几个忠实追随者颇不情愿,往这边看了两眼,但是碍于我这个级长的威严也没敢说什么,悻悻然往教室退去。

现在的情况就相对简单多了。当我把他们领到会议室去坐下的时候,班主任们也陆续赶到了。我把五个代表分开几个地方,相关的班主任分别拉着自己班的孩子去做工作。

这样就进一步把对方的势力分散了,他们就再也"蹦跶"不起来了。接下来班主任找领头人该谈心的谈心,该写情况说明的写情况说明,该联系家长来校的联系家长,该到班里安抚学生的到班里安抚学生,一切按部就班地进行。在下午上课铃声响起之前,领导回到学校时,事件已经基本平复下来。再下来就是政教处根据学校的规章制度,让家长到校协助教育,领头的"金利帮"核心人物被要求回家反省教育,另外三人被全校通报批评。

此事件后,"金利帮"嚣张的气焰明显收敛了,虽然仍是学校里问题最多的一批学生,但是已经不敢随意惹是生非了,更不敢对学校的管理指手画脚了。我这个级长的威信力也明显提升不少,在他们这个"地下小江湖"里的地位也显得超然了许多。"金利帮"被我压制下来后,这个年级就没有再发生群体事件,校风学风有了变化,年级整体学习环境有了较大改善。最让我惊喜的是,这一届学生在最后还考出来较好的成绩,首次实现学校"三线飘红"——重点、本科和专科全面超标。

回顾二十年的教育经历,那次独挡"金利帮"的事件是最为紧急的,也是我最为威风的案例。现在想来,当时颇有点张飞在长坂坡喝断当阳桥的气势。十多年过去,在党的英明领导下,和谐社会的建设成效显著,社会风气明显改善,家长的教育意识也逐步提高,这犹如电影里的场面应该也不会再出现了。

感悟与反思

社会文化和社会风气对孩子的成长影响巨大。80年代末期至90年代中期这一批学生普遍受到港台影视文化的影响,加上那时候社会经济处于快速发展阶段,家长的教育意识与经济发展的速度不匹配,因而产生了那个阶段特有的不良社会风气,校园也因此深受影响。如今进入社会主义新时代,社会和谐稳定,经济发展稳步向前,社会对于教育的重视程度明显加强,家长的教育意识明显提升,孩子们的素质也随之有了大幅提升,可见社会文化和社会风气对孩子的成长是影响巨大的。

处理突发事件要思路清晰,抓住核心关键,趋利避害,"擒贼先擒王"。在处理这次突发群体事件的过程中,我没有被来势汹汹的"金利帮"乱了方寸,而是把握这个小团体的弱点,准确判断领头人物,分散对方势力,然后集中力量压制领头人。最终,通过违纪处理把这个"金利帮"小团体的气势彻底摁了下去,使其在学校内难以形成"号召力"。在处理紧急事件的过程中必须条理清晰,不能让对方带乱了自己的思路,否则就会被牵着鼻子走,非常被动。

要建设良好的学习环境,营造浓厚的学习氛围,必须打击不良风气。优秀学生会带动学校的学习风气,待进生会拖累学校的学习风气,但这两种人在学校内都不占多数,中间的大多数则会被整体的风气影响。要把学校的学习风气营造好除了要发挥优秀生的示范引领作用,更要把待进生的不良风气打压下去,使之不能影响学校的整体大局。如若能够彻底扭转待进生当然最好,但如若不能,至少也要把待进生的影响力控制在最低。只要能把影响校风学风的"毒刺"给拔了,就会迎来相对较好的学习环境,学校整体成绩也就顺理成章地提高了。

2024年1月30日

鞠躬道歉不失尊严

"居然还不承认？还在这跟我吼？你是什么态度？你看看你从入学到现在还不到一个学期，就出了多少问题，违反了多少纪律？什么都别解释了，跟你家长回家去反省一周，我现在还有很多事情忙，没空管你。你下周回来再给我老实交代清楚。"我没有理会小李的辩解，不由分说地给他下了处罚。

回头我冲着小李的妈妈说："家长你先把他带回去问清楚情况，好好教育一下。我这边赶着开会，下周回来再处理小李的事。"说完我拿起笔记本匆匆离开了办公室，丢下颇为配合的家长和愤愤不平的小李。

那时的我刚担任级长不久。这一届高一年级又是生源政策变化后的第一届，学生的素质比起高二高三年级那是天壤之别，学生违纪情况很多，事情不断，非常难管。管理经验不足的我犹如消防队员一般，每天忙着处理各种问题，疲于奔命。其中小李就是冒头最多的孩子，各种小违纪不断，班主任带他到我面前处理都四五次了，家长也已被邀请到学校协助教育过了，但是效果不佳。这次出现的问题情况比较复杂，班主任反映上来的事件经过也不太清晰，但是当听到班主任汇报的嫌疑对象里又有小李的名字，我顿时火冒三丈，当即要严肃处理他，让家长带回家去反省。

开完会回来，晚上我静下心来反思事情的经过，觉得自己的处理还是有些武断了，毕竟整个事件过程并不是十分清晰，责任也并不明确，对小李的违纪判断有点先入为主的意思了。但是，事情已经处理了，我又放不下自己的面子，只能先让他回去反省一下，回头再说吧。此后的几天，我从各个方面了解了情况，跟班主任反复研究，觉得责任可能真的不在他身上，小李有很大概率不是"罪魁祸首"，我们也许真的冤枉了他。

一周之后，小李的妈妈带着孩子回学校，班主任带着他们来到办公室。其时正值课间，办公室里熙熙攘攘，老师和同学们进进出出。跟在妈妈背后的小李依旧一脸的不情愿，只是估计在妈妈的教导下，不敢再有上次那样过激的言语。也许是担心学校给孩子严厉的处罚，妈妈倒是态度诚恳，承认了自己的孩子比较调皮，一直以来表现都不太好，让老师费心了。但是言语之间似乎对这一次的违纪处理不太认同。

妈妈说道："前面的调皮违纪，我家小李都承认，我也教育批评了他，让他吸取教训改正。但是这一次他怎么都不肯承认是他做的，说是老师冤枉了他，绝对不会向老师道歉的……"

我盯着小李看了好一阵，又回头跟班主任交换了一下眼神，向小李问道："真不是你？那你好好说说看事情的经过，不要发脾气。"

小李讲完事情的经过，又再度强调他没有错，不应该道歉，是老师冤枉了他。看着孩子的神情和倔强的眼神,我意识到我们原来的判断是错误的,可能是真的错怪了小李。当时的气氛顿时陷入了尴尬,空气仿佛凝固了一般,现场陷入了沉寂。

思虑了几分钟过后,我站起身子,走到小李的对面,端端正正地向小李弯下腰,鞠了一个九十度的躬,并且向小李道歉道:"对不起,是老师们错怪你了。"我的举动明显出乎小李的意料,把小李吓了一跳,身体往后稍稍让了半步。当他听完我的道歉后,整个人都愣住了,本来想好了待我继续责怪后跟我争辩的话语都堵在了嘴边,待在那好一会儿。

这个倔强的小男孩眼眶红了,泪水也流出了眼角,嘴唇颇有点颤抖着,直到小李的妈妈提醒他才反应过来,也深深地鞠了一躬,用颤抖的声音向我道歉道:"级长,我也想向您道歉,那天是我太激动,态度不好,我不应该跟您吵的,在那件事中我也有错误。"

待他平静下来后,我好好地教育了他一番,鼓励他改正以前的不好习惯,端正学习态度,接下来在校的时间里要认真学习,不要再违反纪律了。然后就让他班主任带他回班上去了。家长等孩子离开后,真挚地感谢了我一番,言语之间,她表达了对我敢于当众向学生承认错误的惊讶,也表示了对我这个老师的尊重。听得出来这种尊重不是对我级长这个身份的尊重,不是对我手握着他孩子处分权力的尊重,而是对我这种敢作敢当、勇于承认的品质的尊重。

小李在这次事件中明显受到了触动,整个人有了较大的变化。自高一发生此事后,在接下来两年多的高中学习生活中,小李没有再发生过什么违纪,每次见到我也能尊敬礼貌地问好。据班主任回馈,后来小李的纪律情况和学习态度都大有进步,高三时还通过春季高考考上了省内知名的大专院校。

感悟与反思

经验主义,先入为主的思想不可取。十五年前的我刚刚担任级长,学生管理经验不足,犯了经验主义的错误。我在没有弄清楚事情的情况下,仅仅根据小李平时的糟糕表现,凭借着感性的认知,没有进行理性的分析,仅凭惯性思维,先入为主的判断,就武断地把"罪名"压在小李头上,没有给予小李充分的尊重,导致小李的情绪激动,对批评教育产生了抵触。这一点是值得我反思和检讨的。

承认错误需要勇气,有错能改不失尊严。记得当时就有很多老师和同学在关注着我的处理,作为年级的行政领导弯腰向一个一向口碑不佳的"问题学生"当众鞠躬道歉确实是需要勇气的。很多时候,无论是家长还是老师,都多少抱有一定的"面子意识",即便犯了错误也不愿意向孩子道歉,最终导致孩子产生强烈的逆反心理。其实,有错能改是不会失去尊严的,反而更能赢得尊重,只是当时做出决定的时候真的需要一点勇气。

身教胜于言传。当我弯下腰来鞠躬道歉的时候,给小李带来的教育效果远比原来对他的严厉批评和后来的循循善诱要有效得多。当老师能够在孩子面前放下身段为自己的错误鞠躬道歉,无论受教育的孩子有多倔强都一定能够触动他的心灵,将来还有什么错误是他不能面对和勇于改正的呢?这一点从小李的道歉之言和后来的改变之举可以明确地看出。我想,老师身上表现出来的这一份担当、这一份勇气应该会给孩子未来的成长带来正面积极的影响。

2024年2月2日

亮出了刀

当你看到一个学生拿着小刀顶着班主任的脖颈,歇斯底里地嘶吼着威胁老师把手机还给他的时候,你会为教育事业、为教育者感到何等的悲哀？这不是虚构的场面,而是真实发生在校园里的事件。作为级长的我,不仅是这让人痛心一幕的目击者,还是整个事件处理的参与者。

随着科技的发展,智能手机逐渐走进人们生活中,对于还没有做好相关准备的校园来说,无疑是一次巨大冲击,也是对未成年人管理的一次巨大挑战。十年前,智能手机已经渐渐撕去了"贵族"标签,步入普通人的生活中,校园里也慢慢涌现了学生沉迷于手机的现象。课堂上总有人低头于抽屉之中,晚修时总有人把玩于书本之下,深夜里总有人在宿舍里闪烁着幽暗的光点……没有任何一所学校能够容忍学生专注于手机而忽视了学习,因而陆陆续续地开始尝试管理手机。然而,"玩手机"作为那时违纪现象中的新生事物,学校的管理体系还没有建立,老师们的处理方法没有很多的经验可以借鉴,简单粗暴地没收手机成了教育者们最为直接也最为有效的实施手段。从此没收手机成了老师们尤其是班主任疲于奔命又永无止境的沉重负担。

这一天,负责任的班主任刘老师在没有晚修的情况下回校巡视班级,发现了小俊正在玩手机。看到三令五申之下还有人敢在晚修课堂上玩手机,刘老师颇为恼火,当即提出要没收小俊的手机。小俊性格火爆,容易冲动,是典型的心理学上的胆汁质型的孩子,平时顺着他还好,稍有不如意他就立马暴躁,那感觉就像炮仗一样,一点就着。这一次班主任要收他的手机,不知道是正沉迷于其中的游戏无法自拔,还是忧虑于手机被收后难以拿回,小俊硬是不给,事情就此激化。

火冒三丈的班主任刘老师打了电话给小俊的爸爸,要求家长过来学校配合教育,随后把小俊叫出来带到办公室,叫上身为级长的我一同处理。稍稍平静下来的小俊在刘老师和我的劝导和威逼下好不容易才从裤兜里拿出手机,刘老师把手机随手锁进了抽屉里。

这时候小俊的爸爸也到了,了解完孩子的情况后,小俊的爸爸破口大骂："你个衰仔,花了这么多钱给你读书,在学校不好好学习,尽给我惹事,为了你的事我赶过来,今晚码头上那两条船都没安排卸货,让他们转场了,直接损失了我两百多万,真是个败家子……"

小俊此时被骂得眼睛通红,似乎要冒出火来的样子。而爸爸显然没注意到孩子的表情,自顾自地对刘老师说道："班主任,你把他手机砸了,不要还给他！"

听到此言,小俊腾的一下跳了起来,从腰间的钥匙扣上掏出了一把小刀子,直接顶到了班主任的脖颈处,嘶吼着："你把手机还给我！还给我！"

眼前的这一幕把在场的人都惊呆了,谁都没有想到会出现这样的场面。大家除了大声呵斥小俊,都不敢轻举妄动。在我们的喝止下,小俊也意识到了自己的举动过激,稍稍松开了一点。我赶紧夺下小刀。小俊爸爸则上前一巴掌打在了小俊的脸上,再次被激怒的小俊回手推了一把他的父亲,对着他爸爸吼着:"你砸了我手机,我玩什么?没有手机我回来学校干什么?"随后父子两人竟然在办公室里推搡着,快要动起手来。

这样的情况我也是第一次见到。慌忙之间,我赶紧收好小刀过来拉架,先把激动的两人分别安置在不同的房间,叫其他老师帮忙先行看着小俊,又叫来刘老师的丈夫过来安抚已被吓得蜷缩在座位上哭泣的刘老师……一顿慌乱之后,场面才稍稍平静下来。

小俊此时也冷静了下来,虽然表现得还很焦躁,但是已经能沟通了,我用柔和的语气批评了小俊几句,确保小俊不会再有过激之举,就安排他在办公室坐下平静一会。随后,我到了隔壁办公室跟小俊的爸爸谈话。

小俊爸爸也是个暴脾气,噼里啪啦地一顿数落,又是骂孩子不争气,又是怪家里老人过于宠溺。原来,小俊家境优渥,是个标准的"富二代"。爸爸忙于码头的生意没有时间管孩子,妈妈和老人过于溺爱孩子,从小是要什么给什么。爸爸也发现孩子沉溺手机的问题,在家里已经没收了两台,不允许小俊把手机带回学校。今天这台手机爸爸都不知道它的存在,可能是家里老人给他买的,也有可能是他自己去买的,毕竟这小子手上的零花钱不少。

我询问了一下孩子平时在家的情况,爸爸更是一阵不满。向我抱怨着:"家里就这一个独苗,老人护得很。平时在家也不学习,整天就是抱着手机打游戏。家里也就我这个当老爸的能说他几句,其他人他根本不放在眼里。孩子脾气又暴躁,我多说几句就发火跟我对骂。老人总是护着孩子,我也没法教……"絮絮叨叨之间,我大概了解了孩子的成长背景,难怪孩子会有这样的行为,完全是教育方式出了问题,家庭优越的环境加上家人的过度宠溺,让本就有性格缺陷的小俊变得更加暴躁,更加听不进意见。

趁着小俊爸爸去打电话,我回到小俊这边。陪伴小俊的老师已经跟小俊聊了很多,小俊也已经完全平静下来,见我过来,用颇有点愧疚的眼神看着我。从这个眼神,我知道小俊也不是蛮横不讲理的人,还是可以教育的。我拍拍他的肩膀,循循善诱地指出他的错误,批评他的过激行为会导致严重的后果,引导他站在班主任刘老师的角度体会被自己学生伤害的悲痛……一番教导下来,小俊低下了头,承认了自己的错误,最后还主动要求到刘老师面前道歉。

当一切沟通完后,我们要求小俊爸爸先把孩子带回家里教育,先让情绪平复下来,过后学校再让家长和孩子过来进一步处理。临行前,我拉住小俊爸爸,告诫他孩子的家庭教育有很大问题,回去后家里人要坐在一起好好沟通一下,把孩子的教育思想统一一下,不要过度宠溺了。我劝说道:"不要怪老人,老人大多是宠溺孙子的。尝试着让孩子跟老人分开住吧,你也要多陪伴孩子,如果像你所说,家里孩子就只听你的了,你就多抽时间管管孩子吧。其实赚钱也是为了孩子,孩子不成器,赚再多的钱又有什么用?"小俊爸爸点了点头,若有所思地带着孩子回去了。

后来学校给了小俊记大过的处分。回来以后,小俊虽然仍旧不爱学习,玩手机的现象也没有完全改过来,但是已经大有改进了,遇到事情也基本能控制自己的情绪,不至于做出过激行为。我想,小俊应该很难得到彻底地改变了,毕竟原生家庭的成长环境就是如此,打下的根基已经成型。班主任刘老师经历此次事件后,对班主任工作有了阴影,产生了畏惧心理,学期结束时就辞去了班主任职务,在后来的很多年里都没有再担任班主任。

感悟与反思

  教育的管理要及时跟上时代的步伐。时代迅猛发展,各种新的现象层出不穷,学校在教育管理上要有敏锐的嗅觉,要有前瞻性的谋划,规律性的思考,把困难想在前,才能把问题消灭在萌芽阶段。智能手机的普及给当时整个社会的教育管理都带来了冲击,而实际上智能手机从出现到普及大众化是有一段时间的,对学生的影响和学校的管理带来的伤害也是可以预见的。如果大家能提早防备,提早研究,也许可以让伤害有所降低。如今,国家出台了学校手机管理的指导意见,各地各学校形成了较为完善的手机管理制度,家长也有了管理孩子手机的意识,智能手机冲击带来的阵痛可以说已逐渐消退,但未来还有可能出现新的科技,给教育管理提出新的挑战,作为教育者,我们应该随时做好迎战的准备,做好预防的措施。

  过度宠溺不是爱孩子,而是害了孩子。不可否认,孩子是家中的宝贝,是需要得到家人的爱和呵护的,但是过度的宠爱会影响孩子的性格发展,会影响孩子的世界观、人生观和价值观。案例中小俊的家庭环境和家人的溺爱,很明显误导了小俊的发展,小俊从小就有求必应,欲求必得,使之不会体谅他人,不会面对求而不得的挫败感。

  对于孩子来说,家长的陪伴成长远比那厚厚的零花钱重要得多。当今时代,社会压力大,不少家长把家庭经济放在第一位,忽略了孩子的成长陪伴,最后导致孩子难成大器甚至走偏道路。其实对于孩子来说,可能家长的陪伴比优渥的生活条件更为重要。家长切不可拿丰厚的零花钱或者高档的手机等礼物替代了自己的位置,家长陪伴的缺失会成为孩子成长过程中最大的伤痛!

2024 年 2 月 3 日

艰难的"美转传"动员

"怎么可能？才 57 个吗？"今天是高考美术联考放榜的日子，我却要参加其他会议，不在学校。刚刚参加完会议的我，一走出会场门口就打电话询问了今年美术生联考成绩，得知只有 57 个上线，顿感震惊，压力也就随之而来。

要知道，我们学校因为生源问题，一直以来都只能靠艺术类出成绩。美术是我们这一届的支柱，近 160 个美术生最后只有 57 个过线，实在出乎意料。如果再加上文化课的折损，最终能考出多少本科真的不敢想象了，我们怎么可能完成今年的指标任务呢？

必须得赶紧谋划新的出路！传媒校考！只有这个方向可以尝试了！

点燃一支烟，深深吸了两口。"每逢大事要静气，越是关键的时候越要冷静。"我暗暗地给自己提醒了两句。

把思路捋一捋：如果要"曲线救国"挽回败局，首先要安抚落榜学生的情绪，动员学生了解传媒专业，考虑传媒方向，此事宜早不宜迟，今晚就得立即召开安抚会议同时做一些方向性的引导，然后要帮孩子们联系传媒机构。这个时候让孩子们自己去物色传媒的培训机构是不现实的，一方面时间不允许，另一方面学生不了解，只能我们老师帮忙咨询，给予建议。但是也不是所有的培训机构都愿意接收这种"半路出家"的临时考生的，另外时间上是否来得及备考培训，考试方向是否适合我们的学生，还有一系列的问题有待咨询，这个也不能拖，也得尽快着手去了解。然后组织班主任动员学生，并且和家长沟通，争取家长的支持。最后布置好年级的课程安排，确保学生培训回来文化课不至于落下赶不上……一系列的布局谋划逐渐地在我的脑海里开展着。

今晚的安抚和动员会议要邀请往届的传媒师兄师姐回来做经验介绍，要做传媒相关专业展示，要……我继续谋划着各个细节。抬手看了看时间，已是下午的 5 点半，7 点半召开会议应该还来得及。说干就干！丢下已快烧到手指的烟头，狠狠地踩灭那一缕青烟，坐上车赶紧从会场赶回学校。

一路上，我抓紧时间用电话联系各方，布置着今晚会议的程序和内容。一小时后，我已经约请好了 4 个上届传媒班的师兄回来介绍传媒专业的学习经验；邀请了上一届的美术班班主任来介绍如何面对美术落榜，并让其邀请上一届美术落榜后转考传媒，成功考上本科的学生回来介绍转考心得；安排了年级级长组织晚上的会议；安排人做好传媒相关资料的收集整理，制作成 PPT 展示给学生；与传媒的培训机构取得了初步的联系……

晚上 7 点，当我准时回到学校时，4 个美术班班主任早已在学校等候。了解后才知道，从早上 10 点放榜到现在，班主任们都没有离开过学校，一直陪伴着这些落榜的孩子们。据说当时孩子们抽泣不绝、哭声一片、肝肠寸断。确实,孩子们在美术专业集训学习过程中不仅披星戴月,刻苦拼搏,付出了巨大的努力,而且还花费了家里不少的金钱,增加了家庭的经济负担,这对于他们来说是一种无与伦比的压力!然而在残酷的考试现实中却遭受了沉重打击,这是在他们十七八年的人生经历中不曾有过的挫折体验,换了谁也坚强不起来。班主任们又是安慰又是引导,可总是起不到很好的效果,毕竟情绪需要时间去平复,而治愈伤感最好的药剂应该是希望。无论是班主任还是孩子们都在期待有人能给他们带来挽回败局的曙光,带来跌倒爬起的勇气,带来继续拼搏的力量。

会议开始,孩子们整体状态不太好,没考上的孩子愁眉苦脸、嗒焉自丧,考上的孩子也被这沮丧的氛围影响,个个都像斗败的公鸡,没精打采的。我从大屏幕上的主题"乾坤未定一切皆有可能,乾坤已定我便扭转乾坤"入手,用去年师兄师姐们的真实数据,用看得见摸得着的正面案例,用暖心奋进的激情话语逐步引导着孩子们,给他们建立信心,帮他们谋划出路,为他们吹起振作奋起的号角……随着安抚动员会一个个环节的进行,孩子们渐渐坐直了身子,舒展了眉头,瞪大了眼睛,似乎慢慢地找到了再拼搏的勇气。是的,给了他们再一次拼搏的机会,就是挽救了他们勤学的激情!

会议结束后,我把请回来的师兄师姐们安排到各个班级,让孩子们与师兄师姐们深入交流,从师兄师姐们切身的经验体会中找到自己奋斗的目标,找到自己的前行的方向。

事实上,最能打动孩子们的还是师兄师姐们的亲身经历和真实感触。老师的话可能会让学生有所质疑,认为老师是安慰他们,不理解他们的内心感受,而上一届的师兄师姐们去年经历了和他们一样的"滑铁卢",经受过和他们一样的内心折磨,却能从与他们同样的境遇中爬起拼搏,无疑给了他们很大鼓舞。孩子们纷纷向师兄师姐要联系方式,扫码加微信,虚心求教"美改传"的求学历程,耐心询问专业学习的细节重点……从孩子们的神态表现中,我又看到了为理想拼搏的激情,为梦想努力的斗志。

这天晚上直至 11 点,孩子们还拉着师兄师姐们问长问短,拖着班主任寻求帮助。是的,孩子们想通了,家长的工作还有待突破,大多数家长对于传媒专业没有认识,孩子们最担心的是家长的不认同和家庭的经济负担,嘘长问短的都是各种各样的忧虑。正值周六,我让孩子们回家好好跟家人商量商量,回校后给予答复。但是我告诫孩子们,我们的时间有限,转向传媒后留给他们学习的时间太少了,我们一天都拖不起,多一天的犹豫就是少一分的机会!

整个晚上的活动效果明显,一场会议解决了孩子们沮丧绝望的情绪,又给了孩子们"东山再起"的曙光,让他们迎来了希望。

精彩的安抚情绪和动员会让孩子们找到了再次努力的方向,重新树立了为大学奋斗的斗志,也让班主任们建立了完成目标任务的信心,一切似乎都朝着利好的方向发展,正当我暗自乐观的时候,现实又跟我开了个不大不小的玩笑。凌晨 12 点半收到消息,传媒机构方面出现了状况:机构给出了各种各样的理由和条件,总之不太愿意接收我们这批学生。

真是命途多舛呀,想做成点事真不容易!在阳台听完电话,我狠狠地向天空挥了挥拳,感慨着这现实的无奈!

生活不如意之事十有八九,有点挫折很正常,这点困难就能难倒我?先不管了,好好睡上一觉再说,养足精神明天再战!我暗自鼓励着自己!

次日一早,我再次电话与传媒机构联系,确认了他们不太愿意培训美术转学传媒的学生。于是我赶紧谋划新的出路,寻求新的接收机构,要知道这临时"换将"的事是"兵家大忌"。一来,能否在短时间内找到合适且愿意接收临时转科孩子的机构还真不好说,毕竟培训机构是用成绩来维持生存的,如果学生考不出成绩,就有可能砸了牌子,影响他们以后的招生,一般的机构是不太愿意冒这样的风险的;二来,我们的孩子刚刚经历了美术培训,家庭已经投入了不少费用,不可能再拿出大笔费用,因此机构的收费一定要便宜,要让孩子和家长能够接受;三来,新接触的机构不知道实力如何,如果是没有实力、没有水平的机构,很有可能把这批重新找回希望的孩子打落深渊,而且这二次打击是让人无法承受的;最后,引导改变学生原来的意向选择是很艰难的,真不知道孩子们能否接受,能否继续保有这好不容易才重新唤起的斗志和信念。

一番周折之后,我终于顺利解决了这个问题。之后就要召开班主任会议,把事情的突变情况以及解决办法传达下去,调整班主任的动员策略;随后要赶紧召开学生会议,把真实情况告知学生,并且引导学生重新选择。

学生会议上,不少孩子对于重新选择传媒方向拼搏都表现出极大的意愿,但是个别家庭经济困难的确实承担不起相关费用。于是我又动用了我的资源为孩子们申请了两个免费名额,寻求了勤工俭学机制,即先交一部分费用,不足的部分在高考后的暑假期间通过做暑期工补上。所有的问题基本都得到了解决,孩子们陆陆续续到班主任那里报名,外出再拼搏的孩子越来越多。

然而事情却又出现了波折。

个别孩子受到了一些干扰后,向班主任反映不想转向传媒专业,想在美术单考方面作出尝试。要知道美术单考的院校都是全国著名的美术专业院校,成绩要求非常高,即便术科成绩能够上去,以我们孩子的文化课基础,要考上去也十分困难。我了解了一下,近三年我校没有一个在美术单考方向取得成功的案例。去年一个成绩不错的孩子虽然能够考到广州美术学院的术科资格证,但是文化课达不到要求,最终也没能录取上。走美术单考的路子风险太大,希望非常渺茫。

然而家长在相关思想的影响下,似乎也不太认可转专业的学习策略。就在出发前的那个晚上,几个原本已经确定转向传媒学习的孩子,带着家长到校咨询。面对着满是忧虑的孩子和有着自己见解的家长,我们大费周章,做了一整晚工作也没能说服他们,最好的结果也只是"我们回去再考虑考虑"。

事已至此,我们已经做了能做的一切,剩下的就只能留给时间和孩子们自己判断了。

孩子们出发那天,我带着班主任们早早回到学校。犹豫不决的几个孩子终于得到了家长的支持,加入了转科传媒再次拼搏的队伍!我集中孩子们开了个短会,向他们提出了学习的要求,鼓励他们继续拼搏自己的理想,也把学校和老师们的关心关怀送给他们。

从1月8日那个周六,天昏地暗一片低沉的放榜日子到1月11日,满怀希望、斗志昂扬地再次出征,短短3天内孩子们心理经历了成长以来最剧烈的震动,这样的经历是孩子们人生中一个巨大的台阶,摔倒后能够爬起来并站上去,就是一次成长、一次蜕变。相信这样的经历能够让他们受益终身。我跟孩子们说:要学会感谢挫折、感恩失败,这是最能帮助你成长的经历!

目睹着三十几个孩子分批陆陆续续登上再次出征的路途,我的心中感慨万千,希望孩子们能珍惜这最后的机会,希望这一次好运能真的降临到他们头上,让他们实现自己的梦想!

> **感悟与反思**
>
> 　　网络上流传着这样一句话,摆脱失恋痛苦的最好方法是重启另一段恋情。这个思路用在教育方面同样合适,当孩子遇到挫折的时候,最有效的解决办法不是无力的安慰,不是无言的陪伴,更不是无理地以旁观者的心态去归咎责任,回顾前面的失败教训,甚至指责他的不足。这样很容易引起孩子更深的自疚心理,情绪容易失控,甚至对家长、老师形成抵触。这种情况下,什么样的好建议和意见都很难被孩子接受。
>
> 　　我们应该与孩子一起商量对策,寻求新的方向,共同谋划新的出路,让孩子更深切地感受到支持的力量,找到扭转败局的希望,看到成功的曙光。我们一定要站在孩子的立场与他一面对当前的困难,成为与孩子一起突破困局的战友,让孩子感受到他不是一个人在战斗,我们会跟他一起迎接新的挑战。在这个过程中,孩子就会更加容易平复心情,冷静面对,然后听取合理的意见和建议,最后判断选择最合适的方法去解决问题。
>
> 2022 年 1 月 13 日

巧破早恋

晚修放学后，已是晚上十点半了，当天值班的我与唐级长拿着手电筒巡查着校园的各个角落。随着晃动的电筒光柱，远远地我们就看到体育场西侧小树林的黑暗处有人影晃动。这个时间点，孩子们要么在宿舍里洗漱准备休息，要么在食堂趁着宵夜的最后时段狼吞虎咽，不应该在体育场出现，这里肯定有问题。我们快步向小树林走去一探究竟。

可能是受到电筒的光线晃动的惊扰，两个小黑人开始移动身影，结伴顺着校道向宿舍区方向走去。走了十多米，两个小黑人说了几句后又分道而行，一个身材较为高大的黑影回头进入体育场，准备从跑道开溜，另一个娇小的黑影则继续顺着校道向我们的方向缓缓走来。

嘿！还有战略了，懂得分头行动了。幸好我们也有两个人，我跟唐级长一合计，默契地分开两路拦截，很快就把两个孩子逮住，拉到路灯下了解情况，开展教育。

言语间，我们了解到两个孩子是高二的学生。女孩子比较听话懂事的，谈话间低垂着头，明显表现出愧疚。男孩子感觉比较调皮，是个不爱学习的"困难户"。一开始拒不承认在约会，凭借着伶俐的口齿各种狡辩，一副"死猪不怕开水烫"的神情。唐级长给予了严厉批评，但是效果不明显。看得我都有几分恼火。

我想着，这样的教育没什么效果，于是让男孩站远一点，把教育的主要对象转换到女孩子身上，又故意大声地对女孩子说："就这样的男生你都看得上？这么没有担当！敢来追求你，却不敢承认，被老师看到了把你推到老师这边，自己找另外一条路开溜，这样的男孩像个男人吗？"

听了这样的话，女孩低头不语。男孩倒是被我这"激将法"刺激到了，大声回应："都是我的错，要惩罚找我！"

我盯着男孩："像个男人的样子啦？敢承认了？"

"是我追求她，不关她的事。"男孩像个男子汉一样走回到前面来，一副视死如归的表情。

"既然这么敢于担当了，那你说说看怎么回事？约会多久了？"我引导着男孩子。

原来，两人并不是同班，是一次考试时在考场上认识的。高一的时候男孩就开始追求女孩子，女孩一直不答应，男孩就"死缠烂打"，不断献殷勤。近几日女孩跟自己闺蜜闹矛盾，心情不好又无处倾诉，就给了男孩子"趁虚而入"的机会，答应男孩的追求也就是这几天的事。今天晚上晚修还没下课，两人就约好了以上卫生间为借口提前溜下来到体育场小树林谈心。

了解了事情的原委,接下来的教育对于我们这些颇有经验的"老"教师来说也就驾轻就熟、水到渠成了。我和唐级长分别把孩子带到两处,一边引导女孩自爱自重,作为重点班的孩子要以学习为重,努力考上好大学,先把感情的事放一放;另一边以感情为激励,鼓励男孩子转变学习态度,跟上女孩子层次,双双考上大学才有未来……

感悟与反思

　　高中生处于青春萌动的时期,对异性有好感,甚至开始尝试恋爱是正常心理需求,况且无论是课本上爱情主题的文章,还是社会上、网络上宣扬的爱情观无不倡导自由和追求真爱。让孩子们摒弃爱情,远离恋爱是不可能的。其实恋爱也并非洪水猛兽,中学阶段"发乎情,止乎礼"的感情需求并不是什么错,没必要让孩子对于恋爱有负罪感。但是沉浸于爱情之中,因为爱情影响学业,影响未来发展,甚至影响心理健康则是我们要避免的。因此,我们作为教育工作者必须予以教育引导,如果老师生硬地用《中学生日常行为规范》或者学校的管理规定去"堵",只会引起学生的抵触和反叛,感情表现最多也就是由"面上"转入"地下",教育成效事倍功半,效果不佳。因此只能采用"引"的思路去实施教育。

　　要让学生形成敢于承担的责任心。面对老师,学生逃避责任,不敢承认问题的现象时有发生。究其原因:一是学生与老师之间的沟通有误区,导致学生总是不敢将真实情况向老师汇报,担心老师批评;另一方面,老师对于学生的行为缺乏理解,处理问题的方式过于僵硬,很容易失去学生的信任。"脉"把不准,用"药"也就没什么成效。因此我们在开展教育前一定要想方设法把真实情况和问题根源把握好。对于案例中的男孩子来说,作为"待优生"的他长期在老师的管理和批评下成长,对老师的批评早已习以为常,面对老师的盘问也是经验丰富、狡辩如流。我们正面的询问和教育明显已经很难掌握真实情况,给予有效的教育。我们从女孩子的角度,采用"激将法"刺激男孩子的英雄主义情绪,不但挖出事情的缘由,找到这段"感情"的根源,有效"下药",还引导了男孩子敢于承担责任的意识。

　　帮助学生建立正确的择偶观和爱情观。社会上盛行的物质至上观念影响着我们的学生,"宁愿在宝马车里哭,不愿在自行车尾笑""只看有房有车,不管人品性格"这样的错误择偶观不单影响着成年人,也毒害着青少年。我们在教育过程中以"是不是男人"的灵魂拷问,既激发了男孩子敢于承担,敢于面对问题的责任心,也在引导女孩子思考"没有担当,没有责任心"的男孩子是否靠得住。将女孩子的择偶视角由外化的经济条件、形象条件和甜言蜜语转向人的品性和价值理念。另外在给他们思想"下药治疗"的时候,我们把学习奋斗与爱情结合,将眼前的奋斗与未来的美好结合,有效地实现引导功能,让这对"小情侣"明确了爱情是需要用奋斗和拼搏去打下未来生活基础的,帮助他们建立正确的爱情观。

2023 年 2 月 27 日

用爱浇灌心理问题学生

这天,心理老师任老师神情凝重,表情严峻地跟我介绍了刚入学的这一届七年级一个叫小雯的女同学的心理状况。听完任老师详细的介绍后,我也不禁紧张起来。这个情况确实紧急,但是问题的根源在家庭,我们能做的实在有限。思虑再三,我们约上班主任和级长,交换了学生的情况信息,共同商量对策。

据班主任郑老师介绍,小雯的家庭情况确实非常复杂,父母离异,孩子跟随父亲生活在一个重组家庭。在新家庭中,孩子感觉自己没有存在感,认为父亲忙于工作,后母只关注小弟弟,对自己比较冷漠,因而比较排斥新家庭。同时,小雯自身也有着比较严重的身体问题,脑部肿瘤的症状比较严重,据了解,医生已经基本判定无法医治。小雯时常因病痛得难以入眠,身体的折磨加上家庭变故,给孩子带来的心理创伤让孩子变得敏感多虑,有明显的抑郁和焦虑表现,甚至不止一次地表达过有自杀倾向。孩子的生活状况和身体状态直接导致了心理问题的产生,并有向更严重方向发展的趋势。

班主任郑老师早已关注到小雯的异常,也按照正常程序与家长取得了沟通。在与家长多次沟通后,才逐渐从家长的只言片语中,发现其家庭的复杂情况远超预期。原来,小雯的亲生父母关系很差,近乎水火不容的地步,双方离异后,小雯跟随父亲重组家庭,母亲则远赴广州打工,勉强维持自己的生活。因双方关系恶劣,沟通不畅,父亲基本不让母亲接触小雯,甚至连电话都不让打,如有发现小雯私下与母亲联系,轻则冷眼相对,重则严厉责骂。然而小雯在新的家庭中感受不到关爱和温暖,母亲虽关爱孩子却又无力独自抚养小雯,甚至很长的一段时间都不能与小雯沟通联系,因而在这个阶段引发了孩子较为严重的心理疾病表现。

作为校方,常规的处理办法是让孩子家长把孩子领回家治疗心理疾病,待医生判断可以回校后才能让其返校。然后年级主任和班主任尝试着分别向小雯的亲生父母提出此建议,却招来一致的否定。父亲表示其作为一家的经济支柱,不可能长时间放下工作陪伴孩子,在家中无人看管的情况下,孩子更不安全;母亲认为她独自在广州的超市打工,经济收入微薄,也根本不可能独自抚养;而且小雯父母双方关系很僵,根本无法沟通,因此协同抚养的情况也不太可能;另外小雯对父亲现组建的家庭非常排斥,让孩子长期待在不喜欢的环境,更不利于孩子恢复……这一系列情况似乎让事情进入了一个死循环,根本没有办法解决。

在沟通过程中,班主任郑老师偶然提及的一个细节引起了我们的关注,去年国庆节的时候,小雯的母亲从广州回来,孩子瞒着父亲偷偷和母亲见了一面,母亲带着孩子去玩了半天,孩子非常开心。看来母爱是治疗小雯心理问题的关键所在,孩子的母亲就是帮助孩子走出阴霾的钥匙。困难的是如何协调这对父母不可调和的矛盾,如何让孩子的母亲多回来陪伴孩子,如何让孩子的父亲松口使母亲得以与孩子多沟通多相处。

了解学生的情况后,我们仔细研讨了孩子的现状,商量应对方法。问题的根源在家庭,仅靠学校对孩子的思想安抚肯定是无法解决问题的,"解铃还须系铃人",我们还是要从家庭入手。首先,我们让班主任郑老师多关心关怀小雯,嘱咐班级的任教老师和班干部密切关注小雯在校期间的学习生活状况,确保在没有处理好问题之前孩子不出事;其次,让心理老师每隔数日就约小雯到心理室沟通聊天,随时评估小雯的心理状态。这两点是最为紧急和迫切的。最后,级长代表学校分别邀请小雯的父母双方到校当面沟通,学校要想方设法协调好小雯父母的关系,这是解决问题的关键所在。基于双方关系紧张的情况,我建议必须分开约见,否则有可能当场激发矛盾,让事情更难解决。且双方积怨已久,大概率不会一蹴而就,一次就见成效,因此我们制订了分层分步的策略。第一次先由年级主任和班主任代表学校与家长谈,后面再由我出面。

很快我们先约来了孩子的父亲,在首次沟通的过程中,孩子父亲总是不断强调自己的工作繁忙,要养家糊口,不可能总是陪伴小雯,认为孩子的问题不大,不需要兴师动众;又重复着孩子母亲的不是,非常决绝地拒绝孩子母亲对孩子的探视。我们从孩子的情况出发,苦口婆心地劝说小雯父亲要为孩子着想,不要让大人的矛盾影响孩子的成长……经过我们反复沟通,孩子父亲有些松口了,但是提出:"要么就让孩子跟她妈,我不管,要么就让孩子跟我,按我的规矩来。"

几天后,我们等到了请假从广州赶来的母亲。母亲对孩子的关爱度明显高于父亲,非常紧张孩子的身体和心理状况,只是碍于父亲的阻挠,无法经常回来探望孩子。但是当我们提出让母亲回来工作,按照父亲的提议独自照顾孩子的时候,母亲却表示不可能,同时也表达了其生活状况的艰难,无法独自抚养的现实困难。很明显,第一次的协调并不成功,孩子父亲坚持着自己的固执,母亲又确实困难。但我们也总结到一点是好的,孩子父母亲都很在乎小雯的情况。或许这就是下一次沟通的切入点。

约谈结束后,我们研判了第一次协调时的细节情况,分析了继续协调的策略,细化了进一步沟通的切入点,进一步要求班主任关注小雯的状况,并每天将小雯的学习生活情况通过微信反馈给孩子父母,用对孩子的真心关爱打动家长。一个月后,在做好充分的铺垫和准备后,我们再次约来小雯的父母。也许是上一次协调过程中,心理老师介绍孩子心理问题的严重性震惊了小雯母亲;也许是这一个多月来,班主任郑老师不断地努力与家长沟通,每天汇报孩子的在校情况,触动了孩子的父亲;也许是学校一而再、再而三的关怀让双方感动不已,这一次的协调明显顺利很多。孩子父亲不再固执于自己的原则,允许小雯母亲与孩子多沟通多陪伴,同时表示会带孩子去看心理医生,在家里会多关心孩子的情绪;孩子母亲也表示会争取每月请假回来陪孩子,让孩子感受到母爱。事情得到较为完美的解决。

接下来的一年时间里,我们持续默默地观察着小雯的状况,发现孩子的心胸似乎在逐渐打开,脸上多了笑容,偶尔也会与同学一起玩,学习的状态也有所回升。虽然孩子仍有较为严重的抑郁症,身体的情况也并没有什么好转,睡眠质量仍旧时好时坏,但是上课已经没有发现打瞌睡的现象。进入八年级后,孩子的情绪趋于稳定。据班主任了解,今年的国庆节,父亲还主动带她去广州和母亲过节了。随着家庭氛围环境的改善,孩子的自卑情绪也逐渐淡化,在班上交了几个好友,这一个多学期没有再表示过有自杀的念头了。至此,我们才着实放下心来,也为孩子感到高兴。

感悟与反思

治标是应急,治本才是关键。面对心理问题学生,很多时候学校和老师的处理是把问题丢回给家长。诚然,这是最直接有效的处理办法,可以省去很多麻烦,也可以避免学校的责任,然而,孩子的大多数心理问题的根源是家庭,把孩子丢回到心理黑暗源头的"原坑",其结果只能是让孩子走向更黑暗的深渊。只有深入了解学生心理问题的源头,千方百计找到解决的根源,才有可能把孩子从黑暗的深渊中拉回到阳光下,拉回到温暖的人间。

学校和老师承受的责任过重。现时的学校教育承受了太多超出学校教育范围的责任和压力。事实上,人的成长需要经历家庭教育、学校教育和社会教育三个阶段。然而现实中,家长把没尽到的家庭教育责任丢给了学校,社会的教育义务也很大程度上甩给了学校,学校的老师们本着一份善良,总是承受着超乎想象的压力和责任。小雯心理问题的根源是在家庭,家庭矛盾的调解责任本应在社区、在社会。但是在整个事件的过程中,只有学校本着"一切为了孩子"的伟大信念积极干预,努力解决。这让学校和老师倍感压力。

家长才是最需要学习,最需要被教育的群体。教育是社会上最为重视的话题,学校也就成了全社会的关注点。然而,对孩子一生影响最大的家庭教育却常常被忽视。而孩子的价值观、人生观和世界观,以及生存理念都是从原生家庭中得来的。笔者有个奇怪的想法,社会上大多数职业都需要经过相关培训考核,大多数的岗位都需要持证上岗,唯有家长这个"岗位"不经培训,没有考核,不发放合格证。事实上,家长才是全社会最难做的工作,很多家长真的缺乏教育子女的基本常识,没有教育孩子的根本认识,其结果就是问题孩子大多来自问题家庭。而问题家庭无非两类:一是家庭原生环境出了问题,或父母离异,或父母不和睦,或单亲,或留守;二是家庭教育方式出了问题,或宠溺,或过压,或放任不管。也许家庭教育的问题应该引起重视,当然这不是学校教育的责任,而是全社会教育的责任。

2024 年 1 月 28 日

老 L 踢了一脚

"怎么回事？怎么闹到派出所去了？"我惊讶地问道。

电话那头简单说了个大概，具体细节说得也不是很清晰，只知道学校的体育老师老 L 打了学生，被家长告到派出所去了。这一天正好是我值班，遇到这样的事，自然是要参与处理的。仔细想来，不应该呀。老 L 都这么大年纪了，教学经验也丰富，虽说体育老师脾气相对比较暴躁，但最多也就是骂学生几句，都快退休的人了，犯不着打学生吧。不过既然事情已经发生，还是要处理好的。

我匆匆忙忙安排好学校晚修的巡察工作，就跑到了派出所。一到派出所门口就发现学校已经有几个行政人员代表学校在现场了，估计已经跟家长和警方沟通了一段时间了。

我偷偷把老 L 拉到一边，跟他详细了解一下过程细节。原来下午上体育课的时候，有个学生调皮捣蛋，不遵守课堂纪律，批评了很多次还在聊天讲话，完全不听老师在讲什么。老 L 一生气，对着正在做俯卧撑的孩子轻轻踢了一脚，没想到孩子支撑着的手一软，整张脸贴到了水泥地上，嘴角和眼角处蹭破了皮，受了点小伤。放学后，家长发现了孩子的伤势，也许是孩子夸大其词，家长在询问之后极为愤怒，武断地认为是老师有殴打学生的行为，当即带着孩子到学校来找老师追究，并且报了警。此时，家长和学校代表刚带孩子从医院检查回来，在医院里杂七杂八地各种检查后，孩子啥事没有，也就是蹭破了点皮。但是家长揪着不放，颇有点要老 L 付出点代价的感觉。我跟老 L 分析了一下情况，提醒老 L 做好道歉和赔偿的心理准备。

我又找了前期陪伴家长处理问题的同事问了问情况，据同事反映，家长比较难沟通，不明确提要求，就一个劲地说要严格处理，还叫嚣着不处理就向教育局告，也不说出具体赔偿。同事们已经从老 L 的平时表现，说到老 L 即将退休，好言相劝，希望对方予以理解，但好说歹说对方就是不松口，估计是要大额的赔偿。其实赔偿也是预料之中的事，只要不是"狮子大开口"就好办。

我随即凑到家长那里，给孩子爸爸递过去一支烟，跟孩子爸爸一边吸着烟，一边攀谈起来。谈吐之间，我发现孩子爸爸不是一般的农民，很有些丰富的"斗争经验"。一问之下，原来这位家长曾是某个村的村支部书记，看来他是把跟学校的协商当成了利益谈判，拿出了在跟村民推诿扯皮中修炼得"炉火纯青"的拿手招数。我耐心地听他激情澎湃地表达观点，让他充分发泄心中的不忿之情。谁让我们本就理亏在先呢？但是当我询问他有什么要求的时候，家长又支支吾吾起来，只是强调要严肃处理，不然就告到上级去，甚至要发到网上去，就是死活不提赔偿的事宜。

我平静地给家长分析道:"事情已经发生,总要有个解决的办法。老师也是为了教育你的孩子,孩子调皮捣蛋,老师一时激动踢了一下,虽然这个行为不可原谅,但是作为一个正常人,也有情绪,还是可以理解的。对老师的处理批评我们学校回去肯定会做,但是如果你把事情闹起来,对你的孩子怕也不好,你说是不是?"

家长表情有点不自在,但还是强硬地表示:"我不怕哦,老师打了人肯定不对,到哪里去说都不怕,大不了孩子以后转学到其他学校去。"

我继续引导:"那就没必要了,一切都是为了孩子。孩子转学又要适应新的环境,这样风险太大了。现在这事也不是什么大事,孩子检查过也没什么问题。你要道歉的话,我们老师跟你们道个歉,要赔偿的适当赔偿一点,今晚顺利解决也就是了。"

家长看我明里暗里地点出了赔偿问题,就顺着话题说,只是还嘴硬着:"那是呀,这个事闹起来,我要他赔十万都行。我不是只看钱的事,只是……"

听到此言,我心中一惊,这数目太离谱了吧?如果这样就很难往下谈了。不过已经把家长引向了解决事情的实质问题,摸清楚了家长的实际想法,还是看到了解决问题的希望。

综合了解得来的种种信息,我捋了捋思路。随后我通过另一位同事,联系到派出所熟识的干警,商议一番后决定由派出所干警出面,协商赔偿问题。派出所干警非常配合,把家长叫进去聊了一阵,然后再把家长和校方召集起来协商。

不得不佩服公安同志的协调能力,东拉西扯,三言两语之间就跟家长拉上了关系,一下说起跟这个谁谁谁是老朋友,和那个谁谁谁是好兄弟,没多久两人熟络得很……此时,派出所干警顺水推舟地提出大几千的赔偿金额,家长也就找了个"台阶"下来,表示可以接受。老L早已做好赔偿的心理准备,这个数目也在预期范围之内,也就没有什么意见了。赔偿的问题顺理成章地得到了妥善的解决。

事情得到较为完美的解决,我们安抚好学生和家长,把他们送上车回家去了。老L紧绷的面部表情也随着事情的解决放松下来,对着公安同志和在场的学校代表们一阵感谢。我们一边安慰着老L,一边也批评着老L的行为,提醒老L以后要注意教育的尺度,切不可对学生动手。

感悟与反思

作为教师,一定要学会控制自己的情绪。每个班级总会有调皮捣蛋的孩子,活跃好动本就是孩子的天性。教育孩子是教师的天职,可以批评,可以处罚,但切不可伤害孩子。我们必须承认,即便老L是无心之失,是出于教育孩子的目的,但是确实采用了不当的教育手段,是必须引以为戒的。

与家长的沟通必须站在孩子的角度。家长最关心的始终是孩子的成长,跟家长的沟通必须站在孩子成长的立场上剖析,才能有效果。在此案例中,家长是不会站在老师的角度考虑对老师的影响的。家长之所以一直不松口,是因为没有考虑到对孩子成长的影响,我们把事件对孩子可能产生的影响深入分析之后,才让家长有了顾虑,有了反思,才有可能让事情后续得到妥善的解决。

要懂得利用社会资源。用不太恰当的话说，学校算得上是社会的弱势群体了。面对家长我们很多时候可以拿出的手段不多。处理学校的问题很多时候要借助社会力量，利用社会资源。以此案为例，这位家长的社会阅历丰富，又有一定的社会资源，如果仅靠我们校方的沟通协商，可能很难赢得家长的谅解，而公安干警处理社会事件的经验丰富，协调能力强，处理起这样的事件可谓得心应手，事情也就迎刃而解了。

2024年2月4日

冷雨夜寻人记

手机铃声急促地响起，我赶忙抓起桌面上的手机着急地问道："人找到了吗？"

手机那头传来欣喜的声音："找到了！找到了！她看到我们就顺着江堤往西跑，我们有人从前面堵过来，在中间把她拦住了。孩子看我们拦住了路就蹲在地上哭了起来，现在孩子的家长在陪着她，应该没有问题了。"

听闻此言，我悬在心上的大石头才终于放了下来，但想想整个过程还心有余悸。下午一个音乐班的女孩子心情低落地找到我，表示想转班。我让她去向年级组申请，同时向她解释，即便允许转班也要等年级组统一安排才行，每一个同学都这样想转班就转班，会扰乱年级的管理秩序。但是女孩表现得非常坚决，我跟着询问了原因。女孩啰啰嗦嗦地解释了一大堆，无非就是不喜欢音乐这个专业，学习也跟不上，继而再说下去就是不喜欢这个班级的氛围，不喜欢班主任。听起来无非就是没理由找理由的感觉。而且女孩提出的是转到美术班，要知道此时已是高二了，专业的学习进度已经近半，况且美术和音乐两个专业的差异很大，这时候从音乐班转到美术班明显是不理智的。当即我就对女孩不成熟的想法给予了否定。

看着女孩的情绪越来越不稳定，我给班主任打了电话，让班主任过来一起引导。没想到女孩一听到我让班主任过来，没等班主任到就站起来撒腿跑出了我的办公室。本想着孩子可能就是回去班上而已，而且现在是上课期间，学校是封闭管理的，跑不出学校。我让班主任回班级去找到女孩，慢慢开导她。

班主任在走廊远远见到女孩，想叫住女孩，女孩回头见到班主任，飞也似地跑开了。班主任赶紧追去，可哪里追得上。于是班主任回到班级召集几个班干帮忙一起找，这一次大家找遍了教学楼、艺术楼和宿舍都没有看到孩子的身影。此时已临近放学，这一天刚好是周末，大批的学生散场离校，学校大门已经不再封闭。如果再找不到人，女孩就很有可能趁着人流离开学校。

于是我们开始发动更多人去寻找。不一会儿各种消息就陆陆续续传来，女孩回去过宿舍，拿了包包，没理会其他同学的挽留就走了；虽然是放假，但女孩没有回班级拿走手机；有同学看到女孩走出了校门，离开的时候眼眶是红的，显然是在哭泣；有同学在市场附近看到女孩的身影……各种不好的消息传来，让我们着实担心起来。于是整个年级的所有行政人员都动了起来，班主任也联系了家长过来。大家在附近的大街小巷里找寻着女孩的身影。

这天正好冷空气到来，气温急剧下降，天空飘起了密密的冷雨，雨点虽然不大，但是伴随着冷风,让人感到阵阵寒意。出去寻找的老师断断续续地回馈着让人失望的消息。班主任把市场周边找了个遍,甚至还请求查阅了商铺的监控,也没能找到女孩的踪迹。家长已经准备向派出所报警求助了,但女孩没有拿手机,警察也无法定位,失联不到24小时不能报失踪处理,只能再到处找找。

此时已是晚上9点多,女孩出门已有3个多小时了。天色已经完全黑了下来,气温继续下降,冷雨扑在脸上让人寒意顿起。出去找人的几个小组陆续回来,大家都垂头丧气,颇感失望。我将此事向学校领导汇报,领导表示如果10点还没有找到人就要向教育局汇报了。事情闹到这个地步,我也颇感自责。虽说我并不了解女孩的背景情况,也没有什么过激的言语刺激孩子,但毕竟孩子最后是从我这里走出去的。

此时,学校工会的老梁打来电话,询问是否找到了学生。其实此事并没有扩大到全校范围,还是高二年级自己在处理。老梁并不在我们年级,没想到老梁都关注到此事了,估计是从别人口中得知的吧。

老梁压低声音说道:"我在江边的商铺门口看到一个女孩蹲在角落,打开雨伞遮住脸庞,过去问她放假了怎么还不回家她也没有回应,我猜可能是你们要找的学生,我偷拍了两张照片,发你微信上了,你看看是不是她。"我万分感谢,同时交代老梁不要着急离开,先帮我盯着人。

挂了电话打开微信图片一看,只见图片里一个穿着校服的女孩蹲在关闭的店铺门口,全身蜷缩在浅蓝色的雨伞后面,只露出一双鞋子和背包的一角,根本看不到脸庞。对于不熟悉女孩的我来说,这样的图片是不可能辨认得出的。我赶紧把图片转发给她的班主任。班主任此时正陪同家长前往派出所,看到我发去的图片后也表示不敢完全肯定,但是从露出的包包一角上挂着的小饰物和那双特点不太鲜明的鞋子初步判定是她的可能性很大。

得到了较为肯定的回复,我立即给老梁打去电话。老梁回复道:"女孩还在附近,但是已经有所警觉,开始沿江滨路向西走去。"

我略微思考一下,给老梁交代:"你先不要上去拦她,远远地跟着,不要让她离开你的视线,我马上派人过去。"

考虑到女孩比较抗拒见到老师,如果贸然出现很有可能又跑了。这次再跑掉了真就不知去哪里找了。因为熟悉该地的地形,我把几个老师分3组从个不同的路线赶去现场,无论孩子从哪个方向走都能及时拦住她。同时通知班主任和家长立即驱车赶回来,确保拦下女孩后能有熟悉的人待在身边,便于安抚情绪。

"围堵"现场堪比电影画面。不出我所料,女孩见到熟识的老师就想躲避,在宽阔的江滨马路上奔跑了一段,见到前面也有另一路老师过来,就转身上了已经关门的酒店的走廊,在这里终于被第三路老师拦下,这时她已经无路可逃了。被拦下的女孩抱着在场的女老师浑身颤抖着,不知是气温的下降让其冷得颤抖,还是没吃晚饭饿得颤抖,抑或是情绪激动令其颤抖。她一边颤抖着一边抽泣,却并没有说什么。没多久,班主任和家长也赶到了。一番安抚之后,家长把她安全地带回了家。

已近深夜11点,大家回到学校叽叽喳喳地回顾着刚才"围堵"女孩的"精彩"细节,此时我才分得出心来询问班主任女孩的情况。原来,女孩平时就比较内向,专业学习的成绩比较一般。女孩上午已经分别找过班主任和级长提出要转班,遭到了拒绝。据两位老师反映，他们的解释跟我的说法是一致的，孩子当时也没有表现出什么过激的情绪。可能是感受到了学业上的压力，产生了放弃的想法，下午到了我这里再次提出转班又得不到认可，因而引发了心理问题，产生了过激的举动。

在这寒冷的雨夜，揪心于内心的焦急，奔走于街区里的大街小巷，此次的找寻对于第一次担任班主任的年轻老师来说，也是一次精神上的折磨。我们安抚了一番班主任，对于班主任负责任的表现表示了赞赏。后来，女孩因为心理问题，向学校提出了休学治疗。

感悟与反思

对待"问题学生"大意不得，需要审慎处理。对于"问题学生"，尤其是"心理问题"学生要保有足够的警惕，万万大意不得。此案例中，我并不了解女孩的情况，只是按照处理一般同学的申请正常解释回复。虽说不知者不罪，但从严格的角度反省自己，我还是可以做得更好。比如说是否可以一开始就叫上班主任一起处理，而不是盲目自信于自己的经验，在不了解情况的基础上回应学生的请求；比如说是否可以让学生晚一点再来，先找班主任和级长了解清楚背景再处理；又比如说是否可以先给一个模糊的回应，而不是直接的否定，这样也许就可以避免激发学生的情绪了。

老师的责任心是孩子安全的保证。责任心是当好老师的先决条件。在此案例中，参与的所有老师都表现出了足够的责任心和强烈的责任感。姑且不说班主任奔波街头数个小时，还求爷爷告奶奶地请求商铺回放监控视频，陪伴家长到派出所反映情况，整整一个晚上没有吃饭没有休息；也不说行政人员和老师们扛着职责重压，四处寻找，冒雨围堵；就说那工会的老梁，寻找学生本不是他的任务，他也不认识这个女孩，更没有领导给他提过要求，只是从旁听说此事，如果不是有着强烈的责任意识，如果不是把这"不关己"的事挂在心上，仅仅是路过看了一眼，不可能有如此敏锐的反应。此事能妥善解决，不得不说是以老梁为代表的这一批老师们的功劳啊！

2024 年 2 月 3 日

到派出所参与调解

　　我赶到派出所的时候已是晚上11点了。本来这个事情已有年级行政人员和班主任在跟进，我是不用到派出所去的。晚上11点查完学生宿舍后，我开车回家，想到班主任陪同学生在派出所已经有好几个小时了，现在还没离开，一时放心不下就一打方向盘转到了派出所的方向。说实在的，学校已经好多年没有出现打架事件了，这一次打架还闹到了派出所，真是挺让人担心的。到派出所门口的时候，我看见派出所的接警处外围了好几个人，估计就是学生的家长了。

　　下午放学的时候就听说了，高三同班的小豫和小杰因为打篮球产生矛盾，回到宿舍后继续口角争论，结果动手打了起来，小豫还叫了两个高二的孩子上去帮忙，被打的小杰因为手指出现了明显的扭曲变形，于是报了警，警察到校一股脑把参与此次打架事件的人都带去派出所调查了。年级行政人员和班主任知道情况后，第一时间赶到了派出所陪同学生，同时，通知参与打架事件的4个孩子的家长赶过来。被打伤的孩子先到医院检查了伤情，不幸中的万幸是没有骨折，只是手指骨脱臼，没有给孩子造成太大的伤害。家长陪着孩子检查完后到了派出所。此时其他几位同学的家长都早已赶到，据说有家长是在外市工作的，得知消息后也立即驱车赶过来。

　　过来之前，我就大概了解了一些情况，但是具体的细节还不是太清楚。下车后，我先找到了一直在陪伴处理问题的年级级长和行政人员，详细了解过程。原来，本就是同班同学的小豫和小杰在打球的时候就已经斗起嘴来了，斗气之下两人"单挑"篮球，还提出了一个球100元的赌注。随后两人爆发了矛盾，口角不断，打球结束回到宿舍后就动起手来。小杰把小豫打退后，及时报告了班主任赵老师，赵老师立即打电话警告小豫不可再生事，等老师回来调解。但小豫没有听老师的劝解，跑到高二年级找了两个帮手——小展和小伟，再次回到宿舍追打小杰，小杰因此受伤并报了警。

　　参与打架的学生被带到派出所后，被警官分开询问调查，但据说口供差异很大，一直拖了好几个小时都没有被放出来。级长还介绍，高三两个孩子从高一以来就纪律性比较差，不学习，还违纪多，孩子自己都多次想退学不读，但因为家长不同意，所以坚持到了高三。而高二的那两个孩子纯属过去帮忙，其中高二的小展和高三的小豫原来初中时在体校就认识，而另一个高二的孩子——小伟则是被小展顺带拉过去帮忙的。其实小伟根本就不认识小豫和小杰，上去以后不知脑子哪根筋出了问题也跟着动了手。

　　了解具体情况后，我理了理思路，决定先易后难，逐个找家长做思想工作，尽快达成和解。考虑到高二年级第二天还要参加学业水平考试，班主任也要带队考试，并且这两个孩子是"从犯",处理起来问题应该不大,我就让高二的两个班主任先行回家,留下家长在这里陪伴孩子。

随后我先找到了"罪行"最轻的小伟的妈妈沟通。小伟其实是高二年级的优秀生,作为体育班的班长,小伟成绩优异,平时各方面表现都不错,如果不是亲眼所见,我真不敢相信这个孩子会参与打架。在小伟妈妈的面前,我首先肯定了孩子平时的在校表现,同时对小伟参与此次打架表示不解。小伟妈妈感受到我对她孩子的认可,放松了对我的戒备心,跟我有一句没一句地谈她的看法,看着沟通比较顺利,我把话题往后果上引:"小伟成绩那么好,眼看考个本科大学都没什么问题,却参加了这次打架,闹到了派出所立案,如果被打的小杰家长揪着不放,到时就算小伟考上了本科大学,可能也会影响录取哦。"

显然我的说法触动了小伟妈妈,她不禁担心起来,一边埋怨孩子一边忧虑起来:"我都说他的啦,怎么也跟着上去动手,谁知道他犯了什么傻。老师呀,留下案底就不能读大学了吗?那该怎么办呀?"

看着小伟妈妈跟着我的思路走,我就继续引导道:"不能说一定不能读大学吧,但是肯定会有影响,同等条件下,档案留有案底的肯定会吃亏一点。"

小伟妈妈似懂非懂地点点头,继续追问着解决办法。

我装作沉吟思考了一番,给小伟妈妈建议道:"只要今晚能妥善解决,对方家长不立案就没问题。只是待会你们谈到责任赔偿的时候,不要太计较小钱了,该赔多少赔多少,就当给孩子买个教训了。教育好孩子比什么都有价值,你说呢?"此时,小伟妈妈对我那叫一个信服。

解决了小伟这边的问题,我又去找小展的家长沟通。小展平时就是年级的刺头,迟到、上课睡觉、不交作业,甚至喝酒抽烟都时有发生,总之就是个不爱学习的"捣蛋鬼",是颇让老师头疼的人物。年级组也曾多次找他谈心教育,甚至警告再违纪就要劝其退学了,但效果不大。这一次犯了这么大的事,学校处罚肯定不会轻。

跟小展家长沟通时,我就没有那么客气了。我先劈头盖脸地给小展家长列举了一番小展在学校的恶劣表现,并明里暗里地指责小展的家长对小展的关心关爱不够。小展家长颇感委屈地解释道:"我们两个都在佛山打工,家里就小展一个人,平时是没有怎么管他。班主任也跟我反映过他的情况,我们也知道他很难教,但是我们偶尔回家,看他在家表现还可以的哦。"

我一脸责备地对着这对夫妇说:"你们都不在,丢下孩子一个人,难怪他会跟别人学坏啦。他变成这样,你们要负主要责任呢。这一次都闹到了派出所立案,估计年级组会开除他咯,不如你们先考虑一下有没有地方转学,跟学校求求情让他转学好了。如果开除了,他连学籍都没了,毕业证都拿不到的。"

我的一番虚张声势,显然让小展的爸妈有点不知所措,爸爸有点破罐子破摔地说:"如果学校不要他,我也不找什么其他学校了,别读书了,跟我打工去得了。给机会他读书都不好好学,再待下去也没什么用了。"

妈妈可怜兮兮地对我说:"还是让他读吧,学校给他一次机会啦。"

我装作无奈地表示:"如果派出所立了案,以小展平时在学校的表现纪录,肯定是要严肃处理的。你们想办法跟对方家长协商好,该道歉的道歉,该赔偿的赔偿。你们可千万不要计较人家要多少赔偿了,你们那么辛苦去佛山打工赚钱,无非就是为了孩子。如果孩子教不好,你们赚再多的钱都是白费,你们说是不是?"小展父母频频点头认可,这时小伟的家长也凑过来跟小展父母聊到一起,鼓动他们一起主动赔偿,把问题大事化小,小事化了。

高三的两个孩子不是我所在的年级,我对他们的情况不甚了解,但从派出所方面了解到的情况看,小豫是最难处理的,来来回回多次口供都没几句真话,拖到12点了还在房间里询问。我只好先到被打的小杰这边沟通。作为父亲,自己的孩子被打肯定愤愤不平,拉着小杰过来,一上来就絮絮叨叨地描绘着自己孩子被打的经过,讲述着自己的孩子如何吃亏。

我安静地听他说完,颇为体谅地回应道:"我理解你,孩子被打,做父母的肯定着急。但是我们反思一下,你孩子非常清楚小豫原来的表现,还跟他斗嘴玩在一起,是不是自己也有点问题?更何况他们都已经涉嫌赌博了,这事情要是往里面深挖,你孩子参与赌博这事就轻不了。况且就算按你说的对方挑事在先,但你孩子也动手了,也是打架行为呀!"

家长听我没有站在他这边讲话,颇有点不满,反驳道:"什么叫也动手就算打架?难道我孩子就白让他们打,不还手吗?"

我用安抚的语气对小杰爸爸说道:"我不是在判定谁对谁错,是在引导你们反思,对方挑事你一定要动手吗?你不会走开,不跟他玩了吗?不会报告班主任处理吗?为什么要动了手才找班主任呢?打个不恰当的比喻,你孩子在街上被狗吠了几声,难道你吼回去几声?我们要从这个事情中引导孩子学会处理问题,否则不久去到社会上以后,遇到这样的事情会吃大亏的。"

小杰的爸爸显然被我的解释给说服了,态度明显软了下来,也开始跟着我的思路对小杰教育几句。看着形势趋于缓和,我继续引导道:"小杰爸爸,你看这事也闹到派出所了,虽然现在派出所还没定论,但是你们是不是要考虑一下怎么解决了。如果事情深究起来,可能小杰也会牵涉到打架和赌博的问题,到时在小杰的毕业档案上留下一笔,那就影响他一辈子了。"

我继续道:"这事已经发生了,该道歉的让他们道歉,该赔偿的让他们赔偿就是了。当然,你们也不要漫天要价,对方不同意的话,对你的孩子也没啥好处,适当在医药费的基础上加点误工费和营养费就算了,重要的是让孩子完成高中学业,你看孩子就差一个学期就高中毕业了。另外,如果能让孩子从这件事中吸取教训,学会怎么处理矛盾,那是一辈子的经验,也不失为把坏事变为好事呀,你说有无道理?"

看着小杰爸爸支支吾吾,犹豫不定,我继续给他加点劲:"你看哈,这个事你们报了警,到了派出所,双方4个孩子的家长都到场了,我们学校本来可以不参与你们的调解的,现在都凌晨12点多了,学校还有好几个老师行政在这里陪着,也算尽职尽责了吧?如果你们揪着不放,我们也没有办法,那你们就自己在这里等派出所协调吧。"

最终,小杰爸爸在我苦口婆心的劝导下,同意了撤案调解。我招手喊来小展和小伟的家长,告知他们我和小杰爸爸沟通的结果,让他们想办法跟小豫的家长达成一致,然后跟小杰的爸爸商量道歉赔偿的细节。大势已经定了下来,最后的小豫那边就不难处理了,况且"主犯"就是小豫,小杰这边都愿意和解,他还有什么好说的。安排好了一切,我就顶着漆黑的夜幕,驾车回家了,到家时已是凌晨1点。

第二天，就有消息传来，双方达成了和解，小杰爸爸取消了立案。在我的铺垫下双方商议赔偿金的事宜也非常顺利，金额也不大，几方家长都没有意见，没几天打人方就支付了赔偿金。家长这边解决好后，学生的处理就相对简单多了，按照学校的规章制度，该停学反省的停学反省，该记过处理的记过处理，该通报批评的通报批评，学生也得到了深刻的教训。事情得到较为完美的解决。

感悟与反思

协调家长要"因人施法"。要知道家长与学生不同，有着丰富的社会经验，遇到利益问题，总是要去争取利益最大化，是很难调解的，常规的说理说教很难起到作用，要以利诱之、以理服之、以"娃"软之。在这起打架事件中，4个孩子的情况各不相同，不能一概而论。对于"好孩子"小伟的家长，我们先肯定孩子平日的表现，赢得了家长的认同，再以孩子的前途为诱导，使之软化；对于"调皮蛋"小展的家长，我们拿出了孩子平时的违纪情况，再以学校的严肃处理为压力，使之妥协；对于"受伤者"小杰的家长，我们则以孩子也需要承担责任为切入点，辅以孩子获得的成长经验深化家长的认知，使之松口。角度各不相同，但是都切中了要害。

遇事要冷静，要理清条理再出手。在此次协调处理中，并不是我比其他班主任和行政人员的工作能力强，才处理得快。而是我先摸清了几方的底细，理清了思路，确定了先易后难的策略再出手，这样才能做到事半功倍、高效解决。其他老师到得早，被各种琐碎的事务所干扰，比如陪同去医院检查、联系家长、沟通派出所，容易搅乱思路。当然，前面班主任和行政人员做了大量工作，家长们在这个过程中也耗费了大量的精力，到我这里的时候已经少了很多锐气和怨气，因此调解起来也相对容易得多。

生活即教育，要学会利用事件开展教育。在此案例中，小杰作为"受伤者"是吃了亏的，如果我们跟着家长的思路纠结于赔偿金的问题，肯定难以找到调解的突破口。但是如果我们从这样的事件中找到教育小杰的角度，并以此引导家长意识到自己教育的缺失，让家长认识到孩子在这样的"受伤"事件中也能收获成长，收获为人处事的经验，或许就会相对容易接受调解了。事实上，小杰在这次的事件后，确实也学会了如何处理别人的挑衅，如何保护自己不受伤害，也算是从已经发生的坏事中收获了好的经验。

2024年2月2日

自我感悟篇

晨步中年,感悟幸福

人过中年,始知为人之不易。《论语·为政》有言"四十而不惑",这是孔子对于人生步入中年阶段后应有的成长和心态的一种描述。何为不惑?不惑意味着人过中年,遇事能明辨是非,能对自己的言行和所学坚信不疑,能在面对问题和挑战时做出明智的判断。

于笔者而言,年过四十,却仍未能做到"不惑",有的只是对人生之惑多了几分深入的思考和反省,对坎坷前路多了一份坦然和释怀而已。四十已过,人生的路途已然近半,最美好的青春年华渐行渐远,生活的不堪却已款款而来。在育儿上,年过不惑,已习惯关爱孩子的点滴;在家庭里,年过不惑,已学会体谅家人的不易;在职场中,年过不惑,已适应蹒跚的无奈;在生活上,年过不惑,已拷问幸福的真谛。晨跑七日,感慨颇丰:尝试、奔起、喘息、坚持、挣扎、放弃,这不正是一个完整而又现实的人生缩减版么?在这晨跑的体验中,最能感受到中年的酸甜苦辣,领略到人生的起起伏伏。

人从出生的那天起,就在向死亡奔赴。从结局看,这是个多么悲哀的旅程,无论你如何挣扎,最终都会向着那个终点前行不止。然而,人生的精彩恰在于路途之中。这份精彩正如这晨跑途中的美丽风景,又如这不惑之年的内心感悟,虽终会远离,却又真实存在于脑海的印记之中。人过中年,作为教育工作者的我,或许真的应以"不惑"的心态来点自我感悟,来点自我教育,以领悟这教育者的自我幸福。

特别的日子，平常的自己

秋日的初阳透过秋风吹起的窗帘，映入房间，睁开惺忪的睡眼，下意识地伸手摸摸旁边的二娃，果然又把被子踢开了，理好被子才发现，妻早已起床。又是一个秋日里阳光灿烂的周末。不久妻入房间，满脸堆着笑意送上祝福。哦，是的，又到了那个特殊的日子。妻的祝福让我多了一丝暖意。

本来我对这样的日子已没有什么喜悦的情绪，平凡的世界一切如常：同样面对秋阳晨曦，同样要催促儿子的作业学习，同样在匆忙应付着午餐，同样会拖着疲惫迎来星光明月，然后在筋疲力尽后陷入质量不高的睡眠之中，日复一日，辗转反复，一切都是如此的乏味。只是在荏苒的岁月中，转眼已近不惑之年，感觉日历牌上特殊的数字，只会让人感慨时光不再的同时，也更无奈于虚度的人生而已。这时候才能真正领悟和体验古诗词里常见的岁月蹉跎、时光易逝、年华早逝的情感。油然感慨"古之人，诚不我欺也"！

人到中年，人生的很多期待都已经成了泡影。青少年时的所有憧憬和美好愿景都完败于现实生活的柴米油盐，率性人生只能是一句无羁空话，每天不管你喜欢不喜欢，愿意不愿意，都得面对各种各样的疑难杂事，"我想要做的"永远都只能远远地候在"想要我做的"后面。而这些"想要我做的"却又是如此坚定不移，它们此起彼伏、前仆后继，还不守秩序，没完没了地插队，以至于"我想要做的"永远都只能是"想"，梦想于现实而言也就无奈地成了"空想"。

想起早上，到浩儿房间叫醒他。浩儿闭着眼睛，第一句就是"爸爸，生日快乐！"顿感欣慰和幸福。这一刻，突然觉得孩子懂得感恩或许比其他的一切都让人感到温暖。手机里除了保险公司的自动问候短信，还有多年不曾联系的友人的祝福，在些许的惊讶之间也能体验到另一种慰藉。有妻的关爱，儿的感恩，友人的记挂，这也许就是人们所说的幸福吧！可是谁又能说清楚，幸福到底是个什么玩意呢？

以前曾觉得人的幸福只会存在于记忆里，这一刻突然觉得即便是刹那而过的一声问候，也许也是一种幸福和满足。惆怅间，脑海里幻灯片似地浮现着儿时的画面：荒草地里的野菊，水基湖的波光粼粼，北岭山半空翱翔的老鹰……岁月或许就是在一次次回忆间流逝、消散、湮灭，而人生正就此形成、聚集并且凝固在这一个个值得回忆的幻灯片里，直至播放完毕。

我想，今晚我得去影院看一场电影，旁观别人人生的路径，感悟于自己人生的意义，再以一碗方便面告别自己的而立阶段，迎来自己的不惑之年。

以诗《人人不惑》记之：一碗寿面逝青春，两支竹筷定乾坤。人人不惑志虽在，心虑家人儿为尊！

2021年11月7日

晨步中年系列

（一）破茧风雨

艰难的呼吸伴随着沉重的脚步声在湖边的公园步道上持续着，心中不禁感慨岁月的残酷。是的，突然念起跑步就是因为想起十多年前在江边晨跑的自己。刚搬来新住处时，优美的湖边公园，平坦的步道，幽静的环境和丰富的绿植都远比当年嘈杂的江边公路好太多了，当时我就感慨这里太适合晨跑了，但是住进来半年多了，也没下决心去跑一次。确实，已过而立之年，逐渐步入不惑行列的人，既没有了年轻时的激情和动力，也还达不到淡然世间，惯看风云的坦然，有的是柴米油盐的琐碎，孩子成长的繁杂和老人健康的忧心。要想一觉起来抛下所有忧心苦闷，沉浸在清晨的花草香中，迎着诗和晨风，也是需要勇气和决心的。但是，今天早上，我来了！

出乎我意料的是，迈开轻快的步伐只跑了一小段，我便已是气喘如牛，腿如灌铅，大步流星变成了缓步前行再变成蠕动拖行。不应该呀，当年可是五公里不在话下的；没理由呀，一直都还是足球爱好者，虽说现在一个月也不踢几场了，但每场都还是能凑合的呀；不可能吧，仅仅半个月的暑假，就把自己休息成了"七级残废"？停下来喘口气的我犹豫着是回头了还是继续向着目标前进？是的，坚持不易，跑不下来也不会有人知道，何况又没有人让我跑，我这是纯属自我虐待，但是如果今天我放弃了，估计明天我也不会来了，我想我得给自己找一个坚持的理由和动力。

还记得昨天突发奇想跟妻说起跑步时，她低头看着手机，眼皮都没抬，一声毫不在意的"嗯"透露着太多的不以为然，或许是这样的态度激起了我的斗志，又或许是昨晚的茶喝得太多，一夜没有睡好，又或许是半夜浩儿以他房间有蚊子为由溜到我的床上，两个娃把我逼得躺平的位置都没了……总之今早上我跑出来了，这就是一次伟大的胜利。坚持！不管是为了回头去反对妻的漠然还是为了赢得儿子崇拜的眼神，我都要坚持跑到我的设定目标。

再次起步，似乎又有了动力。天空飘起雨点，是的，前两天台风来袭，狂风暴雨一下就是好几天。今晨才刚刚停雨，湖边公园里晨练的人较平常少了许多，跑出小区的时候我就抬头望着天空被风吹得迅速滚转的乌云犹豫过，踌躇间双脚已经步入公园，于是就对自己说：算了，跑吧，应该不会下的。哪知就在我到达预想目的地的时刻，雨点淅淅沥沥地落了下来，竟然还不小。

抬眼一看，广阔的公园，平坦的湖面没有半点可以遮挡的地方，脸颊上滴下的也不知道是汗水还是雨水，也许是两者的混合物吧。

"管他的，反正也汗湿了，继续！"有了坦然面对的心态，步伐似乎也轻盈了不少，我索性边跑边脱了早已湿透的球衣，让冰冷的雨点与我火热的激情碰撞，好久没有这么洒脱了，我不禁有种释放的自在感。

台风雨来得快去得也快，跑开几百米外，雨点就已经渐渐小了，边跑边低头看着自己已有些发福的躯干，不禁有些想发笑，想象一下有人看着我这样的造型和"蠕动式"的慢跑步伐，会否会产生"跳动着的猪肉丸子"的错觉？"还好没有晒黑，要不然可能是牛肉丸了。"我自嘲地嘀咕着。

不知不觉竟已跑回了公园入口处，虽然停下了3次，虽然全程不到四公里，虽然途中无数次地想放弃，虽然是被迫在风雨中跑回来，但是我居然坚持了下来。想想人生何尝不是如此？没有做之前你不敢想象自己能做得到，即便开始了也不一定能有坚定的信念和决心，然而路途中那些不可预料的风雨和险阻都是你要坚定战胜的，逼逼自己，给自己多打打气，坚持坚持你就过来了，那些不可想象的也就能做到了。已是中年，人生难免产生了一些感触，生活中诸多不易也已开始深有体会：家庭事务的琐碎不堪，孩子培养的劳心劳力，工作事业的坎坷途径，老人健康的忧心不已，自己身体的麻烦不断……当年长辈们喋喋不休的提醒正在逐一兑现中。

低头看看时间，已是7点半，要赶紧回去洗澡、吃早餐、晾衣服、叫醒孩子、然后去开会……嗯，还有，必须得在妻面前显摆一下。在街角再次回望公园蜿蜒的步道，不禁感慨："中年真不易，但路还在继续。"

正所谓：晨风举身奔湖畔，千步不足起蹒跚。一蓑风雨感而立，破茧自嘲"猪肉丸"。

2019年8月2日

（二）斗志蜿蜒

清晨的空气满载着花草的清香扑向我的鼻腔，填充着我的肺部。人说风雨过后一定会有彩虹，那是假的，但是风雨过后阳光是必不可少的，今晨的步调就在阳光的笼罩下再次响起。数日的台风阴郁被一丝和煦的光线彻底洗去。台风过后，阳光初现，虽是炎夏时节，却也有着难得的清爽。让人心情愉悦的不仅仅是天气，还有着战胜自我的小小成就感和虚荣心，昨日在妻面前显摆了一下，虽换来了一丝惊讶的眼神和不敢相信的一问："真的一大早爬起来去跑步了？"让我有了几分得意。但她神色间总有几分怀疑，我知道，她是不相信我能坚持下来。

也是，烦琐而又无奈的中年生活折磨着每一个清醒时分，又有谁愿意早早结束幸福的沉睡时光呢？更何况昨日的"破茧"之奔已让我全身酸疼不已，过量运动的酸疼最是消耗人的斗志，然而斗志又往往是在折磨煎熬中苦壮起来的。

步伐零碎但坚定不移，有了昨日的小成功，我今天给自己下了任务：必须一口气跑到目的地。两公里的单程，一口气到位，对于高手来说不算什么，但是如我这般刚刚起步两日的中年"猪肉丸"来说，殊为不易。途中，多少次因为喘息太烈想停一停，多少次因为小腿酸疼想歇一歇，但我都咬着牙否决了，有时候我真觉得自己就是个自虐者。应了读书时我就一直崇尚的这样一句广告语：男人，就应该对自己狠一点！

有人说，办法总比困难多。可是路途依旧蜿蜒，路程仍旧遥远，困难永远不会减少，除非你放弃或者作弊，但是前方仍然景致怡人。这一切都无法改变，可以改变的只有面对困难的心态。我发现每当我已然坚持不住，即将放弃时，便把目光转向远方的雄壮山脉，水面欢快的鱼儿，草中娇艳的花儿，路边奋进的蜗牛，似乎就会忘记目标的遥不可及和前行的艰难困苦，也会忘记触及指尖而又瞬间失去如捶胸顿足般的遗憾不甘，然后在不经意间发现自己又坚持前行了一段，似乎距离目标已是不远了。

曾有友人说过：事业有成就享受工作，事业无望就享受生活。此语似乎与此时此景无比契合。中年的不易绝不仅仅是激情的消逝和冲劲的退化，还有许多放不下、甩不掉又解决不了的包袱。远方的目标景致怡人，让人向往，然而过程定会艰难曲折，难免遭遇困苦，并且身上沉重的包袱让你连放弃目标，甚至停下来歇歇都成为奢望，那么只能苟延残喘继续前行。这时心态就成了关键，把目光转到其他地方，过不久后会惊奇地发现我居然熬过来了。是的，我居然已经实现了一口气跑到目的地了。既然熬过来了那就继续熬下去吧，喘息片刻，拍拍大腿肌肉，放开步伐，继续回程的奔跑。

这个世界是公平的。我是一个完美主义者，背上的一切包袱我都不愿意放下。我不愿意错失家庭美好的共聚，不愿意错过孩子成长的一点一滴，不愿意失去学校发展的点滴机遇，不愿意把工作的压力丢向手足无措的下属，不愿意放弃我所教的任何一个学生……太多的不愿意，让我身上承担的包袱越来越重，在自己身上割舍的也越来越多，步伐也就越来越慢。有时我在想，每天的 24 个小时里，我到底有几分钟是在为自己呼吸？是否每一个步入中年的人都是如此舍弃自我的呢？

但是让我放下包袱轻装前行，我做不到。我坚信人生守恒定律，你得到的一切东西都必定是你付出了或者是放弃了另外的一些东西换来的，除了付出努力，我不会因为要得到什么，而丢弃任何，即便现在不是我人生中重要的东西，但以后呢？我不想留下遗憾，也不想有人对我失望。

回到公园入口处，大口喘息着，想起这样一个段子：20 岁以后，故乡与外地都一样；30 岁以后，白天和晚上都一样；40 岁以后，有无有学历都一样；50 岁以后，漂亮丑陋都一样；60 岁以后，官大官小都一样；70 岁以后，房多房少都一样；80 岁以后，钱多钱少都一样；90 岁以后，男人女人都一样；100 岁以后，起不起床都一样。

刚刚步入人生第二阶段，深感中年艰难的我，已从"白天晚上都一样"迈向"有无学历都一样"的我，煎熬地向往期待着人生后半阶段得到绝对公平的裁判的判决。

有诗云：漫漫长路刚起行，中年蜿蜒负千斤。熬到人生末段处，时光裁决盼公平。

2019 年 8 月 3 日

（三）伴儿苦途

今天的步道上除了我的脚步声，身后又多了一个更加零碎而又轻快的小步子。是的，浩哥在我的感染下也出来跑步了，不知道他是出于什么样的心态，也不知道他是多大的决心,没有带球鞋过来的他居然穿着凉鞋也硬是要跟着跑了出来。

回想整个过程,心中又是好笑又是震惊。孩子嘛,肯定都有着好奇心,首日完成"自我虐待",在家里显摆的时候就赢得了浩哥艳羡的目光,他要求我第二天早上叫他一起。口头上我是答得好好的,其实我心里并没这打算,我可是想每天都能把自己的晨跑目标往上提一提的,如果这孩子跑到一半说累了,不跑了,要回家了,咋办?总之就一词:麻烦!

但是又不好打击孩子的积极性,于是我眼珠子一转,说着:"那行,我只叫你一次,你要是起不来就算咯。"

浩哥说:"你大声叫我就行了嘛。"

我不怀好意地回应:"我不大声叫哦,吵醒别人可不好。你自己记好呀,起不来不关我事。"

次日清晨起跑,我压根就忘了叫他这事,急急忙忙就踏上独自奔跑的苦途之中,于是乎就有了人到中年的感言,有了斗志蜿蜒的独唱。回到家,洗完澡,想起对浩哥的承诺,打开房门,发现他还在沉睡,象征性地轻声叫了句算是个交代吧,说实在那声量也足够微乎其微了,然后带上门走开,心中一阵得意,想着算是完成任务了。没想到,两秒不到,门开了,浩哥急匆匆冲了出来直奔大门。这可真让我吃了一惊,行吧,我只好哄骗他了,说我叫了他没醒来,回来才又叫他一次的,可我这心里还真有点内疚了。孩子一脸委屈地退回房间,倒回床上。

孩子是真上心了。今早6点我还没打开房门呢,他就在门口堵我了,要知道平日他可是八九点爷爷奶奶多次叫醒,弟弟上床去又跳又拖,有时还要妈妈发火了才给弄起来的。我的坚持还是有手机闹铃作为工具保障的,他那可没有闹钟。行吧,人家既然都有这决心了,甩也甩不掉的,那就只能带上了。

浩哥从小黏我,出门总是自然而然就牵上我的手,靠在我身边,今晨依然,只是阻碍我的跑前放松。起步前我和他约法三章:一不能到处乱跑,要按照指定路线跑;二累了跟不上了,就自己休息喘口气再跑,我在前面跑,回程会遇着的;三不能到水边湖边玩,危险。浩哥一一答应。我做着最坏的预想:回程时在哪个公园凳上或者草丛花坛边上捡回累瘫在地无助的小家伙。

其实还真不放心,跑着不到三分之一孩子就跟不上了,也正常,才7岁的孩子嘛。按照说好的,再给他强调了一次,我就慢步先行,边跑边不时回望孩子的身影。我的内心也是一阵阵纠结:就这么丢下孩子往前跑了,怕不安全,但是又不甘心放弃自己的晨跑,不愿意这么快就愧对自己坚持的决心。孩子总能给我带来震惊,他居然真的追了上来,从不见身影追到仅差十几米,他远远看着我,我喘息着给他竖起大拇指,保持着原有的脚步,接着向前跑去。

须臾,再回头,又不见了身影,估计又歇着了,还有三分之一,我加快了脚步,想着快点到终点,快点回头遇着孩子,久不见人影总是放心不下的。

跑到终点没敢有片刻的喘息,就回身来路,步伐也比原来快了许多。回想起来,如果自个儿独跑,我一定跑不出这个极限来。人有了牵挂,在特殊场景下发挥出的潜力是不可估量的。回程的跑途中,张眼未能望见孩子的身影,心中阵阵忧心,心中不断估算着孩子跑动的距离和相遇的点位,担心分岔路高大的绿植会阻碍视线错过……

突然前方临水栈道上,"啪啪啪啪"地传来孩子零碎的步伐声,心中顿时坦然放心了。然而这相遇的点位已是全程的80%,远远超出了我的预想。算下来,孩子停留喘息的时间非常短暂,而且奔跑的速度不慢,跑程估计接近3公里,这运动量对于7岁的他来说绝不简单,是我完全想象不到的。

回程的跑途,孩子一直跟在视线范围,没有了对孩子的忧心,我思绪渐起:人到中年,确实多了许多的牵挂和牵绊,不可能再是"踏出轻快步伐,轻身自在无忧"的潇洒自如,但这些牵绊也激发了别样潜能,我无法衡量今早伴儿晨跑的苦途是收获的潜能更多还是全程的忧心更盛,但是孩子给我带来的惊喜和表现让我发现,孩子的年龄总被大人们算少了,孩子的能力总会被父母压制,孩子的决心和潜能或许家长们永远都会低估……没人敢,也不会有人愿意给自己的孩子加入无限的压力,然后完全放手。

今晨的浩哥因为我前日的不带他和今日的前行不顾,感受到了压力,在回程相遇时,从孩子的表情和眼神看出的那点慌乱和焦急,程度远低于我心中的急切。其实没有了依靠的孩子是能调动自己的潜能,淡定完成这超乎我想象的任务的。

公园入口处,稍等片刻,浩哥就跟上了,两人自然而然地牵上手,过了马路回家,朝阳迎面,身后倒映着这两个身影,仿佛一样的大小,一样的健硕!

有诗云:朝阳扑面映双影,晨风迈步伴儿行。稚儿苦途未言惧,爹娘其实自扰心。

2019年8月4日

(四) 幸福苦海

今朝的晨跑回归了孤独,浩哥没有再说要来,我也乐得清闲不惹他,估计即便叫了也不一定来。孩子嘛,也就是贪图个新鲜。反正这一镜清湖,一方绿草,朝阳晨风笼罩其上,青鱼白鹭点缀其间的仙境美景,我尽享之,此情正如苏轼《赤壁赋》中所言:"惟江上之清风,与山间之明月,耳得之而为声,目遇之而成色,取之无禁,用之不竭,是造物者之无尽藏也……"

晨跑的艰苦,身体已是渐渐适应,平缓的喘息让我有了更多的思绪。想起友人读《斗志蜿蜒》后的点评:人到中年最是艰难,唯有咬牙坚持。我感叹我这已到中年的80后又遇上了二胎"红利",个中幸福与艰辛真是酸爽过人呀。

自打有了二娃的这3年来,发现车子超载了,房子不够住了,一顿折腾,刚刚爬到苦海岸边的我们,又背上了沉重的车贷房贷,还要外带装修、家具和车位的投入和预算,幸福指数直接滑入马里亚纳海沟,深不见底!

这些还只是一次性投入预算而已。孩子的培养和教育的投入才真是让人无法估算的,看看现在的社会,哪个孩子不报班?画画、陶泥、钢琴、篮球、轮滑、围棋、吉他、魔方、乐高、乒乓球……这个说可以开发情商,那个说可以启迪思维,这个说可以培养艺术素养,那个说可以锻炼身体素质,林林总总,数不胜数,哪哪都是钱。得,为了孩子也不在乎这些身外之物,可想一想,你都不知道怎么选。妻是啥都想让孩子去试试,去玩玩,去体验体验,哪个都担心错过了,耽误了孩子的发展,自己两口子感叹得最多,也是听别的年轻父母说得最多的就是:孩子都没有时间了。是的,赔上的是周末休息时间、所有剩余精力和无法估算的经济投入,这才是幸福的天坑无底洞呀。

想来五六年前,逢周末带浩哥驾车周边游荡,走遍肇庆各处休闲公园,玩遍各大商城的游乐设施,试遍各个角落的经济美食……那逍遥的幸福指数直接可以爆表。现如今二宝"横空出世",小家伙整一个混世魔王,与本就爱打闹的浩哥凑在一起,打闹起来的分贝值可以爆表,不加以控制房顶都能掀了去。浩哥上学了,妻自感压力不小,全情投入辅导监督,外带各种兴趣班,整个生活顿时陷入空前压抑。别说周末的逍遥游了,这两年自诩铁粉的我竟都没能在电视机前看完一场完整的球赛,最让我感到悲催的是好不容易排除万难,那晚安排出90分钟在家里好好看看球,结果电视里放着球赛,这个娃跑过来闹一闹,那个娃吵着要跟他玩一玩,全场5个进球我竟然一个没看到,回头还得深夜上网看集锦。

人到中年其实就已经丧失自我,只有待全家睡下,才能用休息的时间换来那片刻的自我:找找自己的呼吸,回归回归自己的兴趣爱好,感受感受自我的存在。记得某深夜,夫妻俩觉得肚子饿,趁着俩娃沉睡爬起来做了两碗泡面猛吃,吃完同时默契地发出了感慨:连吃泡面都成了一种奢侈。

跑途已近终点,我深吸两口气,奋起加快步伐,来了一次极限无氧运动,尝试着向最后的终点发起运动员冲刺般的冲击,此时喘息的极限与这紧张压抑得透不过气的生活气息何其相似?我在想这也许就是为什么早晨公园中跑步的大都是不惑之年的人群吧?因为只有这个年龄段的人能够体会路途的艰辛和坚持的无奈呀。

多日的坚持,我已经逐步适应,毕竟底子还在,中年"猪肉丸"弹性犹存,一口气跑下4公里已不是问题,问题是越跑感触越多,我抓起了放下多年的文笔,如泉涌般倾泻着年近不惑幸福生活中的苦水。

中年真心不易,但路还得继续走呀。

有诗云:挣扎柴米油盐醋,奔向不惑是苦途。人生十九不如意,回忆才有真幸福。

2019年8月5日

(五) 独步育儿径

这两天有些闷热,天气预报说新的台风即将来临。是的,台风造成的低压最让人感到闷热难耐,而在这样的闷热环境下奔跑,无疑又增加了些挑战难度,还好我在坚持,自我感觉不错。正如步道上那句鼓励的标语:不坚持,就不知道自己有多优秀。

休闲跑就有这点好处,没有竞争,没有攀比,没有胜负,不像是打球、踢球,有个输赢,还可能会被队友责备,有压力。像这样的孤身晨跑,自己给自己定个目标,咬咬牙坚持着,完成了就能保持自己那点卑微的虚荣心和成就感。当然,难就难在坚持二字,人到中年各种压力集于一身,再加上失去了冲动的激情和竞争的动力,坚持也就成了这个年龄段无奈的选择和唯一拿得出手的优秀品质。故而,在公园里、运动场里奔跑的大都是不惑之际的中年人。诚然,老年人已不具备奔跑的身体条件,而年轻人能跑却只是一腔热情、三分热度,而跑步本就枯燥无味,基本坚持不下来。只有这个年龄段的人具备着奔跑的体力和坚持的韧性。昨日还有好友评论我的晨跑:看你能坚持多久?我呵呵一笑。

我确实不知道自己能坚持多久，哪天我要坚持不了了，就用"那就证明我还年轻，还未步入中年油腻行列"来给自己开脱开脱。年少轻狂、精力无限的浩哥已经彻底放弃了。昨晚，我到底没忍住，试探性地问了一句："浩，明天要叫你跑步吗？"

浩哥低声回应："不跑了，都跟不上的。"言语中显露着太多不坚定。看得出来，其实并不是跟不跟得上的问题，而是试过了没意思了，没啥好玩的。结果，今天的步道上又是我一个孤独的身影了。

其实想来，人性何尝不是如此？还没得到的，充满了好奇和向往，当你实现过或者得到了以后，就会失去兴趣。觉得苦的，告诫他别干的，他非做不可；觉得好的，让他好好做的，人家还嫌这嫌那了。其实用好这种情绪，也不失为一种好的方法，现在治我家那二娃，我就经常利用孩子的这种心理，反用方法：想让那小家伙干啥，我就说不让他干啥，你越不让他越要做，很快事儿就成了。老人家拿着碗满屋子追着小家伙喂饭，这个好吃的那个好吃的，怎么哄都不吃。

我就不然，吃饭前我就酝酿一番："今天不给你吃饭。"

小家伙一愣，"我就要吃饭。"

"不给""给""不给""给"……重复争执个十几二十遍，就在小家伙快要抓狂之际，饭上来了，我投降了，事儿成了。想想看，给两个孩子做个对比：浩哥活跃懂事而且暖心，但是缺乏主见和坚强的意志力；小家伙思维敏捷而且有主见，够坚持，但是霸道还不会体谅。两个娃基本来了个互补。有时我就在感叹人的奇妙：同一条"生产线"出来，同一种培养理念管理布控，同一个"车间"加工出来的，怎么就会有那么大的性格差异呢。

对于二娃，很多同事朋友相信都很有同感：难管一点。确实，这几年跟老人家的争执基本是为了小家伙。老人嘛，对于小孙子难免多了几分宠爱和迁就，少了几分理性引导，加上这个小家伙又聪明得很，捣蛋得紧，我的批评自然不少，棍棒伺候也是常事了，老人常对此颇有微词。

前日，小家伙中午不睡，在客厅里吵吵闹闹，爬上爬下。我好说歹说，又是讲道理又是批评又是警告的，盯了一个中午，已快煎熬到脾气的极限了，转头一个走神，小家伙就把我心爱的紫砂壶的壶盖给打碎了。那一刻，我差点被气得个四肢僵硬，五体不畅，六龙升天，七窍生烟，八佛出世，九九归一，十分生气……好一顿捶胸顿足，懊恼不已。回头恶狠狠地盯着小家伙，恨不得把他给"灭"了。努力了一把，争取粘回碎片，最后以失败告终，但至少心情稍稍平复，此时我才拿起常备的小竹棒，到房间里对着他的小腿和小屁股一顿暴揍……

我边跑着边回想当时的那个情形，反思着自己的育儿过程，这其实已经是我的一种习惯，无论是对浩哥还是对小家伙，每次的"主题教育"后我都会对自己的方式方法进行个反思，捋一捋其中的得失。

老人当然是不认可打孩子的，过后还跟我吵了几句，在他们眼里孩子要好好教，是不能打的。说着好听，反正他们教不了就跑我这告状，让我来收拾。再想想当年暴揍我的时候，他们怎么就没有坚持着这么优秀的教育理念，现在不是流行"不忘初心、牢记使命"的嘛。

对于打孩子这事，当年还没有孩子的时候我就有了一套自己的理论原则——"打娃秘方",并且与妻达成了共识:第一,打是可以存在的。打只是教育的一种方式,棍棒是教育的一个工具,正如刀可以作为凶器,也可以用来切菜削果。第二,打可以,但绝对不能在脾气上来的时候打,打他的目的是教育他,而不是发泄情绪。第三,打要有技巧,只能用小竹棒打小腿或者小屁股,这样打得皮肉疼但是不伤人。第四,打完之后必须有教育过程,让他们明白自己错的地方,通俗地说就是"打完了要哄"。

我们认为孩子在两三岁的时候是形成习惯和脾气的关键时候,这个时候孩子的智力发育已经很好了,该懂的很多都开始懂了,做错事很多时候是因为控制不住自己,皮肉的疼痛感会增加他的记忆度,增加说理教育的深度,提高说教的效率。

想着跑着,跑着想着,一路逐项核对着"打娃秘方",不忘初心嘛,突然悟起了点什么。对呀,好像少了第四点,打是打了,忘了找他好好聊聊,沟通沟通感情了。抬眼看看,已临近终点了,得加快点步伐,赶紧回去补上这最后一味,打儿可不能打掉了我们父子的深厚感情呀。

终点线上,喘息着望望周边的环境,琢磨着待会这最后一味要怎样来点新意,换换环境,轻松轻松气氛,加深加深感情?对了,趁着今天没啥事,待会带小家伙骑单车来个环湖游,好好补充补充这父子情的营养,再适时加点说教调料,估计能把这道"爆揍小屁屁"的大菜做得更淋漓尽致些,也对得起昨日为了这小家伙跟老人的那一场争执。

是的,中年不易呀,小的要哄,老的要哄,老婆也要哄。想起个段子:儿子是老板,一辈子为他打工;老婆是"老板"的娘,简称老板娘,算下来就自己一个是打工的!辛苦的命呀。回去吧,今天的工作还任重道远呢:洗澡、吃早餐、洗衣、叫老板和"老板娘"起床、写文章,然后陪娃游湖……

中年真心不易,路还是要继续走呀!

有诗云:不惑烦事别较真,揍儿还怕伤儿身,生难养难教更难,可怜如山父爱深。

2019年8月6日

(六) 情浸晨昏

清晨的公园如果只用一个词来形容它最为突出的特点,那就只能是静谧了。青绿的湖水映衬着初阳,展现着粼粼波光,翔飞的白鹭不时落足水边追逐,激起水面环环涟漪,草地成了最为生机勃勃之地,尤其是北面的那一块,一月不足,杂草便高于人头,让人不禁咋舌于其旺盛的生命力。

较之黄昏时分的热闹,清晨多了一份单纯,少了半点温情。

黄昏的公园也是美的,湖面上布满了点点灯光,远处大学如城堡式的建筑尤为壮观,而喧闹的人群组成也比清晨丰富许多。这个时段汇集了除青少年以外的所有人群,散步的老人、运动的中年、嬉闹的儿童,甚至奔跑着各类可爱的狗狗,广场舞伴奏的音响效果响彻整个公园……一片热闹而又温情的景象。

然而,我更爱这静谧的清晨。虽然人也不少,但绝没有高声交谈的回响,耳边听到的是白鹭的低吟,鱼跃的水响,鸟雀的悦音,草间的虫鸣,还有与人擦身而过时传来的沉重而又浑厚的呼吸声。与黄昏比较,正如毛尖之于陈年普洱,清汤之于麻辣火锅,扁舟之于激情跑车,竹笛之于摇滚乐队……喜欢独处静思的我当然更喜欢这份静谧的安宁,更何况这也是一天中,处境艰难的中年人难能可贵得以摈弃世俗,找寻自我的美好时光。因而想来,我的坚持或许并没有那么的高大上,反而体现着一点点逃避现实的小自私。

闲聊时曾谈起睡眠:老人总是早起,年少喜欢懒觉,何哉?老人珍惜的是时光,青年追求的是舒适。我在想,现在每日早起的我是否已经具备了老年心态?也许不是的,每一个清晨跑出的是清新和希望,感受到的是大自然的生机勃勃,呼吸着还没有被排气管污染的新鲜空气,然后再去迎接中年人一天的喧嚣,多少能让人找回点本源的简单。

跑程过半,呼吸渐渐不畅,累的感觉慢慢浮现,突然想起昨日友人的调侃:"我看你跑下来也不累呀,跑完还有精力写东西。"其实不然,毕竟中年,缺乏长期坚持的锻炼,松弛的腿大肌要支撑沉重躯干保持着10迈的时速殊为不易。不累?那是不可能的,只是回来把坐着喘气的时间拿来写写东西,记录记录心情,也算是一种另类的放松吧。

但凡在职场拼搏十数年的中年人,大都经历了或多或少的波折起伏,面临着或大或小的各种压力,即将去处理或轻或重的各种难题。这清晨的片刻宁静也许是不惑者回归自我的空间,是回忆过去的美妙时光,是总结得失的精彩片刻,或是灵光一闪的重要时刻。我突然发现,清晨静谧的公园于中年跑者的脑海,赋予的并不仅仅局限于宁静了!迎着朝阳,迎面的阳光除了带来温暖的正面热量,当然还有背后留下的阴影。

走出公园,回到俗世,收回放飞的心绪,拢起四散的情怀,忘了鬓角的斑白,甩掉身体的疲态,深吸一口气,振臂一挥,再次投入烦琐的人间尘嚣,迎面拼搏于各种不堪间!

诗云:晨如山间小清流,夕似寒冬温泉柔。喜得静谧安宁在,不日不夜尽寒秋。

2019 年 8 月 7 日

(七) 步道踌躇

艰难的喘息和沉重的脚步再次袭来,前几日轻松完成全程,还外带终点前冲刺的轻快似乎突然间离我而去。差距太大了,今天是怎么了?小腿肚子的肌肉僵硬得根本发不了力,气息也沉重压抑着胸口,这感觉像极了第一天晨跑的感觉,只是比那时更绝望。这种绝望来自体验到了成功喜悦之后又再次堕入失败深渊的心理落差,来自对预想结果错误估计的惊慌失措,更是来自对自己能力的严重怀疑。我产生了就此放弃的念头!

古人云:胜不骄,败不馁。那得是多么高大的境界,前人得经历了多大的失败悔恨后才留下这句箴言,然而后人又有多少人能做得到?恍惚间,我似乎能够理解楚霸王乌江自刎的绝望心境了。以前读及《史记》中项羽的故事,为其英雄豪杰的气概所折服,为其败于高祖、大业不成扼腕叹息。心中也存有疑问:一世百战不殆,只败此一场,缘何就放弃逃生,自刎于乌江?杜牧名诗《题乌江亭》中"胜败兵家事不期,包羞忍耻是男儿。江东子弟多才俊,卷土重来未可知"的诗句引发了我不少认同感,心中对于西楚霸王的不能忍辱负重多了一分轻视。而此刻,我明白了:项羽的死源自于他的绝望,而绝望来自挥师破釜沉舟,举兵以少胜多的千古战例;来自一路顺利灭秦,年少称王分封的春风得意;来自引兵纵横天下,肆意碾压高祖的威名战绩……而悲剧就埋藏在无比光鲜的背后。其实,身经百战而不败的人才是最打不得败仗的,一路畅顺而不经挫折的人是最经不起打击的。

颓败似地弯腰喘息着,双手撑着膝盖,抬眼望着波光粼粼的湖面,我似乎能体会项羽持剑立于乌江边时的绝望心境以及他维护最后一丝霸王尊严的决心。想来也是,这几天的晨跑历程,可以说是一路顺畅,每每给自己定的目标都能完成,有时还能加加量,提提速,那些个成就感呀,让我逐渐忘记了自己的不足,忽视了困难的存在,低估了身体的疲倦。突如其来的身体疲劳期和缺乏足够心理准备的情绪直接导致了今晨的放弃。回首来路,此程不及半途,今晨的自我之战可谓大败,败得一塌糊涂。

拖着酸软的小腿,走向回路,似乎清晨的一切美好都披上了一层灰色。世间万物,美与不美,其实都来自于心境。然而一切却又是辩证的,人们一生都向往着更好的生活,总把幸福生活作为人生的追求,然而又有多少人认为自己生活在幸福之中呢?长辈们常回忆着新中国成立初期的艰辛,说起那时的一顿肉便是幸福,现在天天吃肉了,他们真的就觉得幸福了吗?成年人羡慕孩子的无忧无虑,总觉得自己压力山大,要是能像孩子一般无拘无束,想哭便哭,想笑就笑,多么幸福呀,可他却忽略了自己的也是孩子过来的,孩提时的他感受到幸福了吗?孩子不也是每天羡慕着别人的生活?就像我家浩哥,就总是羡慕大人,认为没有管教和批评,不会被骂被打才是幸福。殊不知大人们多想回味那童年的幸福……

有时真的要感谢那些人生的挫折和不顺。不要害怕分别,没有分别就不理解相思;不要担心失去,不曾失去就不会懂得珍惜;不要忌讳失败,不经历失败就体验不了成功的喜悦;不要厌倦付出,不去付出就体会不到收获的甜蜜……相反,也许人经历的艰辛越多,就越勇敢;遭遇的不公越多,就越坚韧;走过的曲折越多,就越强大。人生最怕的就是一帆风顺,没有敌手,那种独孤求败的寂寞最容易造成突发性的崩盘溃败,不可挽回。

可悲!数千年来,我们无论在求神拜佛还是跪拜先人时,都在祈福美好,然而从成长的角度看,我们不应祈求美好,而更应期盼困难。君不见穷人家的孩子大多能早懂事,早当家,有担当,能吃苦,成为最终的成功者,何哉?他的成长不是来自父母的关爱,不是来自良好的教育,更不是来自禀异的天赋,而是来自生活的艰辛。相反被社会嗤之以鼻,不断上演夸张炫富、实力坑爹好戏的"富二代",则完败于缺乏困难历练的蜜缸里,毫无还手之力、挣扎之举。

想及于此,走出公园时的我已不再带有伤感和失望,我要感谢今日晨跑的失败。这绝不是年近不惑的我仅有的失败,而是众多不同层次、不同程度、不同力度、不同角度失败中最为微不足道的一次,然而却又一次、进一步地磨炼了我。我不断地提醒着自己,已是中年,路途不易,需要更踏实稳重,更谨慎前行,切不可无视小失败,更不应惧怕小失败,要欣然迎接,乐观面对,勇于自省,不断进步。失败乃成功之母,试想想,来了这么多"美丽的母亲",还怕那苦苦追寻的"丑儿子"不来么?

诗云:昨朝有成今晨逊,举足维艰步难行。人生挫折有何惧?不求幸福盼艰辛。

2019年8月8日

尾记：居不惑而悟天命

年过不惑，生命之途已行走近半。闯荡过青春无畏的浮躁，历练过不甘人后的拼搏，经历过年少轻狂的骄傲，承担着柴米油盐的琐碎，忍耐着人情世故的俗套……人生七十古来稀，不惑之年，半生已过，回首来途，展望前路，人生何方是归处？

人该怎么活，本就没有标准答案，但人该怎么活这个问题本身，绝对比此问题的任何答案都要伟大得多。

我本乘兴而来，兴尽而归，万物有灵，一切众生离苦得乐，皆有灵性。命酬知己，由心出发的每一刻都值得珍惜，然而现实中的我们又被太多太多的无奈和不情愿牵绊，由心之举能有几何？怅天而悟，人这一辈子，或许是应该活在生命过程的享受里，而不应该活在对结果的执着和渴求里，无论这个过程是由心之愿还是不情之迫。

死亡是每个人都不可避免的共同终点，向死而生的目的是让我们追问，如何在生中做出选择，如何让自己活得有价值，以至于为这一生不白走一趟做出谋划，然而这一切又不可能有标准、有模板、有参考，甚至连最为粗略的指引都不可能有。思来想去，念之所及，也许做回自己就已经是自己最伟大的丰碑了。

生命如白驹过隙，也许体验生命的过程就是生命本身的意义所在吧！

赋词《如梦令·天命归途》有云：残日云霞平湖，彩灯万家夜幕。世间尽庸俗，人生几度沉浮。何处？何处？此生已作归途！

2023 年 5 月 27 日